# 中国石油流通行业发展蓝皮书

## （2022—2023）

邱建凯　孙仁金　董秀成　许　斌　主编

中国石油流通协会
中国石油大学（北京）经济管理学院
对外经济贸易大学“一带一路”能源贸易与发展研究中心



中国经济出版社
CHINA ECONOMIC PUBLISHING HOUSE
·北京·

**图书在版编目（CIP）数据**

中国石油流通行业发展蓝皮书．2022—2023 / 邸建凯主编．-- 北京：中国经济出版社，2023.3

ISBN 978 - 7 - 5136 - 7265 - 8

Ⅰ．①中… Ⅱ．①邸… Ⅲ．①石油市场 - 研究报告 - 中国 - 2022 - 2023 Ⅳ．①F426.22

**中国国家版本馆 CIP 数据核字（2023）第 050530 号**

策划编辑　李祥柱
责任编辑　李玄璇
责任印制　马小宾

**出版发行**　中国经济出版社
**印 刷 者**　北京富泰印刷有限责任公司
**经 销 者**　各地新华书店
**开　　本**　787mm × 1092mm　1/16
**印　　张**　18
**字　　数**　350 千字
**版　　次**　2023 年 3 月第 1 版
**印　　次**　2023 年 3 月第 1 次
**定　　价**　198.00 元
**广告经营许可证**　京西工商广字第 8179 号

**中国经济出版社** **网址** www.economyph.com **社址** 北京市东城区安定门外大街 58 号 **邮编** 100011
本版图书如存在印装质量问题，请与本社销售中心联系调换（联系电话：010 - 57512564）

# 《中国石油流通行业发展蓝皮书》
# （2022—2023）
## 编 委 会

# 《中国石油流通行业发展蓝皮书》

## （2022—2023）

## 审 委 会

# PREFACE 前 言

2022 年，新冠疫情、乌克兰危机、通货膨胀及能源危机等深刻影响着世界，全球地缘政治环境动荡多变，对全球石油流通行业发展造成很大的影响。美国全球战略调整及西方对俄罗斯的制裁打破了全球油气市场均衡，地缘政治格局及大国竞争关系加剧；欧洲遭遇高通货膨胀和能源危机引发的政治危机，加剧了欧洲多国局势动荡；中美关系面临更加复杂困难的局面，对抗与阻遏成为常态。

2022 年，自新冠疫情影响全球经济以来，部分国家通货膨胀压力不断扩大，同时在乌克兰危机以及大国博弈影响下，能源价格暴涨，部分国家通货膨胀达到 21 世纪以来的最高水平，2022 年全球平均通货膨胀率约为 9%，全球平均消费物价指数增长 8.8%。美国遭遇了 40 年以来最严重的通货膨胀，消费者物价指数（Consumer Price Index，CPI）同比涨幅在 6 月达到 9.1% 的峰值后，一直保持在 7% 以上高位，持续“高烧”的通胀使得经济承压。2022 年 12 月，欧元区通胀率 9.2%，能源价格同比上涨 25.5%，全年平均消费物价指数增长率高达 27.8%。新冠疫情、粮食和能源危机、乌克兰危机等因素引发的全球通货膨胀压力持续存在，各国经济都被全球通胀所扰动。2022 年全球经济增长仅 3.4%，美国经济仅增长 2.0%，欧元区经济增长 3.5%。

2022 年，全球石油需求量为 9956 万桶/天，同比增长 2.54%；经济合作与发展组织（Organization for Economic Cooperation and Development，OECD）国家和非 OECD 国家石油产量均小幅增加，OECD 国家石油产量 3071 万桶/天，同比增长 1.19%，非 OECD 国家石油产量 3246 万桶/天，同比增长 0.59%。国际能源署（International Energy Agency，IEA）发布的《世界能源展望 2022》，预计 2030 年前全球能源需求每年将增长约 0.8%，将几乎全部由可再生能源满足。2022 年，欧盟对俄罗斯海运石油产品限价机制正式生效，七国集团和澳大利亚也采取同样限价措施，美西方继 2022 年 12 月对俄海运石油出口设置 60 美元/桶价格上限后，再次对俄海运石油产品实施 100 美元/桶和 45 美元/桶价格上限。能源危机背景下，国际油价经历爆发式上升与持续、小幅回落，总体呈高位震荡态势，布伦特原油期货年均价格 98.86 美元/桶，同比上涨 39.34%，西得克萨斯中质油（West Texas Intermediate, WTI）期货年均价格 94.33 美元/桶，同比上涨 38.7%。

2022 年，中国加大宏观政策调节力度，有效实施稳经济的政策措施，高质量发展态势持续，社会大局保持稳定。持续优化新冠疫情防控措施，从严格封控逐步走向放开，中国经济逐渐恢复，全年国内生产总值（Gross Domestic Product，GDP）突破 121 万亿元，同比增长 3.0%。2022 年中国成品油市场政策频出，激发了市场主体活力，推动了石油流通行业高质量发展，保障了成品油市场有序运行。

2022 年，中国炼油能力延续增长态势，“减油增化”及油品质量升级的进程不断加快，“双碳”目标下炼油行业加快转型升级步伐。中国炼油能力达到 9.37 亿吨，同比增长 1.30%，位居世界第一，全年加工量 6.76 亿吨，同比下降 3.4%；成品油产量 3.66 亿吨，同比增长 3.2%。多方因素叠加共振令国内成品油零售价格总体呈现稳中有升的波动趋势，国内成品油批发价格先涨后跌，上涨明显。随着新型冠状病毒感染实施“乙类乙管”的总体方案，中国消费和生产活动逐步恢复正常，成品油市场总体需求呈现增长趋势，国家发展改革委数据显示，2022 年中国成品油消费量 3.45 亿吨，同比增长 0.9%，其中，汽油同比下降 4.6%，柴油同比增长 11.8%，航空煤油同比下降 32.4%；而中国石油和化学工业联合会数据显示，全年成品油消费 3.33 亿吨，同比增长 5.1%，汽油同比下降 4.5%，柴油同比增长 24%，航空煤油同比下降 39%。由于统计口径不一，国家发展改革委的数据考虑了库存影响，导致数据有所差异，但总体的趋势保持一致，本书在分析成品油产销量时，使用中国石油和化学工业联合会的数据。持续推进增储上产，提升能源安全保障能力；推动油气绿色低碳转型和数字化智能化升级；建设全国统一大市场，增强能源治理效能；坚持立足国内保安全，共赢推进能源对外合作。2022 年，中国新能源汽车产销量爆发式增长，产量和销量分别达到

705.8 万辆和 680 万辆，同比分别增长 96.9% 和 93.4%，渗透率上升至 25.6%。

2023 年，世界经济将进一步复苏，原油需求复苏将达到新冠疫情前水平。受“双碳”影响，OPEC+［石油输出国组织（Organization of the Petroleum Exporting Countries，OPEC）及其伙伴］通过减产协议，国际油价将在一段时间内持续波动。尽管美西方主要国家纷纷出台政策，应对全球通货膨胀、优化基础设施、缓解运输“阻点”、应对供应“断点”，但长期布局难解现实困境，供应链危机在2023 年仍将持续。在综合分析各种预测依据的基础上，笔者认为国际油价仍有上涨空间，2023 年全年油价将在 70～90 美元/桶波动，布伦特全年平均 80～85 美元/桶。2023 年，中国原油产量将继续呈现稳中有进的特征，总产量有望冲击 2.1 亿吨。中国将会进一步淘汰 200 万吨/年及以下的炼油装置，有利于整个炼油结构的持续优化，预计炼油产能增加至 10.8 亿吨/年，成品油产量或在 3.98 亿吨，同比增长 8.74% 左右，成品油表观消费量或可达到 3.62 亿吨，同比增长 8.71% 左右。2023 年中国经济将大幅增长，成品油市场整体环境将迎来利好，成品油市场总体需求将稳中有升。此外，中国将继续加强“一带一路”合作，推动全球化进程，继续深化油气市场改革，对全球油气行业产生重要影响。

《中国石油流通行业发展蓝皮书》（以下简称《蓝皮书》）是一部全面分析和研究中国石油流通行业发展现状并对趋势予以展望的行业年度报告，由中国石油流通协会、中国石油大学（北京）经济管理学院和对外经济贸易大学“一带一路”能源贸易发展研究中心合作完成，按年度向全社会公开出版发行，此《蓝皮书》已是第六年出版。《蓝皮书》共分三大部分：宏观环境及重要事件对石油流通行业的影响分析、国内外石油市场现状、石油流通行业展望和中国石油流通行业现存的主要问题。第一部分宏观环境及重要事件对石油流通行业的影响分析，主要分析国内外宏观环境及重要事件对石油流通行业发展的影响，包括国际宏观环境及重要事件对世界石油流通行业的影响分析和国内宏观环境及重要事件对中国石油流通行业的影响分析等；第二部分国内外石油市场现状，从产业整体发展角度重点分析国内外石油流通行业发展现状，包括国际石油市场现状、国内石油流通行业现状；第三部分石油流通行业展望，从原油市场、成品油市场、炼油行业等角度对国内石油流通行业进行展望预测。

《蓝皮书》既不是一般意义上的年鉴，也不是以大块文字和数据图表堆积为主的学术论文组合，而是以上年度分析和本年度展望为基本特征的行业发展报告。宏观环境及重要事件对石油流通行业的影响分析、国内外石油市场现状和石油流通行业展望三部分具有很强的相关性和互补性，各部分在编写上独立成篇，因此读者可以根据需要和兴趣分别阅读。《蓝皮书》以文字分析为主，辅以必要的数据和图表，文字描述力求言简意赅，分析和展望力求具有逻辑性、高度性、概括性和权威性，分析结论力求对相关部门和油气企业的实际工作具有指导性。

《蓝皮书》的作者主要来自中国石油流通协会、中国石油大学（北京）经济管理学院、对外经济贸易大学“一带一路”能源贸易与发展研究中心及多家能源央企销售公司等，该作者团队长期从事石油流通行业的发展研究，具有国内一流和一线的行业专业基础。作者团队本着促进中国石油流通行业发展的良好愿望，除从行业发展整体上分析外，还对有关行业热点问题提出看法和观点，希望能引起社会关注和讨论。作者团队通过全面、系统和深入的研究，试图使读者全面了解中国石油流通行业发展现状，尽可能客观地总结行业规律、分析发展趋势。《蓝皮书》具有较强的可信度、权威性和时效性，对于理论研究者和实际工作者具有一定的参考价值。

蓝皮书编写分工如下：

行业环境与政策篇：薛淑莲、杨卫东、郭风、邢阳、张心馨。

炼油与国内供给篇：马郑玮、杨荔、荆璐瑶、富雨芊、丁熠达、吴楠。

成品油市场需求与进出口篇：方红、李瑾、王超群、裴钰、王秋莉、刘畅、陈淑娜、曾露。

成品油价格与批发市场篇：刘力、赵振、毕希、褚方静、石红玲、曹峰。

航煤、石油焦与燃料油篇：赵振、胡启迪、杨济宁、周昕洁、郭敬薇、胡东欧、钟化鑫。

成品油仓储与物流篇：齐明、杨济宁、任媛语、季潇、汪茹梦、袁瑞、董丹丹。

加油站建设与经营篇：冯晓丽、孟思琦、邓钰暄、郭肖月、李慧、王百照、单建明、田海杰、薛云、魏诗惠、倪好。

数字化转型与新能源汽车篇：于楠、万波、廖云星、贺美、孙悦。

中国石油流通行业发展展望篇：薛淑莲、马郑玮、方红、刘力、齐明、冯晓丽、赵振、于楠。

专题：新冠疫情冲击下中国炼化行业产能过剩问题及化解路径（郭风，王佳程）；“双碳”背景下炼化企业“油转化”发展研究（胡启迪）；“双碳”目标下成品油行业发展与思考（于楠，孙仁金，孙悦，贺美）；成品油行业信息披露优化研究（赵振）；“双碳”背景下成品油消费结构变化及行业发展趋势研究（李明辉，方红）；成品油销售企业新能源转型研究（万波，孙彬，吴子华，郭召）；2022 年中国船供油市场回顾及 2023 年展望（田明）；2022 年中国石油焦现状与 2023 年展望（曾伟）。

附录：毕希、胡启迪。

孙仁金、董秀成、邸建凯和许斌统领蓝皮书的框架设计，并负责组织全书编写；于楠负责稿件收集和统稿工作；孙仁金、董秀成、邸建凯和许斌负责蓝皮书最终统撰与核定工作；中国石油流通协会专家委员会邸建凯、董秀成、孙仁金、许斌、丁志敏、王能全、张建才、刘贵洲、白俊、刘小丽、韩雪岭、肖铁岩、王旭东、柯晓明、景春梅、张留成等专家进行了书稿审定工作。特别感谢中国经济出版社李祥柱、李玄璇编辑对本书的鼎力支持。本书撰写过程还得到了众多专家及机构的指导和帮助，在此一并致谢。由于时间仓促、编者水平有限，书中难免有疏漏之处，恳请读者批评指正。

编委会

2023 年 2 月

# CONTENTS 目 录

## 第三篇　成品油市场需求与进出口



## 第四篇　成品油价格与批发市场

## 第五篇　航煤、石油焦与燃料油



## 第六篇　成品油仓储与物流

## 第七篇　加油站建设与经营



## 第八篇　数字化转型与新能源汽车



## 第九篇　中国石油流通行业发展展望

## 第十篇　专　题



## 附　录

# 第一篇

# 行业环境与政策

2022 年全球政治关系整体处于紧张状态，中美关系持续紧张，乌克兰危机持续，俄罗斯与美国、欧洲关系持续紧张，欧洲能源危机形成；新冠疫情下国际经济继续承压，全球通胀高企，各国央行实行紧缩政策；国际政治经济重要事件威胁中国能源供给安全，影响中国能源供需稳定，造成中国石油流通行业波动，推动中国加速能源转型。2022 年全球原油加工量上升，炼厂开工率在波动中提高，全球炼油毛利整体上涨并有较大波动；成品油消费量上涨，成品油价格先涨后跌。2022 年中国经济在国内外多重超预期因素冲击下，持续保持恢复态势，但经济恢复基础尚不牢固。2022 年中国成品油市场政策激发了市场主体活力，成品油市场运行有序，推动石油流通行业高质量发展。

## 一、2022 年国际宏观环境及重要事件对中国石油流通行业的影响

2022 年国际政治经济环境复杂紧张，乌克兰危机、欧洲能源危机、新冠疫情反复冲击等重要事件造成中国石油流通行业波动，影响中国能源供应安全，促进中国加速能源转型。

### （一）国际政治经济环境分析

2022 年中美关系、俄美关系、俄欧关系都体现出国际政治经济环境的复杂且紧张。新冠疫情反复继续给世界经济带来压力，全球通胀高企，世界粮食安全恶化。2022 年世界主要经济体加大推动环保和新能源的政策力度。

#### 1. 中美关系持续紧张，对抗与阻遏成为常态

2022 年，美国继续在国家利益、国防安全、人员交往、双边贸易、经济投资、国际金融、先进技术等多个领域采取措施，全方位围堵遏制中国的政治影响力、经济发展动力和快速追赶的脚步。如从 2022 年开始美国及其政治盟友在亚太地区开展了三次大规模的军事演习，包括美韩军演、美韩日军演、环太平洋军演等，这些批次的军演不但加剧了地区紧张局势，同时也对中国的国家安全造成一定的威胁。

2022 年 8 月，美国国会众议长佩洛西窜访中国台湾地区，严重挑衅一个中国政策，破坏台海地区稳定。这些都是中美之间矛盾与对抗的集中体现，也严重破坏了国际间的政治互信和地区内的安全稳定。

中美两国的激烈对抗，严重影响了全球政治的生态平衡，对全球能源安全和能源发展造成了不可估量的影响。

2. 俄美关系的紧张局面持续，俄欧冲突加剧

2022 年 2 月，俄罗斯对乌克兰展开“特别军事行动”，乌克兰危机的局势愈演愈烈，冲突规模之大，时间之长，超出预期，乌克兰危机释放出巨大应力，不仅冲击欧洲军事安全格局，也使国际军事安全形势加速恶化。事件发生后，美国及欧盟国家对俄罗斯能源输出、粮食出口、国际金融联系、人员交流等方面开展了大范围、大力度、多轮次的制裁，俄罗斯所面临的国际形势空前严峻，生存环境遭到严重挤压。从当前形势分析，乌克兰危机仍将持续，双方短期内都无法实现各自的战略目标。在这期间，俄罗斯会加快调整自身的政治策略和能源方针，处理好国内政治经济环境和军事动员问题，加强与中国、印度、伊朗、土耳其等国的政治经济联系，以摆脱美国对其的制裁；对美国来说要加大其对乌克兰的援助力度，借以削弱俄罗斯的政治军事力量，实现其战略目标；对欧洲来说其地缘政治环境已持续恶化，“政治正确”的议题迫使其不得不扩大对俄罗斯的制裁。

乌克兰危机发生后，美国及其盟友对俄罗斯发起极限制裁，对国际粮食价格、能源价格造成巨大冲击，令全球供应链“梗阻”越发严重，给艰难复苏中的世界经济设置了更多阻碍。5 月 13 日，北欧国家瑞典和芬兰放弃“中立国”地位，正式提交加入北约的申请，使得北约的战略空间不仅向东，更向北扩张了一大步，对俄罗斯安全空间和战略纵深也将构成更大威胁，欧洲军事安全阵营化对抗趋势进一步加剧。

3. 世界粮食安全状况恶化，加剧全球政治动荡

乌克兰危机推动了全球油气价格上涨，进一步提高了大宗商品的价格，使粮食种植、运输、保存、销售等环节的通胀压力进一步传导至国际粮食价格上，国际粮价正不断上涨。受乌克兰危机影响，俄罗斯粮食出口受到制裁，乌克兰粮食出口条件已经严重缺失，俄乌冲突造成国际粮食市场供给端缩减，进一步刺激国际粮价上涨。新冠疫情、世界局势动荡叠加经济下行，使国际粮食保护主义抬头，多国出台政策限制本国粮食出口，这些举措进一步抬高了国际粮食价格。2022 年美国、法国、印度、澳大利亚等主要粮食生产国夏季异常干旱，歉收已成事实，据专业机构

预测 2022—2023 年全球小麦和玉米产量均会出现不同程度下滑，粮食供需不平衡将继续加剧。粮食是维持地区稳定的重要手段，粮食供给缺乏正在使全球陷入粮食危机之中，将进一步加重全球政治动荡。

### 4. 新冠疫情反复，世界经济承受巨大压力

2022 年新冠疫情在全球范围内反复，虽然疫苗注射率不断提高，致死率有所降低，但反复多次流行严重挤兑了各国的医疗资源，使劳动力出现缺乏，大大加重了经济复苏的不确定性。世界各国从自身国情出发，采取了不同的应对措施，效果有好有坏，但无疑都对经济活动造成一定的影响；一波新冠疫情之后，各国的财政支出政策引发新的通胀，加剧了经济恶化。以上种种导致世界经济复苏后劲乏力，全球经济和贸易增速不达预期。

### 5. 全球通胀上升，美欧相继调整货币政策

2022 年新冠疫情在全球大范围传播，阻挠了全球供应链各环节复工复产，损害了国际物流运输时效，伴随着各国经济复苏、需求提升，供应链危机并未得到根本改善，反而更趋严重。全球范围内油气资源需求不旺，供应稍显不足，各国能源政策升级使资源国对油气勘探开发投资意愿下降，地缘政治风险提升特别是乌克兰危机爆发严重威胁了世界能源安全，使布伦特原油价格一度上升到 139 美元/桶，为 7 年内最高水平。美欧劳动力资源短缺，劳动力成本不断攀升，同时劳动者就业意向萎缩，企业运营成本增高，进而把通胀传导至消费者。全球供应链危机、能源价格高企、企业劳动力短缺导致全球通胀水平超过预期，尤其美欧通胀数据不断刷新纪录。欧洲各国一边承受着高通胀压力，一边却对俄罗斯能源进行制裁。而俄罗斯是欧洲能源主要供应国，以德国为例，其天然气 49% 来自俄罗斯，欧洲的行为进一步加剧了欧洲的能源危机，把欧洲通胀水平推向新的高度。

为应对高位运行的通胀数据，美欧先后多轮加息、调整国内货币政策，导致新兴市场和发展中国家货币贬值压力增加，融资条件持续收紧，资本外流趋势增强，引发货币流动性不足和融资需求受限，增加了新兴市场和发展中国家债务危机爆发的可能性。全球经济面临的风险和下行压力显著增强，世界经济增长动力不足，面临滞胀风险。

### 6. 应对气候变化挑战，各国加强环保和新能源建设

2022 年联合国气候变化大会对世界各国环境保护政策和新能源发展提出了新的要求，世界主要经济体加快提出和推进自己的“零碳”或“碳中和”政策。能源、粮食危机下，全球应对气候变化退居其次，但低碳发展方向仍未改变。净零排放主

要有两条途径：一是限制现有化石能源如煤炭、石油等的开发和消耗；二是积极发展新型能源，如大力发展和部署绿色氢能、太阳能和风能发电、以电代油等。可持续发展和绿色能源政策对国际能源特别是石油流通行业的发展是利空的，环保的严要求肯定会进一步限制化石燃料特别是石油及其制成品的消耗，石油的燃料属性预计会进一步被淡化。

## （二）国际重要事件对中国石油流通行业的影响分析

2022 年乌克兰危机、欧洲能源危机、OPEC + 大幅减产、新冠疫情反复冲击等重要事件深刻影响中国石油流通行业的发展，给中国石油流通行业带来波动、影响中国能源供应安全、促进中国加速能源转型。

### 1. 乌克兰危机重塑全球能源格局，中国能源战略加速转型

乌克兰危机正在重塑全球能源格局，包括油气资源在内的大宗商品价格上涨迫使国家能源战略加速转型。地区冲突和能源转型是改变全球能源结构和能源平衡的有力推手，并推动能源价格上涨。2022 年乌克兰危机和欧美国家对俄罗斯的制裁，加大了国际原油市场对俄罗斯油气资源出口的消极预期，进一步打破了全球的能源稳定和能源平衡，油气价格持续走高。俄罗斯是世界重要的油气输出大国，美国《油气杂志》和英国石油公司统计数据显示，2021 年俄罗斯天然气和原油产量分别占全球总产量的 16.6% 和 11.7%，因此对俄罗斯进行能源出口制裁，必将进一步加剧 2022 年全球能源供求矛盾。乌克兰危机、俄美关系的紧张局面仍在持续，伊核谈判未见根本性进展，全球能源市场剧烈动荡。为了应对能源价格上涨，许多国家不断寻求能源供应途径多样化。例如，能源价格上涨促使美国页岩油和海上油气钻探活动短时间内大量增加，并投放战略石油储备。

中国是世界油气进口第一大国，统计资料显示，2022 年原油和天然气对外依存度分别保持在 71% 和 44% 左右。地缘政治冲突势必加大中国油气进口渠道风险、海外油气项目经营风险和油气权益分配风险。油气价格保持高位运行显著增加油气进口成本；加大石油化工、电力保障、交通运输、仓储保存等生产经营领域的运营压力；企业成本上涨一定程度上降低国家税收优惠政策和促进市场主体发展、保障市场繁荣政策等的执行效果。油气价格长期走高必然会加快中国能源转型步伐，在国家“双碳”政策指导下，加快推进风能、太阳能、核能项目建设，不断改进煤电技术，推进国内氢气储能、新能源汽车技术迭代，逐步减轻化石能源使用比重，探索以核聚变为代表的尖端能源技术，使能源途径多样化、能源技术先进化，这一系列政策短期内会加剧天然气供应、发电企业的运营压力和煤炭供求不平衡，部分地区

电力供应紧张形势可能会再次出现。

### 2. 新冠疫情冲击经济发展，中国石油流通行业波动剧烈

新冠疫情从供给和需求两端冲击经济，造成国内石油流通领域生产、运输、储存环节经营状况剧烈波动。新冠疫情在供给侧对石油流通领域的影响：一是国外能源供给受新冠疫情影响，生产经营活动无法有序开展，或者因新冠疫情项目临时关闭甚至取消，削弱中国能源进口多样性以及油气投资损失；二是受新冠疫情和防疫政策影响，国内石油流通相关行业进入静默期，使相关企业专业技术人员、辅助生产人员、专业维修和检测设备人员缺失，辅助生产设施、公用工程物料短缺，部分石油流通领域生产经营活动无法正常进行，或者正常生产经营环节无法做到有效维护，增加了企业生产经营风险，抑或生产经营与消费环节脱节，造成国内能源或者产品短缺。

新冠疫情在需求侧对石油流通领域的影响是能源需求减少，投资压缩。因新冠疫情和防控政策限制，部分时间段内国内经济活动减少或者趋于停滞，相关行业的能源需求和基础原料需求都有所减缓，库存指标维持在较高水平，相应地，石油流通领域投资将被压缩。

### 3. 欧洲能源危机，威胁中国能源供给安全

欧洲廉价天然气的主要来源地是俄罗斯，液化天然气、北海天然气田等其他措施作为补充。欧洲制裁俄罗斯，限制其能源出口，减少来自俄罗斯的天然气供应量，俄罗斯反制关闭“北溪－1”天然气管线，同时“北溪－1”和“北溪－2”天然气管线都受到不同程度的人为破坏，短期无法修复，多数欧盟国家在冬季面临天然气价格高企、通胀压力持续加大带来的影响，欧洲能源危机进一步加深。

欧洲能源危机加剧了国际能源市场的供需失衡，欧洲部分国家在国际市场大肆索取能源，占取新兴国家的能源份额，造成严重的能源分配不均衡；欧洲部分国家限制能源出口价格，以霸权手段扰乱国际能源市场，逼迫国际能源供应国做出回应，强化其能源霸权。

### 4. OPEC＋大幅减产，影响中国能源供需稳定性

2022 年 10 月，OPEC＋部长级会议决议同意减产 200 万桶/天，这是自新冠疫情暴发以来最大规模的石油减产决定；部分 OPEC 产油国内部产量与实际配额相差较大，基本不会影响其生产节奏；美国、欧盟的反应较强烈，美欧通胀压力已经无法承受本轮减产带来的影响。为应对石油减产，美国会进一步加大政治反制措施，包括且不限于继续释放石油库存和推动国内立法，原油价格将在一段时间内持续波动。

中国石油对外依存度达到70%以上，石油市场短期内剧烈波动给中国石油流通行业增加了投资和消费的不确定性和风险，影响中国能源供需稳定。

5. 中东地区国家开拓能源市场，中国丰富能源进口渠道

2022年，中东地区国家继续调整能源出口方向，抢占全球市场份额。在天然气出口方面，巩固已有份额，继续寻求新的突破，中东液化天然气（Liquefied Natural Gas，LNG）销往欧洲的数量也有所增加。2022年11月，卡塔尔与中国石化签署27年液化天然气长期购销协议，卡塔尔能源企业每年向中国出口400万吨LNG。该协议不仅有利于满足中国快速发展的市场对天然气能源的需求，也将进一步优化中国的能源消费结构，不断提高中国能源供应的安全性、稳定性和可靠性，为中国与中东能源发展、合作共赢开启新的篇章。

## 二、2022年全球石油流通行业发展分析

2022年，全球原油加工量整体上升，不同区域炼厂开工率涨跌共现，全球炼油毛利波动剧烈；成品油消费量上涨，成品油价格先涨后跌；全球地缘冲突风险、新冠疫情、世界经济承压、全球通胀高企、新能源替代等因素深刻影响全球石油流通业发展。

### （一）原油加工量、开工率及毛利分析

2022年，全球原油加工量、全球炼厂开工率和炼油毛利均整体上升，北美地区增幅最大；全球新增炼油能力大部分来自亚太和中东，全球炼油能力达到49亿吨/年；不同地区炼油毛利差距较大。

1. 全球原油加工量整体小幅上升，但亚洲地区有所下降

OPEC数据显示，2022年全球原油加工量为7977万桶/天，2021年为7736万桶/天，呈现3.1%的小幅上涨。2022年全球原油加工量从第一季度的7970万桶/天，上升至第四季度的8036万桶/天。全球三大炼油中心分布于北美、欧洲和亚太地区。北美地区，2022年原油加工量从第一季度的1837万桶/天，上升至第四季度的1889万桶/天，上涨52万桶/天，涨幅为2.83%；其中，美国原油加工量从第一季度的1606万桶/天，上升至第四季度的1659万桶/天，上涨53万桶/天，涨幅为3.3%。欧洲地区，2022年原油加工量从第一季度的1107万桶/天，上升至第四季度的1153万桶/天，上涨46万桶/天，涨幅为4.16%。亚太地区，2022年原油加工量从第一季度的2657万桶/天，下降至第四季度的2648万桶/天，下降9万桶/天，降幅为

0.3%；其中，中国原油加工量从第一季度的1396万桶/天，下降至第四季度的1304万桶/天，下降92万桶/天，降幅为6.59%，如表1-1所示。

**表1-1 2022年世界各地区原油加工量** 单位：万桶/天

| 时间 | 全球原油加工量 | 北美原油加工量 | 欧洲原油加工量 | 中国原油加工量 |
|---|---|---|---|---|
| 第一季度 | 7970 | 1837 | 1107 | 1396 |
| 第二季度 | 7869 | 1875 | 1150 | 1289 |
| 第三季度 | 8032 | 1879 | 1163 | 1300 |
| 第四季度 | 8036 | 1889 | 1153 | 1304 |

数据来源：2022石油输出国组织（OPEC）年度报告。

2. 北美欧洲炼厂开工率不断上升，亚洲地区不断下降

2022年美国炼厂开工率上涨十分明显，从2021年的85.89%涨至91.17%，涨幅超过5个百分点；2022年美国炼厂开工率从1月的87.8%上升至12月的92.20%。2022年欧洲炼厂开工率为81.38%，比2021年的76.32%上涨约5个百分点。2022年以法国、德国、意大利和英国为主的欧洲炼厂开工率先涨后跌，从1月的79.7%增至5月的81.49%，随后下降至11月的81.15%。亚洲炼厂主要以中国、日本和新加坡三大炼油中心组成。全球四大石油消费国中3个位于亚洲且该区域原油处理能力已超全球1/3。2022年亚洲炼厂开工率小幅下降，为88.78%，与2021的90.27%相比下降1.49个百分点。2022年全球炼厂开工率从1月的92.4%下降至12月的88.74%。2021年全球炼厂开工率平均为84.16%，2022年全球炼厂开工率平均为87.35%，上升了3.19个百分点。

3. 全球炼油毛利大幅上涨，波动剧烈

与2021年相比，2022年全球炼油厂毛利显著上升，2021年美国、欧洲和亚洲炼厂毛利分别为5.37美元/桶、2.67美元/桶和2.71美元/桶；2022年美国、欧洲和亚洲炼厂毛利分别为35.61美元/桶、17.64美元/桶和13.88美元/桶。美国炼厂毛利依然远远高于其他地区，其次是欧洲地区，最后是亚洲地区。2022年以WTI计价的美国炼油毛利在6月达到峰值49.92美元/桶。欧洲交通限制的放松为相关的燃料市场提供了重要支持，此外，受非洲燃料需求强劲和美国产品市场紧缩的推动，强劲的出口进一步推动欧洲炼油毛利的上涨。以布伦特原油计价的欧洲炼厂炼油毛利从1月的4.04美元/桶上升至6月的30.56美元/桶，随后下降至12月的12.87美元/桶。2022年印度燃料市场销售恢复，中国燃料出口配额短缺导致中国向亚洲其他地区的产品供应有限。2022年亚洲地区炼油毛利变动趋势与欧洲炼厂相似，波动较大，从1月的1.53美元/桶上升至6月的30.08美元/桶，随后下降至12月的

9.56 美元/桶。

## （二）全球成品油消费量及价格分析

2022 年全球成品油消费量稳定中上涨，价格整体波动中上涨。

### 1. 北美地区成品油消费量上涨，成品油价格显著上升

以美国为主的北美地区经济复苏，受市场好转影响，2022 年成品油消费量呈现上涨趋势，全年成品油消费量 2500 万桶/天，同比增加 3.64%。从季度看，北美地区成品油消费量从第一季度的 2478 万桶/天上升至第四季度的 2521 万桶/天。北美地区成品油消费仍旧以汽油、柴油和煤油为主。价格方面，2022 年北美地区各类成品油价格都大幅上涨，汽油从 2021 年的 73.42 美元/桶上升为 135.16 美元/桶；柴油从 2021 年的 77.07 美元/桶上升为 127.71 美元/桶；煤油从 2021 年的 77.43 美元/桶上升为 142.24 美元/桶，如表 1－2 所示。

**表 1－2　北美地区成品油价格变化**

| 种类 | 2021 年/（美元/桶） | 2022 年/（美元/桶） | 增幅/% |
|---|---|---|---|
| 汽油 | 73.42 | 135.16 | 84.01 |
| 柴油 | 77.07 | 127.71 | 65.71 |
| 煤油 | 77.43 | 142.24 | 83.70 |

数据来源：2022 石油输出国组织（OPEC）年度报告。

### 2. 欧洲地区成品油消费量持续上涨，价格上涨势头强劲

2022 年欧洲地区成品油消费量呈现不断递升的态势。以德国、法国、意大利和英国为主的欧洲国家成品油消费量从第一季度的 1315 万桶/天，上升至第四季度的 1397 万桶/天；2021 年欧洲地区成品油消费量为 1297 万桶/天，2022 年欧洲地区成品油消费量为 1362 万桶/天，增加了 65 万桶/天，上升了 5.01%。2022 年欧洲地区成品油消费仍旧以汽油、柴油和煤油为主。价格方面，与 2021 年相比，2022 年欧洲地区各类成品油价格都大幅上涨，汽油从 73.42 美元/桶上升为 139.94 美元/桶；柴油从 79.01 美元/桶上升为 142.26 美元/桶；煤油从 77.58 美元/桶上升为 143.32 美元/桶，如表 1－3 所示。

**表 1－3　欧洲地区成品油价格变化**

| 种类 | 2021 年/（美元/桶） | 2022 年/（美元/桶） | 增幅/% |
|---|---|---|---|
| 汽油 | 73.42 | 139.94 | 90.60 |
| 柴油 | 79.01 | 142.26 | 80.05 |
| 煤油 | 77.58 | 143.32 | 84.74 |

数据来源：2022 石油输出国组织（OPEC）年度报告。

3. 亚洲地区成品油消费量相对稳定，价格波动频繁

2022 年，亚洲地区成品油消费量相对稳定，全年仅有少量增长，增长主要来自中国。中国成品油消费量从 2022 年第一季度的 1456 万桶/天增至第四季度的 1542 万桶/天；2021 年中国成品油消费量为 1449 万桶/天，2022 年中国成品油消费量为 1581 万桶/天，增加了 32 万桶/天，上升了 2.21%。印度 2022 年成品油消费量出现小幅上升，从第一季度的 518 万桶/天上升至第四季度的 537 万桶/天；2021 年印度成品油消费量为 489 万桶/天，2022 年印度成品油消费量为 516 万桶/天，增加了 27 万桶/天，上升了 5.52%。2022 年亚太地区各类成品油价格大幅上升。煤油、汽油和柴油的价格分别从 2021 年的 76.6 美元/桶、77.67 美元/桶和 74.34 美元/桶上升至 128.09 美元/桶、138.21 美元/桶和 129.65 美元/桶，增幅均超过 65%。价格方面，受全球成品油市场不稳定因素的影响，2022 年，中国成品油调价共计 24 轮，具体为上调 13 次、下调 10 次，搁浅 1 次，汽油总计上调了 550 元/吨，柴油总计上调了 530 元/吨。2022 年度汽、柴油零售价格整体呈震荡上行趋势。

## （三）全球石油流通行业发展的主要影响因素

2022 年，以乌克兰危机为主的全球地缘冲突风险、新冠疫情、世界经济持续承压、全球通胀压力、新能源替代等因素都在深刻影响着全球石油流通业的发展。

1. 地缘冲突、OPEC + 减产及新冠疫情，严重影响全球石油流通行业的发展

自 2021 年底以来，OPEC + 的产量恢复速度就一直低于计划目标。2022 年初，乌克兰危机爆发后，俄罗斯作为世界重要产油国之一，原油出口受到欧美制裁，而乌克兰是欧洲重要的能源通道，全球石油运输线改变，加剧了全球原油供需失衡。2022 年 3 月 11 日，WTI 原油期货、布伦特原油期货和 INE 原油（上海原油）期货一度冲上制高点。WTI 原油期货当日冲高至 130.5 美元/桶，相较于 2021 年 12 月 3 日收盘价涨幅高达 97.07%；布伦特原油期货当日冲高至 139.13 美元/桶，涨幅高达 98.36%；INE 原油期货当日冲高至 823.6 元/桶，涨幅高达 84.37%。2022 年 7 月更多的是原油市场需求弱于预期导致油价走弱，包括 11 月以来原油市场再次在需求疲弱的冲击下迎来大幅下跌行情，这也让国际油价基本回到了年初起点。虽然乌克兰危机对油价的影响力在逐渐下降，但在冲突结束之前，还会继续严重影响石油流通行业稳定发展。

2. 世界经济形势持续下行，挤压石油流通行业的发展空间

布伦特 DTD 原油价格数据显示，2022 年，国际油价经历爆发式上升与持续、

小幅回落态势，总体呈高位震荡态势。受新冠疫情持续反复以及国际局势恶化的影响，全球经济增长将进一步放缓。地缘冲突加剧、欧美等国严重的通货膨胀和美联储的持续加息，使市场对衰退的担忧日益加剧，消费者信心受损，全球成品油需求量严重受限。预计未来短期，全球经济下行概率依旧较大，成品油消费也将持续放缓。尽管夏季旅游季出行高峰、疫后经济的恢复以及政府促进经济恢复的政策或对成品油需求形成一定支撑，但由于新冠疫情的反复以及政策效应的延迟性，预计未来短期石油流通行业回暖状况依旧不乐观。

3. 新能源替代效应增强，加大石油流通行业的发展压力

面对全球范围内日益严峻的能源形势和环保压力，近年来，中国等世界主要汽车生产国都会将发展新能源汽车作为提高产业竞争力、保持社会经济可持续发展的重大举措。新能源对石油行业的影响主要集中在四个方面：同产品和服务的交换有关的产品效应；同市场和经济活动扩张有关的规模效应；同生产消费活动的分布和强度有关的结构效应；同新能源政策和石油行业政策有关的法规效应。这些效应均会对石油行业产生长短期的持续作用进而反转影响新能源利益和国民福利。以石油行业为例，由于工业污染密度下降的可能性有限，生态环境平衡更易受到破坏。但是当今盛行的新能源也日益证明其背后隐藏着不少的环境风险。此外，从各国政府新能源政策来看，当今新能源中凸显的绿色壁垒、环境关税，一方面反映了新能源保护主义发展的新形式，另一方面亦侧面反映出不恰当的新能源活动将危害石油流通行业稳定发展。

## 三、2022 年中国经济环境及石油流通行业政策分析

2022 年是党的二十大召开之年，是“十四五”规划承上启下关键之年，也是迈上中华民族全面复兴实现第二个百年奋斗目标新征程的重要之年。同时，中国经济面临的环境更趋复杂严峻，全球经济下行，乌克兰危机，美联储加息，国内新冠疫情防控压力较大，“需求收缩、供给冲击、预期转弱”三重压力叠加。中国 GDP 同比增长 3.0%，国民经济顶住压力持续发展，经济总量再上新台阶，就业物价总体稳定，人民生活持续改善，高质量发展取得新成效，经济社会大局和谐稳定。石油流通行业积极稳妥推进“双碳”目标，立足中国能源资源禀赋，坚持先立后破，通过一揽子政策有计划分步骤实施碳达峰行动。宏观调控成品油市场，优化能源发展布局，增强供应保障能力，进一步推进石油石化行业形成低碳发展格局。

## （一）中国经济环境分析

2022 年，国民经济经受住了国内外多重超预期因素冲击，经济总量继续增加。但国际环境更趋复杂严峻，国内经济恢复基础尚不牢固。2022 年能源供需总体平衡，能源消费总量短期下行后回升态势明显。原油和成品油产量保持增长，在“双碳”政策背景下成品油出口配额正逐步减少。

1. 经济下行压力增大，维持经济增速在合理区间

2022 年，国际环境更趋复杂严峻，中国加大宏观政策调节力度，有效实施稳经济的政策措施，新冠疫情反弹得到有效控制，国民经济企稳回升，生产需求边际改善，市场价格基本平稳，民生保障有力有效，高质量发展态势持续，社会大局保持稳定。2022 年，国内生产总值 1210207 亿元，按不变价格计算，同比增长 3.0%。分产业看，第一产业增加值 88345 亿元，增长 4.1%；第二产业增加值 483164 亿元，增长 3.8%；第三产业增加值 638698 亿元，增长 2.3%。分季度看，第一季度增长 4.8%，第二季度增长 0.4%，第三季度增长 3.9%，第四季度增长 2.9%。

（1）固定资产投资稳中有升，高技术产业投资增势较好

2022 年，全国固定资产投资（不含农户）572138 亿元，同比增长 5.1%。民间固定资产投资 310145 亿元，同比增长 0.9%。分领域看，基础设施投资比 2021 年增长 9.4%，制造业投资增长 9.1%，房地产开发投资下降 10.0%。分产业看，第一产业投资 14293 亿元，同比增长 0.2%；第二产业投资 184004 亿元，同比增长 10.3%；第三产业投资 373842 亿元，同比增长 3.0%。高技术产业投资同比增长 18.9%，比全部投资快 13.8%，其中高技术制造业、高技术服务业投资分别增长 22.2%、12.1%。高技术制造业中，医疗仪器设备及仪器仪表制造业、电子及通信设备制造业投资分别增长 27.6%、27.2%；高技术服务业中，科技成果转化服务业、研发设计服务业投资分别增长 26.4%、19.8%。社会领域投资同比增长 10.9%，其中卫生、教育投资分别增长 27.3%、5.4%。全国商品房销售面积 135837 万平方米，同比下降 24.3%；商品房销售额 133308 亿元，同比下降 26.7%。

（2）居民消费价格温和上涨，工业生产者价格涨幅回落

2022 年，全年居民消费价格同比上涨 2.0%。分类别看，食品烟酒价格上涨 2.4%，衣着价格上涨 0.5%，居住价格上涨 0.7%，生活用品及服务价格上涨 1.2%，交通通信价格上涨 5.2%，教育文化娱乐价格上涨 1.8%，医疗保健价格上涨 0.6%，其他用品及服务价格上涨 1.6%。在食品烟酒价格中，猪肉价格下降 6.8%，粮食价格上涨 2.8%，鲜菜价格上涨 2.8%，鲜果价格上涨 12.9%。扣除食

品和能源价格后的核心居民消费价格上涨0.9%。全年工业生产者出厂价格同比上涨4.1%，全年工业生产者购进价格同比上涨6.1%。

（3）工业生产持续发展，装备制造业和高技术制造业较快增长

2022年，全国规模以上工业增加值同比增长3.6%。分三大门类看，采矿业增加值增长7.3%，制造业增长3.0%，电力、热力、燃气及水生产和供应业增长5.0%。高技术制造业、装备制造业增加值分别增长7.4%、5.6%，增速分别比规模以上工业快3.8%、2.0%。分经济类型看，国有控股企业增加值增长3.3%，股份制企业增长4.8%，外商及港澳台商投资企业下降1.0%，私营企业增长2.9%。分产品看，新能源汽车、移动通信基站设备、工业控制计算机及系统产量分别增长97.5%、16.3%、15.0%。

（4）居民收入增长与经济增长基本同步，农村居民收入增长快于城镇

2022年，全国居民人均可支配收入36883元，同比名义增长5.0%，扣除价格因素，实际增长2.9%。分城乡看，城镇居民人均可支配收入49283元，增长3.9%，扣除价格因素，实际增长1.9%；农村居民人均可支配收入20133元，增长6.3%，扣除价格因素，实际增长4.2%。从收入来源看，2022年，全国居民人均工资性收入20590元，同比增长4.9%，占可支配收入的比重为55.8%；人均经营净收入6175元，增长4.8%，占可支配收入的比重为16.7%；人均财产净收入3227元，增长4.9%，占可支配收入的比重为8.7%；人均转移净收入6892元，增长5.5%，占可支配收入的比重为18.7%。

（5）继续实施宽松的财政政策和货币政策

2022年，面对不断加大的新的下行压力，中国加大宏观政策调节力度，加快落实已出台政策，抓紧谋划增量政策工具，加大相机调控力度，加大增值税留抵退税政策力度，加快财政支出进度、加快地方政府专项债券发行使用并扩大支持范围、采取各项措施稳住市场主体、积极扩大投资和消费、支持保障粮食能源安全、支持保产业链供应链稳定、切实保障基本民生。货币政策方面突出了跨周期调节、不搞“大水漫灌”的特点；财政政策方面，重点围绕新冠疫情防控、稳增长和稳就业展开，加快落实已经出台的一系列财税政策，并在已有政策工具基础上积极谋划增量政策工具，加大相机调控力度，把握好目标导向下政策的提前量和冗余度。

2. 能源消费短期下行后回升态势明显，消费结构继续优化

2022年，中国能源领域深入贯彻落实中共中央、国务院关于能源保供各项决策部署，紧抓能源安全保供不松劲，加快释放先进产能，能源保供能力不断提升。随着稳经济一揽子政策和接续政策措施的推进落实，国民经济延续恢复发展态势，能

源消费稳步增长，非化石能源消费比重持续提高。

（1）能源生产总量保持稳定增长，能源进口大幅下降

2022 年，规模以上工业煤油气电等主要能源产品生产均保持增长，能源供应保障能力稳步提升。

煤炭生产在确保安全前提下有序释放先进产能，圆满完成保供增供任务。规模以上工业原煤产量 45.0 亿吨，创历史新高，同比增长 9.0%，增速比 2021 年高 4.3 个百分点。

油气生产稳定增长，油气企业继续巩固增储呈现良好势头，保障油气自主供应基础。2022 年，全国规模以上工业原油产量 2.05 亿万吨，同比增长 2.9%；天然气产量 2178 亿立方米，同比增长 6.4%，连续 6 年增产超 100 亿立方米；加工原油 6.76 亿吨，同比下降 3.4%。

电力生产平稳有序，清洁能源发电占比提高。2022 年，规模以上工业发电量 8.4 万亿千瓦·时，同比增长 2.2%；其中，火电增长 0.9%，水电、核电、风电和太阳能发电等清洁能源发电增长 5.3%，占全部发电量比重较 2021 年提高 0.9%。

中国能源进口下降明显。根据海关总署数据，2022 年中国进口煤炭 2.9 亿吨，同比下降 9.2%；进口原油 5.08 亿吨，同比下降 0.9%；进口天然气 10925 万吨，同比下降 9.9%。

（2）能源供给侧改革持续推进，能源消费结构持续优化

石化化工行业是国民经济支柱产业，经济总量大、产业链条长、产品种类多、关联覆盖广，关乎产业链供应链安全稳定、绿色低碳发展、民生福祉改善。实现碳达峰、碳中和需加速石油化工产业转型升级，推进绿色循环低碳发展，加强行业治理体系和治理能力建设。碳达峰、碳中和“1 + N”政策体系背景下，建立推进能源绿色低碳发展的制度框架，形成比较完善的政策、标准、市场和监管体系，构建以能耗“双控”和非化石能源目标制度为引领的能源绿色低碳转型推进机制。到 2030 年，基本建立完整的能源绿色低碳发展基本制度和政策体系，形成非化石能源既基本满足能源需求增量又规模化替代化石能源存量、能源安全保障能力得到全面增强的能源生产消费格局。

2022 年能源消费总量同比增长 2.9%，随着能源绿色低碳转型持续推进，能源消费结构有所优化，煤炭消费比重提高 0.2 个百分点，石油消费比重下降 0.6 个百分点，天然气消费比重下降 0.4 个百分点，非化石能源消费占能源消费总量比重同比提高 0.8 个百分点。

### 3. 成品油消费量总体呈增长趋势，价格冲高回落，炼厂开工率走低

2022 年，在新冠疫情反复、动态清零政策影响下，成品油需求量整体实现微量增长。炼厂开工率在经济下行压力下难以保持上涨趋势，国内成品油价格受乌克兰危机、美联储加息等政策影响，多次上涨，创下新高。

（1）成品油需求整体上升，汽油、航空煤油需求下滑明显

2022 年，全国成品油表观消费量 3.33 亿吨，同比增长 5.1%，其中，汽油同比下降 4.5%，航空煤油同比下降 39%，柴油同比增长 24%。首先，2022 年各地新冠疫情多点散发，抑制了出行消费需求；其次，新能源发展较快，对传统汽油的替代持续推进；最后，国内汽油的高零售价格在一定程度上抑制了终端的消费需求，不少人改变出行方式，转为绿色出行。汽油、航空煤油依旧难以起势，而柴油需求受出口利好有所提振。

（2）炼厂开工率先涨后跌，整体呈下跌趋势

国内主营炼厂平均开工负荷整体呈现出先涨后跌走势。2022 年，国内主营炼厂的平均开工负荷在 74.3%，同比下跌 1.2%。开工率下滑由原油成本大涨以及新冠疫情及经济下行压力下汽柴油消费量同比下滑两个因素导致，同时也反映出产能置换淘汰慢于新增，汽、柴油产量过剩继续扩大，产能难以被有效利用。

（3）成品油价格呈现震荡上涨后冲高回落

2022 年，国内原油和成品油价格分别创 7 年以来的新高。2022 年，国内成品油零售限价共经历了 24 个调价窗口，上调 13 次，下调 10 次，搁浅 1 次，涨跌相抵后，国内汽油和柴油价格累计每吨分别提高 550 元和 530 元。受国际原油震荡走势影响，2022 年国内成品油零售限价调整以上调居多，且主要集中在第一季度和第二季度。从第三季度开始，随着国际原油重心水平不断回落，国内成品油零售限价下调居多，国内主营成品油价格呈现冲高回落走势。

2022 年汽油价格变化的主要原因包括乌克兰危机、美联储加息、全球经济复苏慢、进口关税费增加、国内新冠疫情、欧佩克等政策限制等。

（4）推动绿色低碳转型，收紧成品油出口配额

2022 年，中国成品油出口总量 3438 万吨，同比下降 14.8%。其中，汽油出口量 1256 万吨，同比下降 13.6%；柴油出口量 1092 万吨，同比下降 36.5%；煤油出口量 1090 万吨，同比增加 27.4%。为落实“双碳”目标，推动绿色低碳转型，在国内成品油结构不断优化，生产柴汽比值下滑的大趋势下，出口柴汽比值继续保持下降。“减油增化”已是大势所趋，出口端政策收紧已成为常态。

## （二）中国石油流通行业政策分析

2022 年中国成品油市场政策频出，激发市场主体活力，推动石油行业高质量发展，保障了成品油市场有序运行。

1. 规范石油化工行业运行，促进石油化工行业高质量发展

2022 年 2 月 22 日，国家发展改革委联合 12 部门印发《关于促进工业经济平稳增长的若干政策》，围绕新基建、产业集群培育等提出支持一批重大工程项目和产业投资项目落地实施，推动传统产业技术改造，这有利于激发石油化工企业开拓市场的潜力，为打造行业增长新动力提供了工作抓手。

2022 年 4 月 7 日，国家发展改革委、工业和信息化部等部门联合发布《关于“十四五”推动石化化工行业高质量发展的指导意见》，提出到 2025 年，石化化工行业基本形成自主创新能力强、结构布局合理、绿色安全低碳的高质量发展格局，高端产品保障能力大幅提高，核心竞争能力明显增强，高水平自立自强迈出坚实步伐，对石化化工行业实现高质量、绿色低碳发展具有重要指导意义。

2022 年 6 月 23 日，工业和信息化部、国家发展改革委、财政部、生态环境部、国务院国资委、市场监管总局联合印发《工业能效提升行动计划》，指出重点行业节能提效改造升级重点方向，石化化工行业要加快原油直接裂解制乙烯、重劣质渣油低碳深加工等推广。坚决遏制高耗能、高排放、低水平项目盲目发展，合理控制煤制油气产能规模，严控新增炼油产能。对工业节能提效做出了整体工作安排，进一步明确了工业节能提效的指导思想、总体目标和重点任务。

2. 优化能源发展布局，增强供应保障能力

2022 年 3 月 17 日，国家能源局印发《2022 年能源工作指导意见》，提出 2022 年能源工作的主要目标是增强供应保障能力、稳步推进结构转型、着力提高质量效率。在石油石化行业方面，要求提升勘探开发能力、加强储运能力，加快油气田等系统数字化升级，持续优化营商能力，坚持加强化石能源清洁高效利用，稳步推进能源绿色低碳发展。

2022 年 3 月 22 日，国家发展改革委、国家能源局发布《“十四五”现代能源体系规划》，作为“十四五”期间指导中国能源发展和改革的总体蓝图和行动纲领，此规划坚持完整、准确、全面贯彻新发展理念，统筹稳增长和调结构，处理好发展和减排、整体和局部、长远目标和短期目标、政府和市场的关系，要求增强能源供应链稳定性和安全性、加快推动能源绿色低碳转型、优化能源发展布局、提高能源产业链现代化水平等。该规划的发布有利于中国加快构建现代能源体系，推动能源

产业高质量发展，保障国家能源安全，力争如期实现“双碳”目标，推动经济社会持续健康发展。

### 3. 实行阶段性补贴，规范成品油市场运行

2022 年 6 月 29 日，财政部、国家发展改革委发布《关于做好国际油价触及调控上限后实施阶段性价格补贴有关工作的通知》，提出补贴对象为中华人民共和国境内生产、委托加工和进口汽、柴油的成品油生产经营企业，当国际市场原油价格高于国家规定的成品油价格调控上限（每桶 130 美元）时，对炼油企业实行阶段性价格补贴，政策持续时间暂按两个月掌握，后续如国际市场原油价格继续高于国家规定的成品油价格调控上限，将提前明确相关调控政策。此项措施在一定程度上有助于保障市场供应稳定。

2022 年 8 月 29 日下午，深圳市人大常委会主任骆文智主持召开深圳市七届人大常委会第十一次会议。《深圳经济特区成品油监督管理条例（草案）》首次提请审议，旨在通过立法对成品油质量实行全流程监管。

2022 年，全国多地出台地区成品油市场专项整治方案，进一步整顿和规范成品油市场经营秩序，在严厉打击违法、违规经营成品油行为，成品油市场安全生产检查，确保安全经营，保障经营者和消费者的合法权益，成品油市场环保监督检查等方面进行重点整治。

2022 年 11 月 7 日，依照《危险化学品安全管理条例》（国务院令第 591 号）有关规定，应急管理部会同工业和信息化部、公安部、生态环境部、交通运输部、农业农村部、卫生健康委、市场监管总局、铁路局、民航局决定调整《危险化学品目录（2015 版）》，将“1674 柴油［闭杯闪点≤60℃］”调整为“1674 柴油”，所有柴油将被列入《危险化学品目录》，应急管理部将配套补充完善“危险化学品分类信息表”，强化对柴油市场的监督整顿。

### 4. 推进油气管网互联互通，完善原油、成品油管网布局

2022 年，中国西北能源战略通道进一步完善，提升了中国油气能源供应保障能力。中国油气“全国一张网”初步形成，管网规模超过 18 万千米。

2022 年 3 月 25 日，国家发展改革委发布《“十四五”现代综合交通运输体系发展规划》，提出加强油气管网高效互联；完善东北、西北、西南和海上四大油气进口通道；加快全国干线天然气管道建设，完善原油、成品油管网布局，推进东北、西北、西南等地区老旧管道隐患治理；推进油气管网互联互通和支线管道建设，扩大市县天然气管道覆盖范围并向具备条件的沿线乡镇辐射；完善多层次道路交通网，

科学布局建设加油（气）站；健全综合交通运输应急管理体制机制，完善沿海和内河溢油应急设备库，拓展西部陆海新通道国际服务，做优做强保税燃油供应；稳定并完善交通专项资金政策，继续通过成品油税费改革转移支付等渠道支持交通基础设施养护。这为中国石油流通行业发展、油气安全保供指明了方向。

2022 年 6 月 30 日，三峡枢纽江南成品油翻坝项目管道工程（秭归段）举行开工仪式，该项目由管道工程、码头工程及油库工程组成，起点是宜都市枝城油库，终点是秭归油库。管道分别输送汽油、柴油和航空煤油，管道线路实长 120.2 千米，途经宜都、点军、夷陵、秭归，沿线共设 5 座监控阀室，山岭隧道穿越 18 处，项目投资 76 亿元。该项目在秭归境内主要工程包括坝上油库、坝上码头和 13.7 千米的管道，其中，管道工程包括阀室 1 座、隧道穿越 4 处，途经九里工业园区、茅坪镇等地，投资 38 亿元，约占整个项目总投资的 50%。三峡枢纽江南成品油翻坝项目管道工程是三峡枢纽多式联运体系的核心项目。三峡枢纽江南成品油翻坝项目管道工程的建成，将对落实三峡区域生态保护、通航安全、疏解拥堵，保障川渝地区油品资源补充及外输，提升能源运输战略安全发挥重要作用，也将进一步拉动秭归经济增长，推动形成三峡翻坝综合交通运输体系。

5. 炼化行业清洁化发展落地，推动石油石化行业形成低碳发展格局

2022 年 1 月 30 日，国家发展改革委、国家能源局发布《关于完善能源绿色低碳转型体制机制和政策措施的意见》，提出要从提升油气田清洁高效开采能力，推动炼化行业转型升级，完善油气与地热能以及风能、太阳能等能源资源协同开发机制，持续推动油气管网公平开放并完善接入标准，鼓励传统加油站、加气站建设油气氢电非一体化综合交通能源服务站，加强二氧化碳捕集利用与封存技术推广示范，扩大二氧化碳驱油技术应用等方面完善油气清洁高效利用机制；同时要求健全油气供应保障、储备应急体系和区域能源供应监测平台，协调开展跨省跨区的油气输送通道等基础设施和安全体系建设，为石油石化行业绿色低碳转型与发展、油气安全保供指明了方向。

2022 年 3 月 17 日，国家能源局发布《2022 年能源工作指导意见》（以下简称《意见》）提出增强供应保障能力。同时要求提高能源服务水平，统筹安排好煤电油气运输保障供应。《意见》表明深入推进成品油质量升级国家专项行动，确保 2023 年 1 月 1 日全国全面供应国六 B 标准车用汽油。同时加大能源监管力度，深化油气管网等自然垄断环节监管。《意见》坚持加强化石能源清洁高效利用，推动煤炭和新能源优化组合，稳步推进能源绿色低碳发展。

2022 年 5 月 30 日，财政部发布《财政支持做好碳达峰碳中和工作的意见》，该

意见旨在支持重点行业领域绿色低碳转型，推动减污降碳协同增效，促进城乡建设领域实现“双碳”目标，明确财政支持的六大重点方向和领域，包括支持构建清洁低碳安全高效的能源体系、支持重点行业领域绿色低碳转型、支持绿色低碳科技创新和基础能力建设、支持绿色低碳生活和资源节约利用、支持碳汇能力巩固提升、支持完善绿色低碳市场体系，是实现“双碳”目标的重要保障方案。

2022 年 10 月 27 日，为落实《“十四五”节能减排综合工作方案》有关要求，完善能源消耗总量和强度调控，国家发展改革委、国家统计局联合公布了《关于进一步做好原料用能不纳入能源消费总量控制有关工作的通知》（以下简称《通知》）。《通知》作为完善能源消费强度和总量“双控”制度的重要举措，从五个方面对新增可再生能源消费不纳入能源消费总量控制有关工作提出要求，对推动能源清洁低碳转型、保障高质量发展合理用能需求具有重要意义。可再生能源发电和利用具有可再生、清洁、低碳的特点，将新增可再生能源和原料用能消费不纳入能源消费总量控制，将推动新增可再生能源消费量作为促进经济社会高质量发展的重要支撑和保障，有利于更加准确反映能源利用实际情况，有利于为经济社会发展提供充足用能空间，有利于针对性地采取节能降碳措施，有利于促进可再生能源发展、助力如期实现“双碳”目标。

2022 年 11 月 10 日，生态环境部等十五部门发布《深入打好重污染天气消除、臭氧污染防治和柴油货车污染治理攻坚战行动方案》（以下简称《方案》），要求坚决遏制高耗能、高排放、低水平项目盲目发展。《方案》提出，统筹大气污染防治与“双碳”目标要求，开展大气减污降碳协同增效行动，将标志性战役任务措施与降碳措施一体谋划、一体推进，优化调整产业、能源、运输结构，从源头减少大气污染物和碳排放。推动能源清洁低碳转型，开展分散、低效煤炭综合治理。提升监督执法效能，围绕标志性战役任务措施，精准、高效开展环境监督执法，在油品、煤炭质量、含 VOCs（Volatile Organic Compounds，挥发性有机物）产品质量、柴油车尾气排放等领域实施多部门联合执法。持续开展环保信用评价，对环保信用等级较低的依法实施失信联合惩戒。《方案》对解决人民群众关心的突出的大气环境问题，持续改善空气质量具有重要指导作用。

# 第二篇

# 炼油与国内供给

2022年国际形势错综复杂，乌克兰危机长期僵持，中美科技关系紧张，全球经济复苏缓慢；国内新冠疫情多点、广范围散发，国内经济增长压力较大。国际、国内环境影响加之“双碳”目标的进一步实施，致使中国炼化行业面临严峻的考验和转型压力。但随着“一带一路”的不断发展，北京冬奥会的成功举办等，中国国际形象进一步提升，给中国炼化行业对外合作发展带来了更多的机遇。

2022年，中国原油产量有所上升，对外依存度下降，原油加工量有所下滑，炼油能力持续增长，产能利用率有所下滑，成品油产量呈先降后升趋势，第二季度处于低位，第三季度至第四季度逐渐上浮；中国炼油行业整体利润有所下滑，效益有待改善，产业结构加速优化调整；“双碳”政策助推炼油行业转型升级，《区域全面经济伙伴关系协定》（Regional Comprehensive Economic Partnership，RCEP）进一步落实，数字化、智能化转型进一步推进。中国主营炼厂油气当量产量稳增、炼油能力持续扩张、开工负荷率较上年有所下滑；油气勘探聚焦重点盆地、重点区域、非常规领域；受炼油成本上升影响，利润有所下滑；持续推进炼化一体化、绿色低碳发展取得实效，炼厂大规模趋势明显。中国独立炼厂汽柴油收率下降，不断向“油化并举”迈进，销售渠道及营销需加强；规模化发展趋势明显，独立炼厂多项外资项目落地投产，多元化竞争格局逐渐形成。

## 一、2022年中国炼油行业总体发展情况分析

2022年，中国原油产量继续增加，原油加工量有所下滑，原油进口量呈现缩减趋势，原油对外依存度下降，炼油能力上涨至9.37亿吨/年，全国炼厂常减压装置产能利用率67.83%，炼油综合能耗小于60千克标准油/吨，与国外先进45千克标准油/吨相比仍有较大差距。中国炼厂平均规模约为542万吨/年。成品油产量同比增加3.2%，其中，汽油产量同比降低5.1%，柴油产量同比增长17.9%，煤油产量同比下降24.9%。在炼油能力过剩、“双碳”政策以及RCEP不断落实等背景下，中国炼油行业正加速行业产能优化调整，有序推进炼化一体化改造升级，不断推动数字化、智能化转型。

### （一）原油产量有所上升，对外依存度下降，原油加工量下降

2022 年，油气勘探开发力度持续加大，原油产量多年来持续上涨，截至 2022 年末，原油生产总量达到 2.05 亿吨，同比增加 2.9%，如图 2－1 所示。

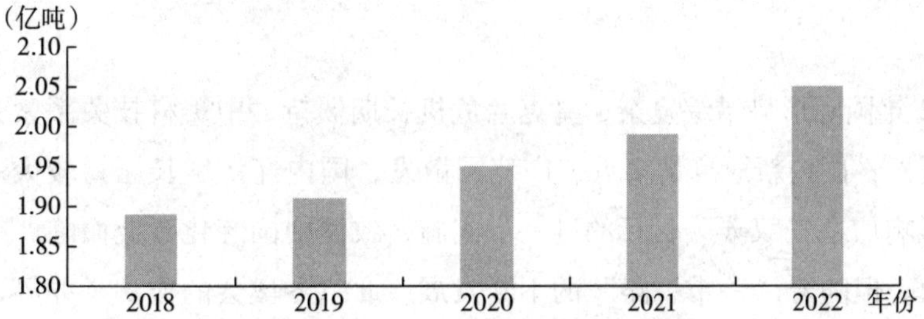


**图 2－1　2018—2022 年中国原油生产总量**

数据来源：国家统计局。

2022 年，中国进口原油 5.08 亿吨，同比下降 0.9%，进口规模呈现缩减趋势。如图 2－2 所示，从 2020 年开始，原油对外依存度持续下降，2022 年下降至 71.2%，较 2021 年降低了 0.8 个百分点。2022 年爆发的乌克兰危机严重影响俄罗斯原油、天然气等能源的出口，加上全球经济复苏前景迷雾重重，多方因素交替叠加，对中国的能源进出口必定产生深远影响。俄罗斯是全球第二大原油出口国，也是欧洲最大的天然气供应国。2021 年，俄罗斯天然气、煤炭、石油和液化天然气出口金额占全球比重分别为 27.0%、15.5%、12.0% 和 8.1%。乌克兰危机和美欧制裁持续推高全球能源价格，油价的变化对中国原油进口有着根本性的影响。中国原油长期对外高度依赖，每年进口原油花费高达 1700 亿美元，约合人民币 1.2 万亿元。因此，油价的细微变化会对中国原油进口产生巨大影响。

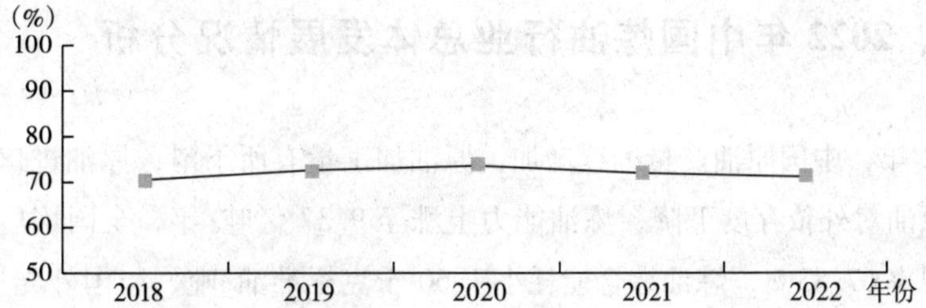


**图 2－2　2018—2022 年中国原油对外依存度**

数据来源：公开资料整理。

2022 年，全国炼厂常减压装置产能利用率 67.83%，较 2021 年降低 2.99 个百分点。2022 年，中国原油加工量 6.76 亿吨，同比下降 3.4%。分季度来看，2022 年

第一季度中国原油加工量为1.72亿吨，同比下降1.15%，第二季度1.61亿吨，较第一季度下降6.4%，第三、第四季度分别为1.65亿吨、1.78亿吨，较第二季度均有所上升。年内新冠疫情多点散发，原油加工量持续波动，如图2－3所示。

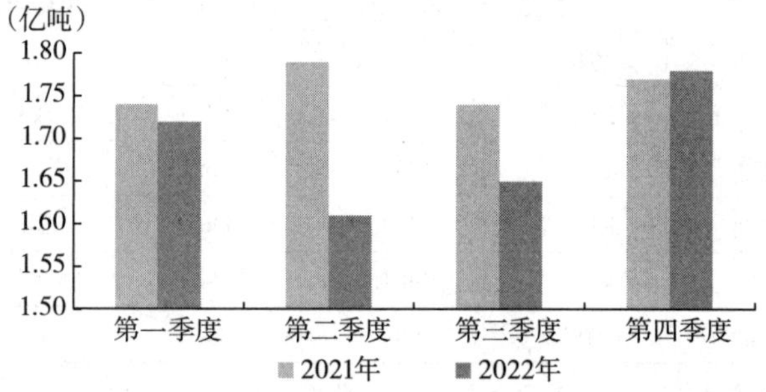


**图2－3　2021—2022年各季度中国原油加工量**

数据来源：国家统计局、中国石油和化工经济数据月度报告。

## （二）炼油能力持续增加，成品油产量先降后升，煤油产量下降趋势明显

2022年，中国炼油能力达到9.37亿吨/年，同比增长1.30%，位居世界第一。如图2－4所示，2018年到2022年，中国炼油能力持续增加。

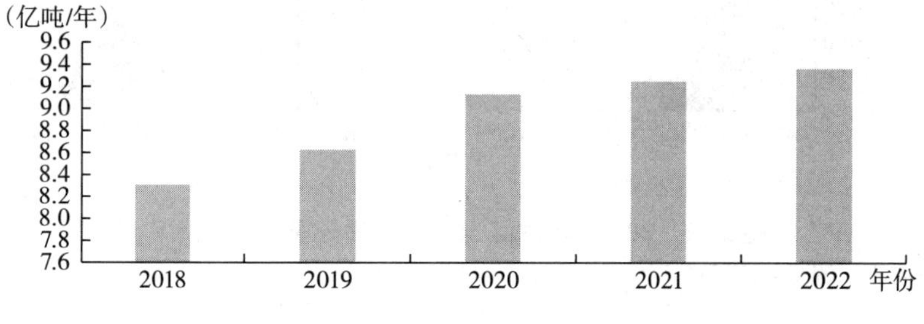


**图2－4　2018—2022年中国炼油能力**

数据来源：公开资料整理。

2022年，中国成品油产量总体呈先下降后上升的趋势，年内成品油产量在第二季度处于低位，第三季度至第四季度逐渐上升，如表2－1所示。2022年汽油产量在第一季度较2021年同期有所提高，第二季度较2021年同期及同年第一季度均有所下降，第三季度较2021年同期有所下降，较同年第二季度略有上涨；2022年柴油产量前三个季度较2021年同期都大幅增长，受新冠疫情多点散发影响，2022年第二季度柴油产量较第一季度有所下降，第三季度产量回升；2022年煤油产量相比于2021年大幅下降，第二季度煤油产量相较第一季度下降趋势明显，第三季度新冠疫情平稳，煤油产量有所回升，这是因为煤油作为航空燃料，受公共卫生事件影响

较大，国内外航班随时根据起始地新冠疫情状况增减飞行次数，直接导致煤油下游需求波动，因此多数煤油生产企业调整煤油收率，以确保产品库存的稳定性。

**表2－1　2021—2022年分季度中国成品油产量**　单位：万吨

| 年份 | 成品油 | 第一季度 | 第二季度 | 第三季度 | 第四季度 | 合计 |
|---|---|---|---|---|---|---|
| 2021 | 汽油 | 3641.8 | 3769.4 | 4028.1 | 4018.0 | 15457.3 |
| | 柴油 | 3775.2 | 3849.9 | 3928.3 | 4783.6 | 16337.0 |
| | 煤油 | 1045.7 | 1237.7 | 936.1 | 724.4 | 3943.9 |
| 2022 | 汽油 | 3993.7 | 3432.3 | 3530.9 | 3578.7 | 14535.6 |
| | 柴油 | 4529.3 | 4381.8 | 4474.4 | 5740.2 | 19125.7 |
| | 煤油 | 819.0 | 538.8 | 780.4 | 810.9 | 2949.1 |

数据来源：国家统计局、中国石油和化工经济数据月度报告。

整体来看，2022年柴油产量 > 汽油产量 > 煤油产量，分季度来看，三种产品产量在第二季度处于较低的水平，第三和第四季度三种产品产量均有所回升，如图2－5所示。

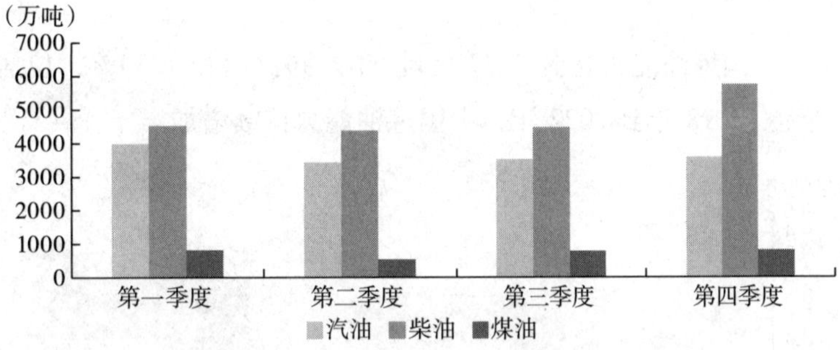


**图2－5　2022年汽油、柴油、煤油分季度产量情况**

数据来源：国家统计局。

## （三）炼油行业营业收入上升，利润有所下滑

自2022年初以来，国际能源供给缺口未见改善，乌克兰危机进一步加剧了这一态势，能源类大宗商品价格大幅上涨，尤其以原油、天然气和煤炭等为代表，而中国对上述能源产品国际依赖较大，传导速度较快，国内能源工业品价格持续高位运行。

国家统计局数据显示，2022年石化全行业的营业收入16.56万亿元，同比增长14.4%，利润总额1.13万亿元，同比下降2.8%，全行业亏损面19.4%，亏损企业亏损额同比增加71.8%，全行业收入利润率6.8%。其中，炼油行业营业收入同比增长18.6%，利润额同比下降87.6%，炼油板块亏损面28.3%，亏损企业亏损额同比增加 280.8%，炼油板块收入利润率 0.4%。主营综合炼油利润为 527.27 元/吨，同比下跌 15%，年均原油成本 4858 元/吨，同比上涨 47.21%，综合产品收入 6675 元/吨，同比上涨 25.54%。山东独立炼厂综合炼油利润为 456.57 元/吨，同比下跌 22.13%，年均原油成本 4832 元/吨，同比上涨 42.44%，综合产品收入 6767 元/吨，同比上涨 30.15%。主营综合炼油利润水平不及 2021 年，效益有待提升。

## （四）炼油产业结构加速优化调整，有序推进炼化一体化改造升级

中国已经建成投产了近 30 个千万吨级炼油基地，占全国炼油总能力的 45% 左右。就工艺水平看，中国工艺技术水平稳步提升。中国已拥有完全自主产权的单系列千万吨炼油成套技术，炼油技术在国际上整体处于先进水平，渣油自循环沸腾床加氢技术、超重油延迟焦化技术等部分技术国际领先。

在炼油能力过剩、成品油需求增长减速以及“双碳”目标约束下，中国炼油行业加速产能优化调整。主营炼厂在做大做强炼油能力的同时，着力于对现有装置进行结构调整，有序推进炼化一体化改造升级，如表 2-2 所示，多个炼油转型与结构调整项目投产、开建、获批或规划，例如，镇海炼化一期项目全面建成投产，是中国最大的炼化一体化基地。大型地方炼化一体化项目主导产能增长，继恒力石化、浙江石化的项目在“十三五”时期建成运行后，盛虹炼化公司的项目也即将投运。传统地方炼厂落后产能加速淘汰，山东集中力量建设裕龙岛炼化一体化项目，并继续淘汰落后产能。

**表 2-2　2022 年中国部分炼油结构调整项目**

| 企业名称 | 参与方 | 省份 | 新增能力/（万吨/年） | 预计投产时间 |
|---|---|---|---|---|
| 广东石化 | 中国石油 | 广东 | 2000 | 2022 年 |
| 海南炼化 | 中国石化 | 海南 | 500 | 2022 年 |
| 鑫海化工 | 鑫海化工集团 | 河北 | 800 | 2022 年 |
| 镇海炼化 | 中国石化 | 浙江 | 1100 | 2023 年 |
| 华锦化工 | 北方工业集团、沙特阿美公司 | 辽宁 | 1500 | 2024 年 |
| 中科炼化二期 | 中国石化 | 广东 | 1500 | 2024 年 |
| 裕龙岛石化 | 南山集团、山东能源集团等 | 山东 | 2000 | 2024 年 |
| 岳阳石化 | 中国石化 | 湖南 | 1500 | 2024 年 |
| 裕龙岛石化二期 | 南山集团、山东能源集团等 | 山东 | 2000 | 2025 年 |

数据来源：公开资料整理。

## （五）“双碳”助推炼油行业转型升级，RCEP 进一步落实

2022 年 2 月 11 日，国家发展改革委等四部门发布《高耗能行业重点领域节能

降碳改造升级实施指南（2022 年版）》（以下简称《指南》），提出到 2025 年，炼油领域能效标杆水平以上产能比例达到 30%，能效基准水平以下产能加快退出，行业节能降碳效果显著，绿色低碳发展能力大幅提高。根据《高耗能行业重点领域能效标杆水平和基准水平（2021 年版）》，炼油能效标杆水平为 7.5 千克标准油/（吨·能量因数）、基准水平为 8.5 千克标准油/（吨·能量因数）。主要工作方向为：加强前沿技术开发应用，培育标杆示范企业；加快成熟工艺普及推广，有序推动改造升级，其中包括绿色工艺技术、重大节能装备、能量系统优化和氢气系统优化四个方面；严格政策约束，淘汰落后低效产能。从完成的难度上来说，炼油行业有一定的压力。但炼油行业还是能够通过一系列装置技术的改造升级，以及淘汰落后产能等手段，完成《指南》所提出的目标。

在国务院 2021 年 10 月发布的《2030 年前碳达峰行动方案》中就提到，到 2025 年，国内原油一次加工能力控制在 10 亿吨/年以内。中国炼油行业产能已经达到近 9.37 亿吨/年，也就是说，未来整体的增长空间可能不到 1 亿吨/年。而在“十四五”期间，炼油行业还有一部分新上项目。只有通过淘汰落后和低效炼油装置，为高效先进的炼化产能留出空间，才能使整体产能控制在 10 亿吨/年以下。未来炼油产能的淘汰门槛可能还将进一步提升。

2022 年 1 月 1 日，《区域全面经济伙伴关系协定》（RCEP）正式生效。泰国、马来西亚等国家正着力将燃油品质从欧Ⅳ提高到欧Ⅴ标准，特别是部分老炼厂需要升级改造；越南、印度尼西亚、菲律宾、缅甸等国家石化工业基础薄弱，发展相对落后，有强烈的发展本国石化产业的意愿。中国石化产业经过 70 余年的引进消化吸收、自主创新、攻关开发，炼油技术、装备和工程施工能力、油品质量标准等总体达到世界先进水平，具备自主建设千万吨炼油、百万吨乙烯等大型成套装置工程的能力，掌握欧Ⅵ质量标准汽柴油生产等核心技术。中国炼化企业在产能建设、工程技术服务、国际贸易、技术装备出口等领域能够较好满足这些国家推进石化项目改造和建设的需求。

在全球化面临冲击、国际经济规则体系遭遇挑战的背景下，RCEP 凸显出强大的生机和活力，自贸区的建成深化了区域价值链融合，进一步促进行业升级。各成员方积极推动协定的实施和生效，展现了各国深化本地区经济合作的共同意愿，增强了区域乃至全球疫后经济复苏的信心。2022 年前 6 个月，全国贸促系统签发的 RCEP 原产地证书 5.68 万份，签证金额累计达到 27.32 亿美元。2022 年全国贸促系统 RCEP 证书签证金额共计 67.71 亿美元，签证份数为 15.59 万份。作为世界第二大经济体，中国持续推动高水平开放，致力于为亚太区域经济合作开展更有效的合作，并将进一步推进 RCEP 工商合作机制建设，提升中国工商界在全球经济治理中的参与度和话语权，为企业更好地利用 RCEP 协定开拓国际市场提供务实服务。

### （六）数字化、智能化转型进一步推进，构建智能炼化新模式

2021 年，国家发展改革委、国家能源局等四部委联合印发《能源领域 5G 应用实施方案》，打造炼化生产物联网在智能炼厂等领域形成一批 5G 典型应用场景，进一步加速炼油行业数字化、智能化转型进程。

中国石油在供应链协同、生产和能源管控、设备管理、安全环保、预知决策领域构建了特色智能炼化新模式。中国石油长庆石化公司成为国内首个具有“5G 专网全覆盖、5G 运营全流程、5G 合作全生态、5G 应用全场景”特点的 5G 全智能炼厂；云南石化公司 1300 万吨/年炼油常减压装置首次采用了中国自主开发的全流程智能控制系统。中国石化建成的智能运营中心能实时掌握公司全产业链生产运营情况动态，包括旗下所有炼化企业 1000 余套重点装置生产情况。中科炼化公司项目是第一家全面基于工业互联网平台建设的智能工厂。民企方面，汇丰石化公司正在建设山东省首个 5G 智慧炼厂。

## 二、2022 年中国主营炼厂发展情况分析

2022 年，中国主营炼厂中国石油、中国石化、中国海油油气当量产量稳步增长，炼油能力持续扩张至 6.19 亿吨/年，占整个炼油行业的 66.1%，年内平均开工负荷率下降。主营炼厂聚焦重点盆地、重点领域和非常规领域，不断加大油气勘探力度，勘探取得新成果，中国千万吨级炼厂增至 35 座，炼厂大规模趋势明显。受油价提升影响，主营炼厂炼油成本大幅上升，利润有所下滑。主营炼厂持续推进炼化一体化，不断对现有装置进行调整升级，在“双碳”政策的指引下，绿色低碳发展取得实效。

### （一）油气当量产量稳增，炼油能力持续扩张，开工负荷率下降

2022 年是“十四五”规划的第二年，国家持续推进能源安全战略布局，以构建新发展格局为统领。《中华人民共和国国民经济和社会发展第十四个五年规划和二〇三五年远景目标纲要》中也明确了“油气核心需求依靠自保，夯实国内产量基础，保持原油和天然气稳产增产”主要方针。中国石油、中国石化和中国海油紧跟政策方针，继续加大勘探开发投入，积极推进油气产能建设，努力实现增储上产，在 2022 年分别实现油气当量产量 16.06 亿桶、4.89 亿桶和 5.56 亿桶，分别同比增

长3.3%、1.94%和3.5%。2018—2022年中国石化及中国石油原油产量趋势情况如图2－6所示。

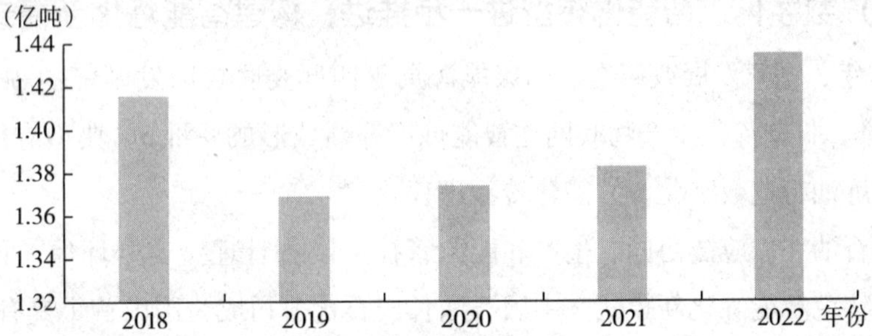


**图2－6　2018—2022年中国石化及中国石油原油产量趋势情况**

数据来源：中国石油、中国石化年报。

从经营主体看，以中国石化、中国石油、中国海油、中国中化为代表的国有炼厂是行业的主导力量，基本覆盖了国内所有的千万吨级炼厂。其中，中国石化、中国石油为主营炼厂的中坚力量。截至2022年第三季度，中国石化和中国石油原油加工量合计达到3.02亿吨，如图2－7所示；中国化工和中化集团正式重组为中国中化，炼油能力为6000万吨/年，超过中国海油的5200万吨/年，成为中国第三大经营主体。

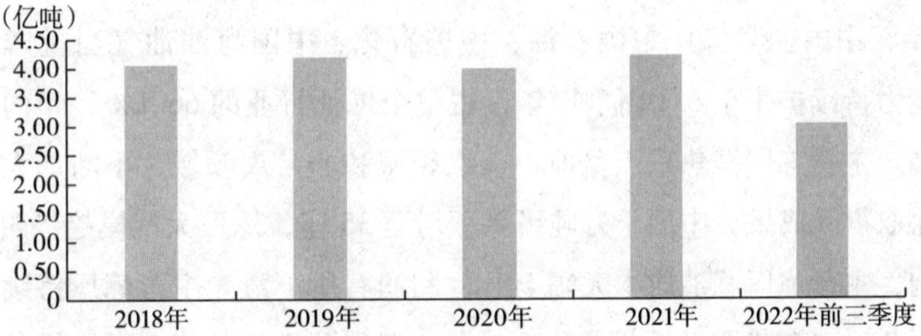


**图2－7　2018—2022年前三季度中国石化及中国石油原油加工量情况**

数据来源：中国石油、中国石化年报。

2022年，主营炼厂积极应对气候变化、新冠疫情、乌克兰危机等种种不确定因素，以及不可预知的“黑天鹅”“灰犀牛”事件。主营炼厂坚持以销定产、以效定产，动态调整优化产品结构，平均开工负荷为74.3%，同比降低1.20个百分点，如图2－8所示。其生产受多重因素影响，工程、基建、物流运输等行业活跃度进一步提升，使得柴油、沥青、液化石油气等产品需求得到提振。居民出行、炼厂检修及传统消费旺季等因素也为汽油、柴油的需求提供支撑。

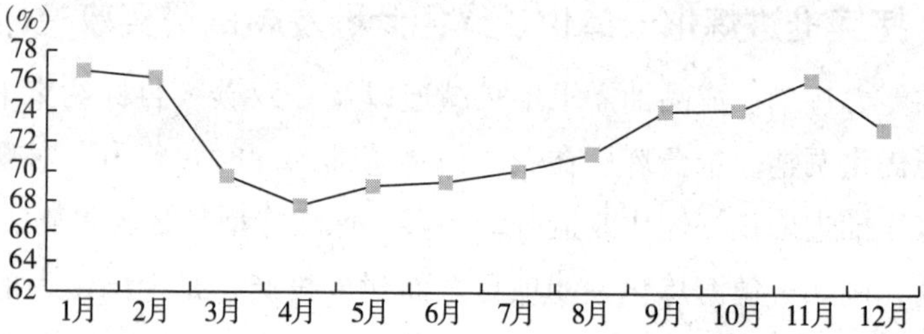


**图 2－8　2022 年 1—12 月主营炼厂开工负荷率**

数据来源：隆众资讯。

## （二）聚焦重点盆地、重点区域、非常规领域，炼厂大规模趋势明显

2022 年，三大石油企业加大油气勘探力度，油气勘探亮点频现，获得了一批战略性突破；加快产能建设，夯实了国内产量基础，增强国内油气资源保障能力。中国石油在塔里木、准噶尔、鄂尔多斯、四川等盆地获得一批重要发现和突破。中国石化深化基础研究，加强新区新领域风险勘探和圈闭预探，取得了一批油气新发现，其中塔里木盆地顺北油气、渤海湾盆地和苏北盆地页岩油、四川盆地深层天然气和普光陆相页岩气勘探等取得重大突破。中国海油着力抓好油气勘探工作，可持续发展资源基础得到进一步夯实。在中国海域，获得并确认渤中 26－6 和渤中 19－2 两个大中型发现。

2022 年，按照现有在建及规划项目，中国千万吨级炼厂将增至 38 座，其中主营炼厂 29 座，呈现大规模的特点。原油加工能力前十的千万吨级炼厂见表 2－3。

**表 2－3　原油加工能力前十的千万吨级炼厂**

| 序号 | 企业名称 | 地点 | 原油一次加工能力/（万吨/年） |
|---|---|---|---|
| 1 | 浙江石化 | 浙江舟山 | 4000 |
| 2 | 中石化镇海炼化 | 浙江宁波 | 2700（3800） |
| 3 | 中海油惠州石化 | 广东惠州 | 2200 |
| 4 | 中石油大连石化 | 辽宁大连 | 2050（2000） |
| 5 | 恒力炼化 | 辽宁大连 | 2000 |
| 6 | 中石化茂名分公司 | 广东茂名 | 2000 |
| 7 | 中石化金陵分公司 | 江苏南京 | 1800 |
| 8 | 盛虹炼化 | 江苏连云港 | 1600 |
| 9 | 中石化上海石化 | 上海 | 1600 |
| 10 | 中化泉州石化 | 福建泉州 | 1500 |

数据来源：公开资料整理。

注：括号为新增/改建项目投产后的总产能数据。

## （三）持续推进炼化一体化、绿色低碳发展取得实效

在炼油能力过剩、成品油需求增长减速以及“双碳”目标约束下，中国主营炼厂加速产能优化调整。主营炼厂在做大做强炼油的同时，着力于对现有装置进行结构调整，有序推进炼化一体化改造升级，多个炼油转型与结构调整项目投产、开建、获批或规划，例如，镇海炼化一期项目全面建成投产，是中国最大的炼化一体化基地，主营炼厂比较典型的炼化一体化项目如表 2-4 所示。

**表 2-4　主营炼化一体化代表项目汇总**

| 基地 | 代表项目 |
|---|---|
| 大连长兴岛（西中岛） | 中国石油炼化一体化项目：项目一期工程为 1500 万吨/年俄油炼油装置及相应的化工装置，并在 2018 年 1 月中俄签署的对华新增俄油到位后正式投产；二期将再利用 3～4 年建成第二套炼油装置，到 2022 年，在西中岛形成 2500 万吨/年或更大的炼化能力 |
| 广东惠州 | 中海油惠州炼化二期项目：在一期 1200 万吨/年炼油装置的基础上，新建 1000 万吨/年炼油、100 万吨/年乙烯装置 |
| 福建古雷 | 中国石化古雷炼化一体化项目：1600 万吨/年炼油、120 万吨/年乙烯及下游 27 套化工装置 |
| 河北曹妃甸 | 中石化曹妃甸千万吨级炼油项目 |
| 浙江宁波 | 中石化镇海炼化一体化项目：年 1500 万吨炼油、120 万吨乙烯扩建工程 |

*数据来源：公开资料整理。*

2022 年，炼油行业为应对日趋严格的环保要求，主营炼厂全力向绿色低碳方向发展。一是在新生产工艺上发力，在源头实现减排，达到原油直接转化的目的。此外，碳捕集与利用等技术的应用也加速了主营炼厂降碳的进程。2022 年，百万吨级的碳捕集利用和封存项目由中国石化牵头建设，项目由齐鲁石化捕集提供二氧化碳，在胜利油田进行驱油与封存，进而达到二氧化碳捕集、驱油与封存一体化的目的。二是大力发展新能源和可再生能源。中国石油、中国石化等主营炼厂积极加速推动绿色低碳转型发展，发展新能源和替代能源作为新动能，包括氢能、生物燃料、废塑料循环利用等。三是重点关注生产过程中的节能降耗。通过采用热电联、联合循环等技术和设备，实现在生产过程中降低能耗、提高能效进而达到减排的目标。四是对产品结构进行转型，向原料和材料转变。2022 年，成品油需求增速放慢，化工品需求增长空间较大，主营炼厂持续推动“减油增化”进程，成品油产量在炼油产品中的占比已经从 2015 年的 65% 下降到 49%，加大对化工轻油、高附加值化工新材料和高端专用化学品的生产。

## （四）油价推升炼油生产成本，主营炼厂利润大幅下降

2022 年，国际油价受地缘政治、供需关系、货币政策等因素影响，产生了剧烈

波动，新冠疫情的频繁多点散发也给炼油行业的生产运行带来一定挑战，主营炼厂多个生产经营指标因此出现波动。2022 年第一季度，乌克兰危机爆发，国际原油价格持续上涨。自 2021 年 12 月 31 日 24 时以来，成品油零售限价遇“七连涨”局面，带动主营单位汽、柴油批发价格上涨，汽油批发价格一度涨至国家发展改革委限价。第二季度，国际原油价格阶段性回调，但仍旧保持整体高位运行。其间，居民出行需求增多使得汽油需求率先好转。同时，物流运输等行业陆续恢复正常，因此第二季度主营成品油批发价格整体呈现先跌后涨走势。第三季度，一方面国内公共卫生事件升级使得成品油需求疲软；另一方面国际油价自高位震荡回落，成品油零售限价遇年内首个“五连跌”，市场看跌气氛浓厚。第四季度，虽公共卫生政策的调整使得新冠疫情对于成品油需求的拖累逐步减小，但部分地区的新冠疫情形势仍然较为严峻，居民出行与交通运输等均有不同程度的受阻，成品油价格行情走低。

主营炼厂炼油利润受成品油价格影响较大。2022 年，主营综合炼油利润为 527.27 元/吨，同比下跌 15%；年均原油成本 4858 元/吨，同比上涨 47.21%；综合产品收入 6675 元/吨，同比上涨 25.54%。成本涨幅高于产品价格涨幅是综合炼油利润下跌的主要原因。2022 年，中国石油、中国石化在国内 30 个主要省份批发均价数据显示，汽油均价 8273 元/吨，年内上涨 3.63%，年内高低价差 2532 元/吨，年内震荡幅度 27.1%；0 号柴油年底均价 7903 元/吨，较年初走高 5.66%，年内高低价差 1717 元/吨，年内震荡幅度 19.9%。2022 年主营炼厂成品油价格走势如图 2－9所示。

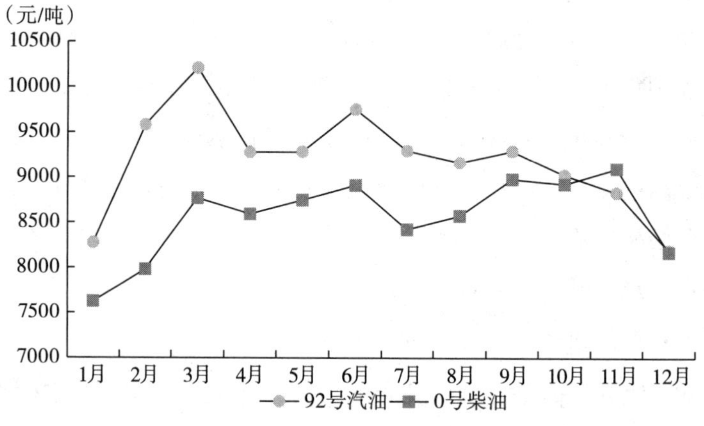


**图 2－9　2022 年 1—12 月主营炼厂成品油价格走势**

数据来源：隆众资讯。

## 三、2022 年中国独立炼厂发展情况分析

2022 年，中国独立炼厂炼油能力达到 3. 8 亿吨/年，同比下跌 5. 29%，单厂平均规模提高到 417. 58 万吨/年，山东独立炼厂在国内独立炼厂总能力中的占比达 40. 6%。独立炼厂在“十四五”到“十五五”期间将进一步呈现出规模化发展的趋势。受新冠疫情反复影响，下游需求疲软以及原油成本居高不下，中国独立炼厂常减压开工率均值有所下降。根据国务院发布的《2030 年前碳达峰行动方案》要求，到 2025 年，中国原油一次加工能力控制在 10 亿吨/年以内。从中国炼油行业总产能已达 9. 37 亿吨/年的情况来看，这就意味在“十四五”期间炼油总产能可增长的空间不足 1 亿吨/年，独立炼厂需进一步提高区域集中度，加快提升炼化一体化、规模集约化程度。

### （一）独立炼厂汽柴油收率下降，减油增化趋势稳定

“十四五”以来，中国加强了税费征收以及环保安全监管，并加大了打击倒卖原油配额及进口原油等违法行为的力度，促使民营独立炼厂生产经营更加规范。全国独立炼厂的汽柴油产量在全国产量中的份额虽然有所下降，但仍占据中国市场 25% 的份额，独立炼厂的地位和影响仍不容小觑。2022 年，独立炼厂平均开工率为 57. 6%，同比下降 17. 81 个百分点，主要受停工检修影响。盛虹石化和浙江石化二期进入全面生产阶段，二者均为炼化一体化企业，成品油收率均在 44% 左右，明显低于传统独立炼厂 58% 以上的收率。然而中国对于化工产品需求的增长速度远远超过对于成品油的需求，但大部分独立炼厂都专注于成品油生产，具备高水平原油炼化能力的企业较为稀缺，高端化工产品市场缺口仍然较大，化工产品的输出量明显不足，大部分高端化工产品仍然需要依赖国外进口，国内自给率还有很大进步空间。中国石化行业结构性资源矛盾问题凸显，炼油企业虽然不断增加，但同质化现象严重。一些炼油厂虽已开始引入炼化一体的经营理念，但实际生产经营内容仍然没有超出原有的大宗产品范围。

### （二）独立炼厂呈现规模化发展趋势，“双碳”目标驱动行业改造升级

中国约 60% 的独立炼厂常减压能力分布在山东省，山东作为独立炼厂数量最多、规模最大的省份，正在通过产能置换、企业整合等方式不断推动独立炼厂的新旧动能转换，截至 2022 年底，山东省工业和信息化厅公示了关于 10 家独立炼厂企业退出炼油产能情况，涉及的 10 家独立炼厂企业已退出炼油产能 2696 万吨/年。综

合其他独立炼厂情况，依法依规淘汰200万吨/年及以下常减压装置，能效基准水平以下产能加快退出。未来炼油产能的淘汰门槛可能还会进一步提升，地方独立炼厂需要加快节能降碳改造的进程，只有通过淘汰落后和低效的炼油装置，将空间留给高效先进的炼化产能，才能达到将总体产能控制在10亿吨/年以内的目标。全国独立炼厂地区分布及产能情况如表2－5所示。

表2－5 全国独立炼厂地区分布及产能情况

| 地区分布 | 产能/（万吨/年） | 炼厂名称 |
|---|---|---|
| 山东地区 | <100 | 高青宏远、金城弘业、青岛重交、晨曦集团、宜坤化工、胜凯石化、鑫和化工、津博化工、明源石化、齐润化工、清源集团、万通石化、振华化工、鑫泰石化、齐发化工、吉诺尔石化 |
| | 100～<200 | 华祥石化、石大日照、海科石化、石大科技、鲁北化工、华联石化、慧凯丰化工、贝利石化、万通石化、联盟化工 |
| | 200～<500 | 东营联合石化、齐成石化、海右石化、亚通石化、京博石化、日照岚桥、鑫岳燃化、东方华龙、垦利石化、寿光鲁清石化、海科瑞林、玉皇盛世、神驰化工、新海石化、滨阳燃化、中海精细化工、东营齐润化工、胜星化工 |
| | ≥500 | 弘润石化、东明石化、东营华联石化、金诚石化、汇丰石化、万通石化、清源石化、天弘化学 |
| 东北地区 | <100 | 光大化工、北方石化、盘锦北燃、盘锦兴达、通辽亿沥、锦州沥青厂、辽宁华路、盘锦大洼石化、盘锦太平河、盘锦东方 |
| | 100～<200 | 沈阳东和、大连铭源、长春新大、营口佳孚 |
| | 200～<500 | 盘锦北方、佳兴宏泰石化、中国蓝星、首控石化 |
| | ≥1000 | 恒力石化 |
| 其他地区 | <100 | 佛山富腾、江门盈昌、佛山龙池、三水益豪、南安新锦江、浙江泰科、番禺华鸿、广州祺美、肇庆荣泰、东莞新能、东莞晔联、福建华源、南通长江、三水海盛达、华龙石油、佛山顺燃、三水三泰、江阴宝利、上海东昊、万轩石化、舟山建呈、江门昊晟 |
| | 100～<200 | 番禺番龙、湖北金澳、鑫泉焦化、新疆天源、南通焯盛石化、珠海宝塔、金海宏业、河北大港、南通华大、江阴阿尔法、扬州实友、泰邦能源、润尔华化工、裕廊化工、中山天乙、珠海成城、佛山瑞丰、加盛沥青、珠海成城、钦州胜海石化、中聚能源、宁夏宝塔石化 |
| | 200～<500 | 信润石化、新疆宝塔、珠海华峰、盛马化工、银川宝塔精细化工、中化泉州、安徽桑铌、恒逸化工、银川宝塔 |
| | ≥2000 | 浙江石化（一期）、浙江石化（二期） |

数据来源：公开资料整理。

## （三）独立炼厂向“油化并举”迈进，销售渠道及营销需加强

2015 年，国家允许独立炼厂使用进口原油后，独立炼厂企业抓住机会，扩大产能，提高开工率，企业规模不断扩大。2022 年 9 月，中华全国工商业联合会发布的“2022 年中国民营企业 500 强名单”中有恒力石化、荣盛石化、盛虹石化、山东海科化工、京博控股等 29 家独立炼厂企业，如表 2－6 所示。在能源转型驱动炼化企业进行化工转型的背景下，独立炼厂顺应一体化趋势，凭借其产业链配套优势和规模优势，有望在化工产品竞争格局中占据优势，向“油化并举”迈进。以荣盛石化、恒力石化为例，两家公司大炼化投产后的资产回报率都已经达到 13% 左右年化，权益净利率超过 30% 年化。两家公司已明确的未来新项目的投资规模都在 500 亿元左右级别，按照现有的投资回报率，能够带来的利润增量在 60 亿元左右。而在成品油市场，大部分独立炼厂企业缺乏终端渠道，只能将成品油以远低于零售限价的价格卖给中国石油、中国石化等主营加油站，这是独立炼厂利润低于主营炼厂的重要原因，独立炼厂亟须扩充销售渠道，突破渠道瓶颈。同时税费成本上升以及原油成本居高不下也促使民营独立炼厂减少了资源的低价倾销，汽柴油销售价格与主流市场的价差缩小也是独立炼厂面临的严峻挑战。

**表 2－6　2022 年中国民营企业 500 强中的独立炼厂企业**

| 企业名称 | 排名 | 营业收入/亿元 |
|---|---|---|
| 恒力集团有限公司 | 3 | 7323 |
| 浙江荣盛控股集团有限公司 | 10 | 4483 |
| 盛虹控股集团有限公司 | 15 | 3480 |
| 浙江恒逸集团有限公司 | 17 | 3288 |
| 山东东明石化集团有限公司 | 64 | 1286 |
| 利华益集团股份有限公司 | 80 | 1081 |
| 万达控股集团有限公司 | 83 | 1062 |
| 山西鹏飞集团有限公司 | 96 | 862 |
| 山东京博控股集团有限公司 | 134 | 709 |
| 山东海科控股有限公司 | 136 | 701 |
| 山东金城石化集团有限公司 | 165 | 612 |
| 富海集团新能源控股有限公司 | 175 | 580 |
| 东营齐润化工有限公司 | 198 | 509 |
| 山东齐成石油化工有限公司 | 201 | 506 |
| 福州中景石化集团有限公司 | 213 | 483 |
| 金澳科技（湖北）化工有限公司 | 226 | 459 |

续表

| 企业名称 | 排名 | 营业收入/亿元 |
|---|---|---|
| 山东汇丰石化集团有限公司 | 233 | 453 |
| 山东寿光鲁清石化有限公司 | 234 | 453 |
| 河北鑫海控股集团有限公司 | 238 | 452 |
| 山东清源集团有限公司 | 250 | 436 |
| 山西潞宝集团 | 264 | 418 |
| 山东垦利石化集团有限公司 | 299 | 390 |
| 山东中海化工集团有限公司 | 342 | 335 |
| 山东东方华龙工贸集团有限公司 | 348 | 331 |
| 万通海欣控股集团控股有限公司 | 356 | 326 |
| 美锦能源集团有限公司 | 404 | 301 |
| 淄博鑫泰石化有限公司 | 438 | 287 |
| 山东神驰控股有限公司 | 464 | 281 |
| 山东永鑫能源集团有限公司 | 483 | 272 |

数据来源：公开资料整理。

### （四）多项外资项目落地投产，多元化竞争格局逐渐形成

2019 年，国家发展改革委、商务部发布《鼓励外商投资产业目录（2019 年版）》，中国上游勘探、中游炼化、下游终端产业均已向外资放开。国际大石油公司凭借资源和技术优势积极推进对华合资合作，抢占中国市场，已在中国建成 7 个大型炼化一体化合资项目，炼油能力 7750 万吨/年，乙烯能力 670 万吨/年。2022 年新增沙特阿美参与中国东北地区大型炼油化工一体化联合装置的开发，2022 年 9 月，德国巴斯夫在广东湛江投资的巴斯夫（广东）一体化基地项目正式投产，其作为中国化工行业首个外商独资项目，在填补中国高质量化工产品供应空白以及维护全球石化产供链安全稳定方面具有重要意义。此外，2022 年埃克森美孚惠州乙烯项目一期增加投资 23.97 亿美元，埃克森美孚亚太地区研发中心落户广东惠州。外资的大举进入，将为中国带来包括埃克森美孚原油直接裂解制烯烃技术、巴斯夫先进化学品生产技术等先进石化技术，推动中国石化行业整体技术水平的提升，同时大量外资企业的进入，也将逐渐打破行业“混战”模式，促成各层次企业间形成壁垒，各企业分工将更为明确，逐渐形成“分层竞争和互补”的多元化竞争格局。

### （五）汽柴油需求疲软，独立炼厂油价下调

自 2022 年 12 月 7 日国务院新冠疫情防控“新十条”出台后，中国各地新冠疫情

管控逐渐放开，随着感染人数急剧上升，部分行业陷入停滞，汽油终端消耗较慢，汽油价格涨势受抑，柴油需求仍处于需求淡季，价格随之大幅下跌，“新十条” 出台后，山东汽油价格下跌 291 元/吨至 7351 元/吨，跌幅 3.81%，柴油价格下跌 849 元/吨至 7197 元/吨，跌幅 10.55%。

# 第三篇

# 成品油市场需求与进出口

2022 年，中国经济受到总需求收缩和信心不足等周期性下行因素影响，加之新冠疫情反复，中国经济增长放缓，但人均消费水平的提高和汽车产业的发展使得中国成品油需求表现相对活跃，因此国内成品油总需求保持稳定。从需求结构看，2022 年中国成品油市场仍是柴油消费占比最大，受新冠疫情影响较小，占比相对上升；因居民出行减少，汽油消费占比有所下降；因航空业受新冠疫情影响严重，煤油消费占比明显下降。纵观成品油市场，2022 年，中国成品油市场仍存在供需失衡的局面，汽、柴油供需差量有所下降，煤油供需矛盾更加严重。从行业用油看，2022 年交通运输及仓储邮政业、农林牧渔业、工业、建筑业、批发零售和住宿餐饮行业成品油消费量都呈稳定上升趋势，生活消费及其他行业受居民出行影响成品油需求下降。从进出口看，中国成品油进出口量均继续呈现出下滑走势。

## 一、2022 年中国成品油市场需求特点分析

2022 年受地缘政治动荡、供应链困扰和市场避险情绪升温等因素影响，成品油供需错配，市场跌宕起伏。全年成品油需求呈震荡上扬趋势，成品油需求量略微增长。从各季度需求的变化来看，第一季度成品油需求量同比大幅上升；第二季度稳中有进；第三季度有所下降；第四季度持续下降。

从需求结构看，各油品需求量占比与 2021 年相比变化较大，其中柴油消费占比上升明显；汽油消费占比有所下降；由于新冠疫情影响，煤油消费占比明显下降。从供需平衡来看，成品油市场供需平衡问题仍旧存在，供需矛盾凸显，在供应及需求皆表现不理想的环境下，需求端压力更为明显，汽、柴油一度出现累库局面，成品油供过于求现象尤为突出。

### （一）成品油需求总体状况及特点

2022 年上半年，国际原油价格因乌克兰危机涨至高位，带动国内零售限价连续上涨，高油价抑制部分终端需求。2022 年下半年，国内多地新冠疫情反复，防控措施不断升级，人们出行半径缩窄，但人均消费水平提高和需求关键汽车产业的发展使得中国成品油需求表现相对活跃，因此国内成品油消费量保持稳定。

1. 国内经济弱企稳，成品油整体需求保持稳定

2022 年中国通过积极有效的政策托底和国内完整产业链与超大市场的支撑，共同应对了超预期冲击，尤其是新冠疫情对经济的扰动，实现了弱企稳，消费市场保持稳定复苏态势，推动成品油消费稳步提升。

从发展趋势看，近五年中国 GDP 呈现持续增长的态势，增速有所放缓，如图 3 - 1 所示；经济增速的放缓加上产业结构的调整、节能减排技术的提高和替代能源的快速发展，中国成品油表观消费量总体呈先降后升趋势。2022 年国内生产总值 121.02 万亿元，同比增长 3%。成品油表观消费量 33317.7 万吨，同比增长 5.1%；单位 GDP 耗油略微下降，2022 年为 0.0275 万吨/亿元。

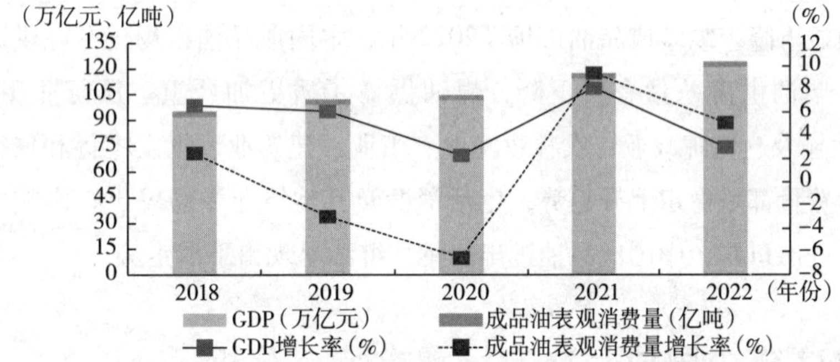


**图 3 - 1　2018—2022 年国内生产总值、成品油表观消费量及增长率**

数据来源：国家统计局、国家发展改革委、中国石油和化学工业联合会。

2. 各季度成品油需求变化较大，呈现先下降后上升的趋势

分季度来看，第一季度，在财政政策提前发力，货币政策适度宽松的配合下，中国经济总体平稳增长，GDP 为 270177.8 亿元，同比上涨 4.8%；全球能源紧张，助推原油成本高开高走，间接导致炼油利润缩减，炼厂开工率走低，市场几度货紧价扬，国际形势影响令成品油消费量上涨，成品油表观消费量为 8789.7 万吨，同比上升 21.4%。第二季度，在复杂严峻的国际发展环境之下，中国经济环比增速略有上升，GDP 为 292463.8 亿元，同比增长 0.4%；受各地新冠疫情反复的影响，需求端日益承压，成品油需求有所下降，成品油表观消费量为 7813.3 万吨，比第一季度减少 976.4 万吨，同比下降 11.1%。第三季度，中国经济克服多重超预期冲击的不利影响，第三季度经济恢复向好，明显好于第二季度，GDP 达到 307627.4 亿元，同比增长 3.9%；成品油消费进入“金九银十”传统消费旺季，国内经济持续恢复，成品油表观消费量达 8013.2 万吨，同比上升 2.6%。第四季度，新冠疫情逐渐放开，经济持续利好，GDP 达到 339938 亿元，同比增长 2.9%，成品油消费增强，表

观消费量达8701.5万吨，同比增长8.6%，如图3－2所示。

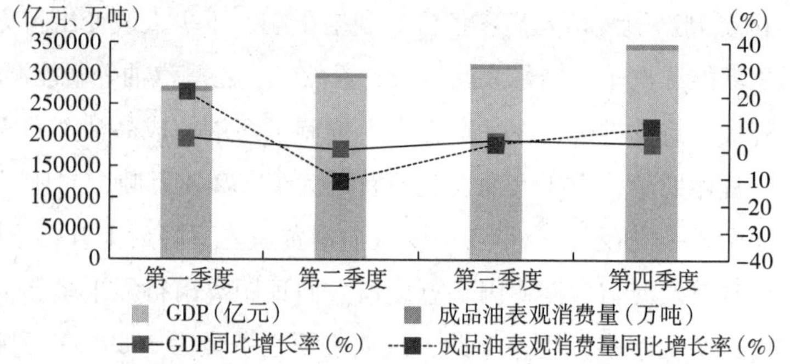


**图3－2　2022年各季度国内生产总值、成品油表观消费量及同比增长率**

数据来源：国家统计局、中国石油和化学工业联合会。

## （二）成品油市场需求结构及消费特点

从需求结构来看，2022年，居民出行率降低导致汽油需求减少，汽油消费占比有所下降；柴油消费受经济大环境及基建项目影响，呈上升趋势，柴油消费占比明显上升；煤油受居民出行量和航班减少的影响，降幅最大，煤油消费占比明显下降。

1. 成品油市场需求结构变化较大，柴油消费占比上升明显

由于国民经济产业结构调整，中国成品油消费结构产生了较大变化，如图3－3所示。2022年汽油消费占比39.8%，汽油消费占比与2021年相比下降4.1个百分点；柴油消费占比54.3%，与2021年相比上升8.3个百分点；煤油消费占比5.9%，与2021年相比下降4.2个百分点。从燃料结构看，2022年柴汽比为1.36，同比上升29.5%。

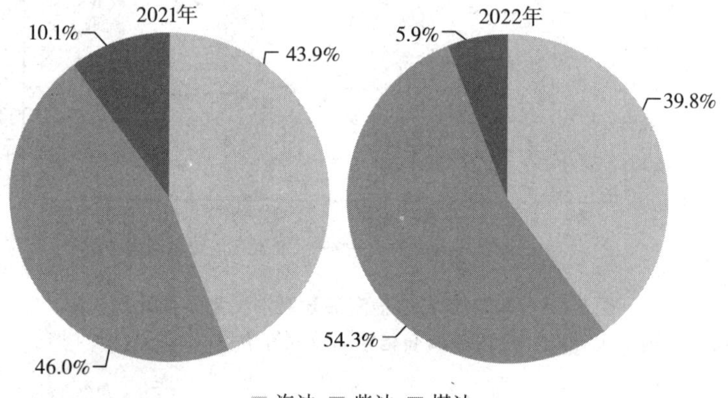


**图3－3　2021年与2022年中国各类成品油消费占比**

数据来源：国家统计局、中国石油和化学工业联合会。

2. 汽油需求整体下降

2022 年，因受到新冠疫情及高零售价的利空影响，不少人改变出行方式，转为绿色出行，加之新能源汽车产销量大幅增长，天然气、乙醇汽油等新能源较快发展，对传统汽油的替代率持续推进，在一定程度上抑制了终端的成品油消费需求，汽油消费量出现一定程度回落，全年汽油表观消费量为 13272.4 万吨，同比下降 4.5%。从各季度看，如图 3 –4 所示，全年各季度汽油消费呈先下降后上升再下降的趋势，第一季度，处于春节及元宵假期，因新冠疫情人们远距离出行需求多转为近距离出行，民众自驾出行游玩增多，受益于此，汽油表观消费量为 3689.33 万吨，同比增长 17.54%；第二季度，由于各地新冠疫情频发及高零售价的利空影响较大，汽油表观消费量为 3179.04 万吨，比第一季度减少 510.29 万吨，环比下降 16.05%，同比下降 4.69%；第三季度，国家 5 月出台的购置税减半的政策很大程度上刺激了汽车消费，且随着国内新冠疫情的常态化管控和零售价的逐步回落，汽油消费在第三季度开始复苏，略好于第二季度水平，汽油表观消费量为 3264.9 万吨，环比上升 2.7%，但较 2021 年同期依旧呈现回落态势，同比下降 14.44%；第四季度，前期国庆长假居民出行频率有一定增加，汽油消费增加，节后北方陆续进入寒冷天气，加上新冠疫情出现大面积复发，民众出行受限，零售市场加油站出货不及预期，下游用户多消化前期库存，汽油需求受到严重影响，全季度汽油表观消费量为 3139 万吨，同比下降 16.2%。

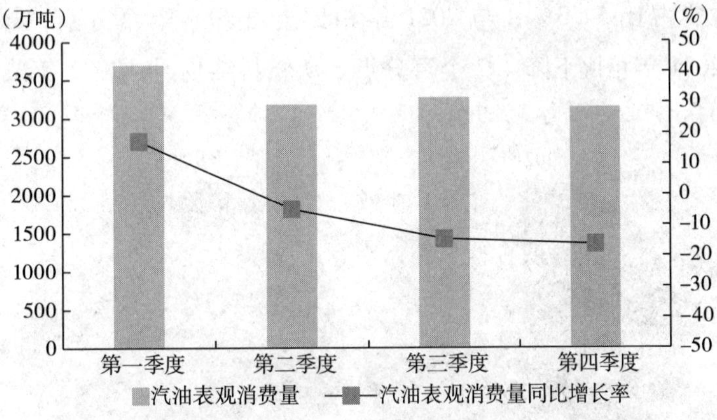


**图 3 –4　2022 年各季度汽油表观消费量及同比增长率**

数据来源：国家统计局、中国石油和化学工业联合会。

3. 柴油需求上涨

2022 年，受到国家第六阶段机动车污染物排放标准的升级、“国三”老旧车提前淘汰等政策的影响，给柴油市场带来了巨大的机会，使得柴油需求同比大幅上升。柴油表观消费量为 18076.1 万吨，较 2021 年同比增长 24%。从各季度看，如图 3－5所示，第一季度，柴油表观消费量为 4440.1 万吨，春节期间，多地倡导或要求就地过年，部分沿海省份春节不停工，工业产能率的提高以及公路物流运输量的提升带来了柴油消费量的提高，同比增长 39.87%；第二季度，虽然由于国际油价高位回落，引发部分贸易商避险观望，同时因南方梅雨季影响，部分地区雨水较多，户外基建、房地产等行业开工率有所下滑，柴油需求环比下降，但各大电商平台活动不断，物流运输表现乐观，加上多地夏收提振柴油用量增加，均对柴油需求形成一定支撑，柴油需求同比增加，柴油表观消费量为 4295.37 万吨，同比上升 34.77%；第三季度，由于新冠疫情持续反复，国内经济恢复放缓的形势下，柴油实际需求并不乐观，柴油表观消费量为 4188.63 万吨，同比上升 14%；第四季度，受益于疫后复苏，伴随新冠疫情防控全面放开政策施行，加上元旦春节保供任务，使得柴油需求大幅上涨，柴油表观消费量为 5152 万吨，同比增长 10.63%。

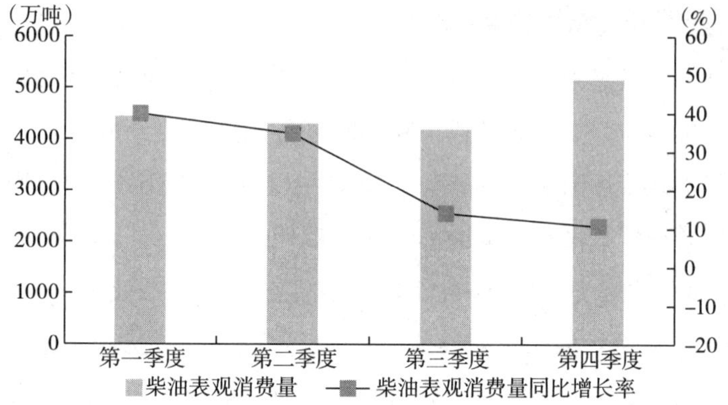


**图 3－5　2022 年各季度柴油表观消费量及同比增长率**

数据来源：国家统计局、中国石油和化学工业联合会。

4. 航空煤油需求大幅减少

2022 年，国内煤油产能得到一定回升，由于国外新冠疫情的复杂形势，国际航线仍存在较大不确定性。全球航空业处于恢复期，燃油油耗逐年下降，全年航煤表观消费量 1969.2 万吨，同比下降 39%。从各季度来看，如图 3－6 所示，国内航煤消费量呈先降后升再降的趋势。第一季度，国际航线由于境外新冠疫情蔓延，航空客运量表现一般，航空煤油表观消费量 660.2 万吨，同比下降 28.57%；第二季度，国内新冠疫情多地频发，航煤需求大幅下降，航空煤油表观消费量 338.9 万吨，比第一季度减少 321.3 万吨，环比下降 48.66%，同比下降 68.32%；第三季度，新冠疫情持续影响民众跨区域长途出行，航煤表观消费量 559.7 万吨，同比下降 22.16%；第四季度，新冠疫情防控政策虽然全面放开，但其带来的后续影响导致航空煤油持续下滑，全季度航煤表观消费量 410.4 万吨，同比下降 22.4%。

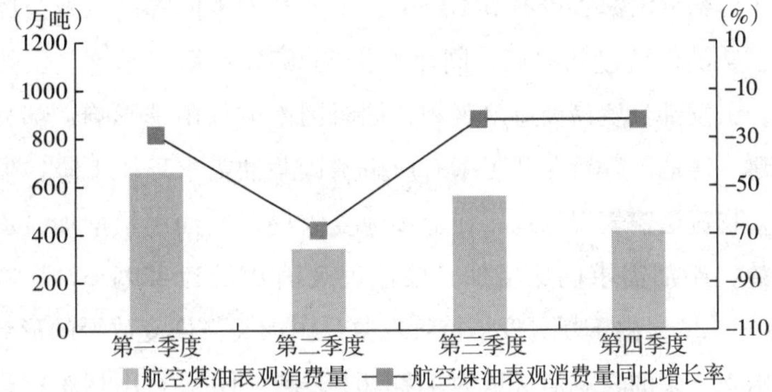


**图 3-6　2022 年各季度航空煤油表观消费量及同比增长率**

数据来源：国家统计局、中国石油和化学工业联合会。

## （三）成品油供需平衡状况及特点

维持成品油的供需平衡是确保成品油市场健康发展的必要条件，2022 年国内成品油市场的走势与新冠疫情防控成果和国际局势息息相关，2020 年以前成品油市场的供需差量基本处于逐渐扩大的态势。2020 年以后得益于良好的防疫成果，国内经济发展良好，经济增长迅速，成品油需求量增加，成品油供需差量缩减。

1. 受全国经济稳定增长影响，成品油供需差量趋于收窄

2022 年，中国成品油表观消费量小幅增长，随着大小炼厂的陆续开工投产，中国炼化能力进一步增强，成品油供给量得到增长。此外，受新冠疫情的影响，海外工厂开工率不高，而国内新冠疫情得到了有效的控制，国内产品出口增长，各大工厂加大生产，成品油需求量增幅较大，供需差量大幅收窄。如表 3-1 所示，2018—2022 年，中国成品油产量和表观消费量均是呈先下降后上升的趋势，在 2020 年到达谷底后大幅上升。对比供需，成品油表观消费量的上升更明显，成品油差量在 2019 年达到峰值，而后逐年收窄。

**表 3-1　2018—2022 年中国成品油产量和表观消费量**

| 指标 | 2018 年 | 2019 年 | 2020 年 | 2021 年 | 2022 年 |
|---|---|---|---|---|---|
| 成品油产量/万吨 | 36034.0 | 36031.6 | 33125.8 | 35738.2 | 36610.4 |
| 成品油表观消费量/万吨 | 31954.3 | 31013.3 | 28981.1 | 31974.0 | 33317.7 |
| 成品油供需差量/万吨 | 4079.7 | 5018.3 | 4144.7 | 3764.2 | 3292.7 |

**续表**

| 指标 | 2018 年 | 2019 年 | 2020 年 | 2021 年 | 2022 年 |
|---|---|---|---|---|---|
| 成品油供需差量增速/% | 11.8 | 23.0 | -17.4 | -9.1 | -12.5 |

数据来源：国家统计局、中国石油和化学工业联合会。

如图 3－7 所示，2018—2019 年，成品油供需矛盾加剧，2019 年达到最大，之后成品油供需差量逐渐减小，供需矛盾逐步缓解。整体看，中国炼油能力过剩，下游需求市场有所扩大，供需不平衡仍然存在，但相较往年略微平衡。

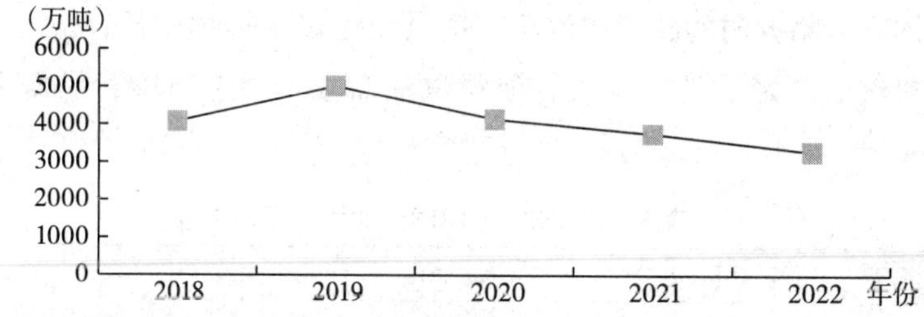


**图 3－7　2018—2022 年中国成品油供需差量**

数据来源：国家统计局、中国石油和化学工业联合会。

2. 汽、柴油供需矛盾有所缓解，煤油供需矛盾加剧

与 2021 年相比，2022 年柴油供需差量大幅下降，汽油供需差量有所下降，煤油供需差量有所上升，汽、柴、煤油供需平衡问题仍然存在，如图 3－8 所示，2022 年航煤的供需差量依然最低，柴油次之，汽油供需差量最大。由于三者主要需求市场不同，汽油主要用于汽车，柴油则是用于工农业生产，煤油的主要用途是航空业，因此汽、柴、煤油的需求量走势存在一定的差异，具体分析如下。

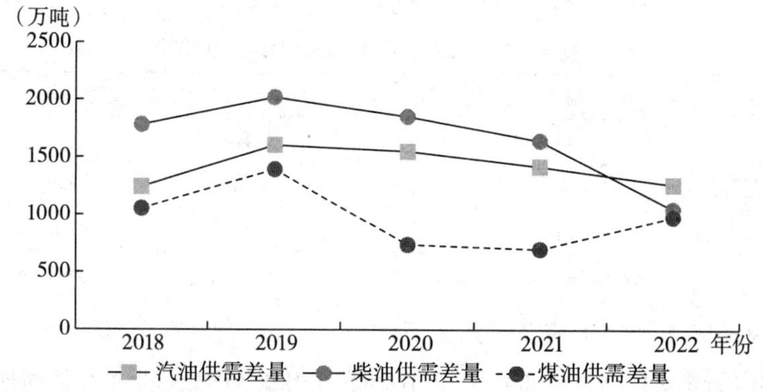


**图 3－8　2018—2022 年中国汽、柴、煤油供需差量**

数据来源：中国石油和化工经济分析、国家统计局。

（1）汽油供需差量收窄，供需平衡矛盾依旧存在

2022 年，汽油供需差量逐渐缩减。虽然国内部分省市新冠疫情反复及高零售价的利空导致汽油需求受到部分抑制，但是在原油配额充足、炼油利润增加以及柴油紧平衡等因素提振下，炼厂开工率上涨，汽油总体产量和表观消费量较 2021 年有所上升。如表 3 - 2 所示，汽油产量从第一季度的 3993.7 万吨下降到第四季度的 3578.7 万吨。汽油供需差量从第一季度的 304.4 万吨先下降后上升至第四季度的 439.7 万吨，涨幅达 44.44%，供需差量较 2021 年有所收窄。在“双碳”目标影响下，作为国家战略方向的新能源汽车产销量及渗透率持续增长，挤压传统汽车的市场份额，对汽油的影响持续加大，使得汽油需求量增速下降，供需平衡矛盾依旧存在。

**表 3 - 2　2022 年中国汽油供需量及差量**　单位：万吨

| 指标 | 第一季度 | 第二季度 | 第三季度 | 第四季度 | 合计 |
|---|---|---|---|---|---|
| 汽油产量 | 3993.7 | 3432.3 | 3530.9 | 3578.7 | 14535.6 |
| 汽油表观消费量 | 3689.3 | 3179.0 | 3264.9 | 3139.0 | 13272.2 |
| 汽油供需差量 | 304.4 | 253.3 | 266.0 | 439.7 | 1263.4 |

数据来源：中国石油和化学工业联合会。

（2）柴油供需差量先下降后上升，供需矛盾趋于缓和

虽新冠疫情仍有反复现象，但国际高油价刺激柴油需求增加，叠加物流和户外基建工程对柴油刚需支撑，柴油产量和表观消费量较 2021 年大幅上升，柴油市场供需矛盾趋于缓和。如表 3 - 3 所示，第一季度中国柴油供需差量为 89.2 万吨；第二季度下降至 86.4 万吨，环比下降 3.14%；第三季度大幅上涨，上升至 285.8 万吨；第四季度为 588.2 万吨，环比上升 105.81%。

**表 3 - 3　2022 年中国柴油供需量及差量**　单位：万吨

| 指标 | 第一季度 | 第二季度 | 第三季度 | 第四季度 | 合计 |
|---|---|---|---|---|---|
| 柴油产量 | 4529.3 | 4381.8 | 4474.4 | 5740.2 | 19125.7 |
| 柴油表观消费量 | 4440.1 | 4295.4 | 4188.6 | 5152.0 | 18076.1 |
| 柴油供需差量 | 89.2 | 86.4 | 285.8 | 588.2 | 1049.6 |

数据来源：中国石油和化学工业联合会。

（3）煤油需求大幅下降，供需矛盾加重

2022 年，国内及国际突发的公共卫生事件对煤油市场的打击是前所未有的，尤其对于机场来说，航空煤油占煤油应用的 90%，而飞机执飞数量大幅缩减，空运也遭受重创，因煤油出口大幅萎缩，导致流向市场的航煤资源持续供大于求，航煤产量呈现先下降后上升的趋势，表观消费量呈震荡下行走势。如表 3 - 4 所示，航煤供

需差量第一季度为158.8万吨，第二季度上升至199.9万吨，第三季度扩大为220.7万吨，第四季度持续扩大为400.5万吨。总体来看，航煤供需差量在增大，供需矛盾加重。

**表3-4　2022年中国航空煤油供需量及差量**

单位：万吨

| 指标 | 第一季度 | 第二季度 | 第三季度 | 第四季度 | 合计 |
|---|---|---|---|---|---|
| 航煤产量 | 819.0 | 538.8 | 780.4 | 810.9 | 2949.1 |
| 航煤表观消费量 | 660.2 | 338.9 | 559.7 | 410.4 | 1969.2 |
| 航煤供需差量 | 158.8 | 199.9 | 220.7 | 400.5 | 979.9 |

数据来源：中国石油和化学工业联合会。

## 二、2022年中国分行业成品油需求分析

分行业成品油需求来看，2022年，农林牧渔业经济增长相对稳定，成品油需求增幅平稳，用油以柴油为主；工业增速显著提高，但成品油需求大幅增加，需求以柴油为主；建筑业成品油需求以汽油和柴油为主，环比呈明显回升的趋势；交通运输、仓储和邮政业增速放缓，仍是成品油消费中的主力军，占比最大，并且呈逐步扩大的趋势；批发零售和住宿餐饮行业成品油需求以汽油和柴油为主，呈现增长趋势；生活消费及其他成品油需求逐步回升，在成品油总消费量中稳步增加。

### （一）交通运输、仓储和邮政业成品油需求分析

2022年全年交通运输、仓储和邮政业受新冠疫情的影响较大，但相较于2021年，行业总体运行较为平稳。交通运输、仓储和邮政业是成品油消费中的主要消耗行业，占比较大。

1. 行业经济稳健上升，促进成品油消费量保持攀升态势

2022年交通运输、仓储和邮政业的GDP为49674亿元，同比上升5.55%，增速放缓，2018—2022年交通运输、仓储和邮政业GDP持续上升。2018—2022年交通运输、仓储和邮政业的成品油消费量呈现先下降后上升的趋势，尤其2022年上升趋势明显，如图3-9所示。究其原因，虽然国内新冠疫情多点、广范围散发，但国家举措得当，中国交通运输经济正在加快回到新冠疫情前的运行态势，主要指标运行趋于平稳、稳中加固、稳中向好。

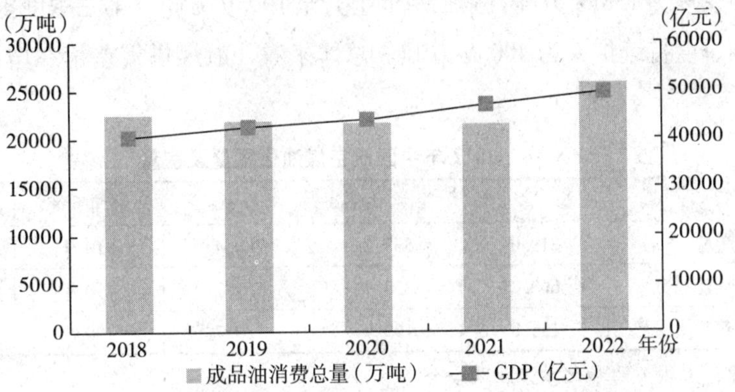


**图 3-9　2018—2022 年交通运输、仓储和邮政业 GDP 和成品油消费总量**

数据来源：国家统计局及相关预测方法。

2. 交通运输、仓储和邮政业是成品油消费中的主力军

2018—2022 年交通运输、仓储和邮政业成品油消费总量占比呈现先下降再增长的趋势，尤其 2022 年增长趋势明显，如图 3-10 所示。出现这样趋势的原因为中国高效统筹疫情防控和经济社会发展的成效不断显现，国内多点暴发的新冠疫情得到有效控制，交通运输、仓储和邮政业是经济发展的基石和开端，支撑着国民经济向好发展。

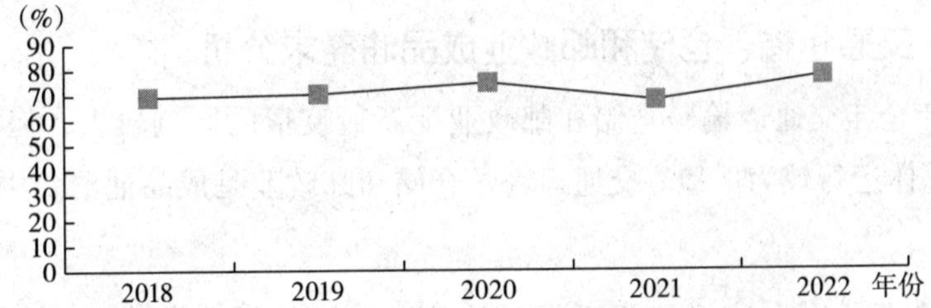


**图 3-10　2018—2022 年交通运输、仓储和邮政业成品油消费总量占比**

数据来源：国家统计局及相关预测方法。

## （二）其他行业成品油需求分析

1. 农林牧渔业经济稳定增长，成品油需求量增幅平稳

国民经济顶住压力，持续恢复，2022 年，农林牧渔业的 GDP 为 92582 亿元，同比上升 4.3%，2018—2022 年行业成品油消费量呈逐年递增态势，如图 3-11 所示。究其原因，2022 年农林牧渔业受新冠疫情影响相对较小，经济发展形势相对稳定，民生保障有力有效，对总体经济增长的拉动作用明显，同时该行业发展形势使得对成品油的需求量有一定的增幅，整体运行在合理区间。从总产量来看，2022 年农林

牧渔业增长相对稳定，农业为内需、刚需型行业，成品油需求量有一定的稳定性，且农业本身正处于行业上升阶段，带动成品油需求增加。

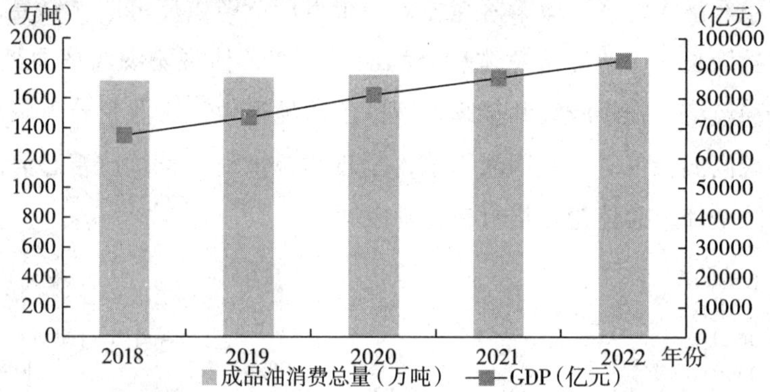


**图 3－11　2018—2022 年农林牧渔业 GDP 和成品油消费总量**

数据来源：国家统计局及相关预测方法。

2022 年，农林牧渔业成品油消费总量占比趋于平稳，如图 3－12 所示。行业生产形势较好，增加值比上年增长 4.3%，拉动经济增长 0.3 个百分点，其中农业（种植业）和畜牧业增加值分别比上年增长 4.0% 和 4.2%，对农林牧渔业增加值贡献率合计达到 77.4%。农林牧渔业成品油需求整体增幅平稳，与农林牧渔业自身特点相关，涉及的春耕、春种等活动对成品油依赖性较强，农林牧渔业中成品油需求量最多的为农业，牧业和渔业每年对成品油的需求基本维持稳定。农业为内需、刚需型行业，成品油需求量有一定的稳定性，且夏粮、早稻、秋粮均实现增产，畜牧业生产快速增长，农业结构持续优化，农林牧渔业生产恢复性明显增长，汽油需求基本保持平稳态势。

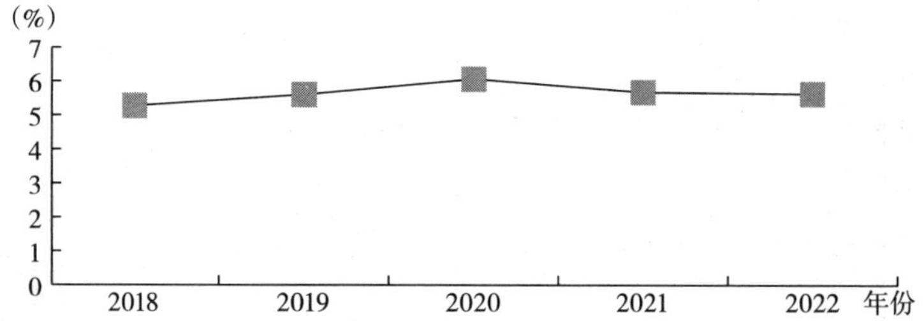


**图 3－12　2018—2022 年农林牧渔业成品油消费总量占比**

数据来源：国家统计局及相关预测方法。

2. 工业经济快速增长，全年工业用成品油需求大幅增加

2022 年，工业的 GDP 为 401644 亿元，同比上升 3.4%，2018—2022 年行业成

品油消费量呈先下降后上升的趋势，如图 3 - 13 所示。受新冠疫情叠加地缘政治冲突等影响，工业生产受到短暂冲击。在党中央坚强领导下，各地区各部门高效统筹、积极应对，稳经济大盘系列政策落地显效，重点产业链供应链明显修复，工业品出口恢复两位数增长，工业经济总体呈企稳回升态势，体现宏观经济大盘“压舱石”作用，随着稳经济一揽子政策和接续政策措施落地显效，工业生产克服新冠疫情散发多发、极端高温天气等不利因素影响，呈现积极恢复、持续改善态势。工业用成品油需求持续增加，总体稳定运行在合理区间。

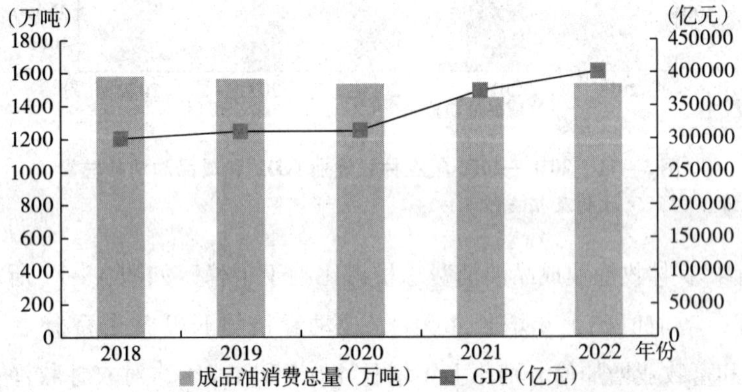


**图 3 - 13　2018—2022 年工业 GDP 和成品油消费总量**

数据来源：国家统计局及相关预测方法。

工业成品油消费总量占比在合理区间内有一定的波动，2022 年较上年变化在 0.1 个百分点左右，2018—2022 年工业成品油消费总量占比呈波动趋势，如图 3 - 14 所示。由于新冠疫情的暴发，工业成品油消费总量占比在 2021 年到达谷底，之后新冠疫情得到控制，促进工业成品油消费总量占比逐渐回升。

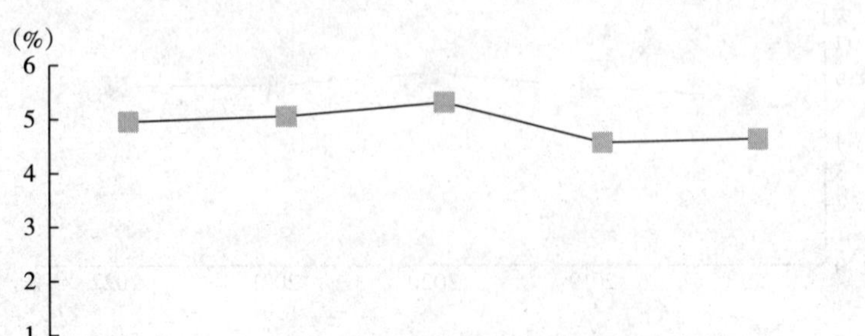


**图 3 - 14　2018—2022 年工业成品油消费总量占比**

数据来源：国家统计局及相关预测方法。

### 3. 建筑业生产呈现增长，成品油需求量明显回升

2022 年，建筑业的 GDP 为 83383 亿元，同比上升 5.5%，2018—2022 年行业成品油消费总量呈先下降后上升的趋势，如图 3－15 所示。“强基础、补短板、两新一重”是“十四五”期间重要的投资方向，给建筑业带来广阔的市场，建筑业增长空间仍将继续。各地坚持“房住不炒”，持续稳地价、稳房价、稳预期，完善房地产市场长效机制，积极满足合理住房需求，可能会使建筑行业的增长受到一定影响。

党的十八大以来，在创新、协调、绿色、开放、共享的新发展理念引领下，中国建筑业生产规模不断扩大，行业结构和区域布局不断优化，吸纳就业作用显著，支柱产业地位不断巩固，对经济社会发展、城乡建设和民生改善发挥了重要作用，中国正由“建造大国”向“建造强国”持续迈进。2022 年，基建投资增速持续回升，在建工程及新开重点工程的工程机械施工数量和时长均较 2021 年同期有所增加，2022 年建筑用油比 2021 年有一定的提升。

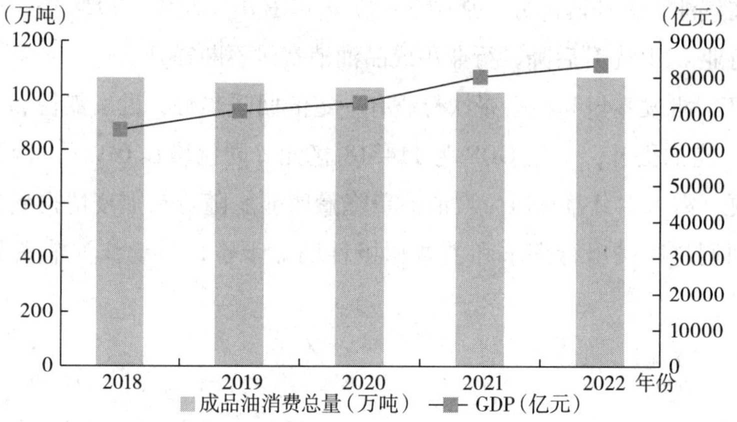


**图 3－15　2018—2022 年建筑业 GDP 和成品油消费总量**

数据来源：国家统计局及相关预测方法。

2022 年由于新冠疫情，建筑业受到一定影响，但第三、第四季度行业回暖，成品油需求量显著提升，最终行业用成品油消费总量占比基本保持平稳，如图 3－16 所示。

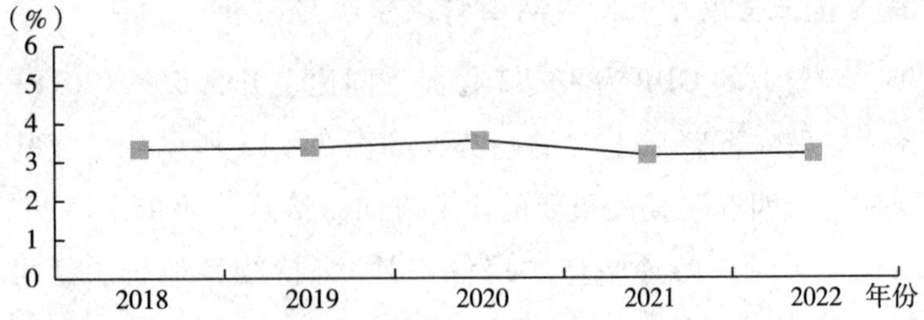


**图 3-16　2018—2022 年建筑业成品油消费总量占比**

数据来源：国家统计局及相关预测方法。

4. 批发零售和住宿餐饮行业经济稳定增长，成品油消费总量不断提升

2022 年，批发零售和住宿餐饮行业经济不断发展，成品油需求稳定，而且呈增长趋势。受新冠疫情影响，批发零售和住宿餐饮企业需要转型且面临着不小的压力，但也有着不小的机会和空间。在城市快速发展的进程中，会有新的投资、消费的需求。作为以基础民生经济为主的批发零售和住宿餐饮行业，整体来看，成品油消费主要集中在汽油、柴油两部分。从图 3-17 可以看出，2018—2022 年，批发零售和住宿餐饮行业 GDP 先升后降，行业用成品油消费量不断提升。

2022 年，批发零售和住宿餐饮行业有一定的回暖趋势，批发零售和住宿餐饮行业 GDP 有一定的提升，全年 GDP 为 114518 亿元，同比增长 0.9%。因国内公共卫生事件反复，需求端日益承压，汽油消费降量明显。随着新冠疫情得到有效控制和零售价格回调，居民出行需求和消费积极性明显上涨，带动汽油消费量出现明显增长。

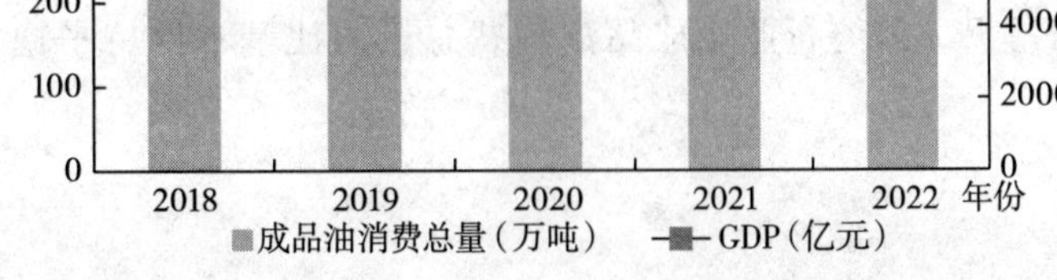


**图 3-17　2018—2022 年批发零售和住宿餐饮行业 GDP 和成品油消费总量**

数据来源：国家统计局及相关预测方法。

相较于零售业，国内的经济增长，汽车保有量的平稳增加和各行业的不同的推动是助推成品油销售的首要因素；从汽油、柴油批发行业的市场角度来看，成品油的主要需求种类是汽油、柴油，主要作为发动机的燃料用于汽车、摩托车、工业机械等。柴油消费主要用于商用汽车等，柴油消费量情况与固定资产投资有着较大的关联性。民生与批发零售和住宿餐饮这两个行业生产关联性极高。2018—2022 年，批发零售和住宿餐饮行业成品油消费总量占比相对平稳，在 2022 年出现小幅的上升，如图 3－18 所示。

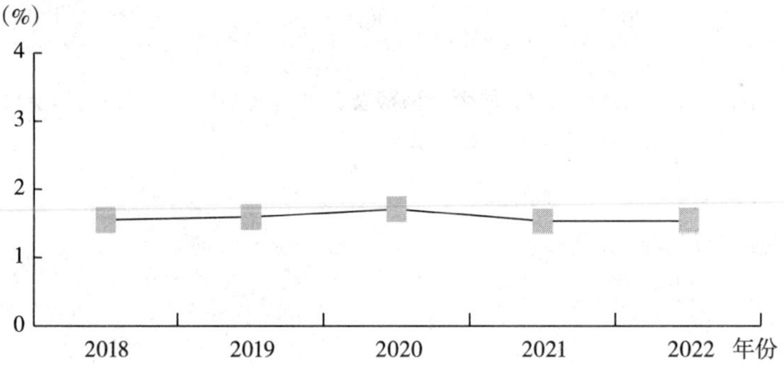


**图 3－18　2018—2022 年批发零售和住宿餐饮行业成品油消费总量占比**

数据来源：国家统计局及相关预测方法。

5. 生活消费及其他行业消费整体稳定，成品油消费总量不断上升

2022 年，市场销售总体保持平稳增长，基本生活类和消费升级类商品增势良好，网上零售增长较快，对消费市场增长拉动作用较为明显。如图 3－19 所示，2018—2022 年，生活消费及其他行业 GDP 保持稳定，其中 2022 年 GDP 为 450550 亿元，同比增长 5.07%，成品油消费总量在 GDP 拉动下持续增长，在新冠疫情暴发后增速放缓，但在 2022 年呈现大幅上涨的态势。

从 2022 年数据来看，新冠疫情影响持续存在，同比消费整体保持稳定。2022 年，在高油价影响之下，人们出行习惯多倾向于绿色出行或乘坐公共交通工具出行，但在国内新冠疫情稳定，国家调控政策之下，汽油消费保持稳定。如图 3－20 所示，2018—2020 年，生活消费及其他行业成品油消费总量占比呈上升趋势，但新冠疫情暴发后人们出行半径缩窄，汽油消费量受到打压，在 2022 年保持稳定。

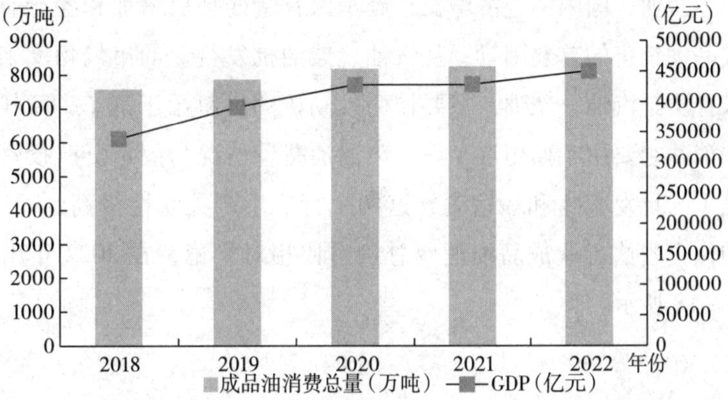


**图 3-19 2018—2022 年生活消费及其他行业 GDP 和成品油消费总量**

数据来源：国家统计局及相关预测方法。

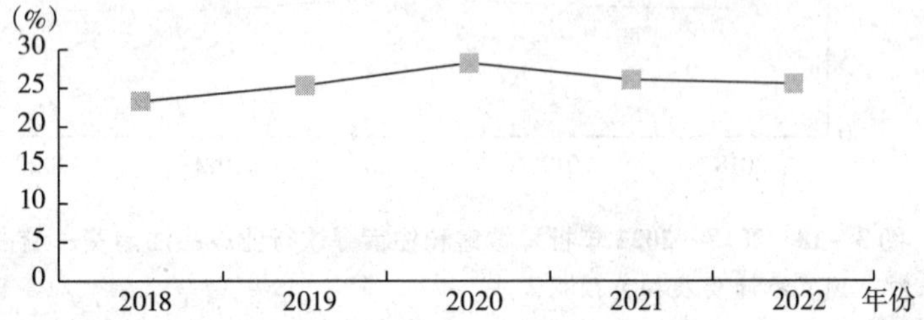


**图 3-20 2018—2022 年生活消费及其他行业成品油消费总量占比**

数据来源：国家统计局及相关预测方法。

## 三、2022 年中国成品油进出口分析

2022 年，气候变化、“双碳” 目标、企业转型、乌克兰危机爆发，欧盟对俄罗斯制裁持续加码等国内外不稳定因素叠加，中国外贸发展面临的外部环境依然复杂严峻。中国成品油进出口量同比出现小幅度下跌，但对比主要贸易伙伴，中国成品油出口仍增速较快，外贸主体竞争力进一步增强，民营企业规模不断壮大，外贸“稳定器” 作用突出。第一批成品油出口配额中，中国石化、中国石油一般贸易出口配额依旧处于前列，浙江石化和中国兵器集团继续用一般贸易方式出口。展望 2023 年，中国成品油优先保国内供应，出口量将继续呈减少趋势。成品油出口配额呈现缩减的趋势。旨在改善大量进口原油、大量出口成品油“两头在外” 的模式，同时出口政策收紧有利于炼能过剩背景下炼化行业加快淘汰落后产能，成品油市场环境显著改善、发展更趋规范，也有利于“双碳” 目标的实现。

## （一）成品油进出口总量分析

2022年，在“双碳”目标、消费需求、炼厂转型、去除中间环节的碳污染排放等因素的共同作用下，国家收紧成品油出口配额，并计划在“十四五”末取消成品油出口。成品油产量并未大幅增长，成品油过剩和出口压力也有所缓解。随着时间的推移成品油出口呈下降趋势，许多炼化企业成品油出口同比有所下降，出口主要取决于国家油气体制改革政策和国内外市场价格的比较。成品油进口继续呈现出下滑走势，尤其是航空煤油进口量同比继续下滑，主要受国际航班班次减少的影响。

### 1. 成品油进出口量全年呈同比下跌状态

成品油进口方面，2022年1—12月累计进口量160.3万吨，同比下降40.5%；累计进口额153310.9万美元，同比下降6.0%，具体如表3－5所示。其中，汽油累计进口2.0万吨，同比下降94.4%；煤油114.3万吨，同比下降27.3%；柴油43.9万吨，同比下降42.4%。2022年中国成品油进口量继续呈现出下滑走势，主要受国际航班班次减少的影响。从进口总量来看，成品油对市场供应端依旧影响微弱，且占比进一步减少。

**表3－5　2022年1—12月中国成品油进口量及进口额统计**

| 时间 | 进口量/万吨 | 进口额/万美元 | 进口量同比增长/% |
|---|---|---|---|
| 2022年1月 | 25.0 | 17422.5 | 111.8 |
| 2022年2月 | 20.5 | 15443.0 | －40.0 |
| 2022年3月 | 15.6 | 14439.5 | －37.4 |
| 2022年4月 | 18.8 | 19345.3 | 27.6 |
| 2022年5月 | 13.9 | 14884.2 | －63.6 |
| 2022年6月 | 9.1 | 11582.6 | －57.3 |
| 2022年7月 | 16.8 | 19817.2 | －10.8 |
| 2022年8月 | 16.4 | 17749.0 | －24.6 |
| 2022年9月 | 1.1 | 1289.2 | －93.9 |
| 2022年10月 | 5.0 | 4925.7 | －71.2 |
| 2022年11月 | 13.9 | 12059.1 | －39.2 |
| 2022年12月 | 4.2 | 4353.6 | －83.6 |

数据来源：中国石油和化学工业联合会。

2022年，中国成品油的出口量小幅下降，2022年1—12月累计出口量为3452.9万吨，同比下降14.4%；累计出口金额3229514.1万美元，同比增长49.3%，具体如表3－6所示。其中，汽油累计出口量1265.3万吨，同比下降13.1%；煤油1094.2万吨，同比增长27.6%；柴油1093.5万吨，同比下降36.4%。2022年成品油出口量持续缩水，配额收紧、外航疲软等多方面因素共振是成品油出品量下降的主要原因。

**表 3-6　2022 年 1—12 月中国成品油出口量及出口额统计**

| 时间 | 出口量/万吨 | 出口额/万美元 | 出口量同比增长/% |
| --- | --- | --- | --- |
| 2022 年 1 月 | 163.9 | 115694.0 | -58.7 |
| 2022 年 2 月 | 189.2 | 139966.3 | -51.2 |
| 2022 年 3 月 | 260.1 | 221169.9 | -48.9 |
| 2022 年 4 月 | 247.1 | 239277.9 | -49.1 |
| 2022 年 5 月 | 177.2 | 175378.4 | -53.4 |
| 2022 年 6 月 | 157.1 | 165094.0 | -66.7 |
| 2022 年 7 月 | 172.3 | 193663.5 | -38.4 |
| 2022 年 8 月 | 272.5 | 301518.4 | 34.0 |
| 2022 年 9 月 | 362.0 | 373645.0 | 40.0 |
| 2022 年 10 月 | 321.9 | 291703.3 | 34.5 |
| 2022 年 11 月 | 484.2 | 443484.0 | 106.1 |
| 2022 年 12 月 | 645.4 | 568919.4 | 246.7 |

数据来源：中国石油和化学工业联合会。

### 2. 成品油外贸主体竞争力增强，呈多元化贸易发展趋势

从全球看，中东地区正迎来有史以来最大炼油厂扩建潮，成品油资源将大规模涌入亚太市场；北美地区石油产量不断上升，但经济增速放缓，石油需求下降，成品油将更多涌入亚太市场。欧洲能源转型，加速淘汰老旧炼厂，炼油能力下降；非洲经济增长拉动石油需求快速增加，未来欧洲和非洲等地可能成为亚太成品油向区外出口的主要目的地。

据海关总署公开的信息，在 2022 年 1—11 月中国原油进口来源国中，原油进口数量排名前十的分别是沙特阿拉伯、俄罗斯、伊拉克、阿联酋、阿曼、科威特、马来西亚、安哥拉、巴西、哥伦比亚，合计占进口总量的 87.5%。

国际成品油价格高位运行，中国成品油出口量在 2022 年上半年同比大幅下降 54.7%。石油和化工行业累计进出口贸易逆差同比增加三成。中国成品油炼化企业开工率低，造成了中国国内产能的大量闲置。

根据海关数据，2022 年 1—9 月，中国内地出口的柴油主要流向了新加坡（20%）、菲律宾（18%）、中国香港（13%）、孟加拉国（9%）、荷兰（8%）、澳大利亚（7%）、比利时（3%）、巴拿马（3%）、南非（2%）和缅甸（2%），如图 3-21 所示。

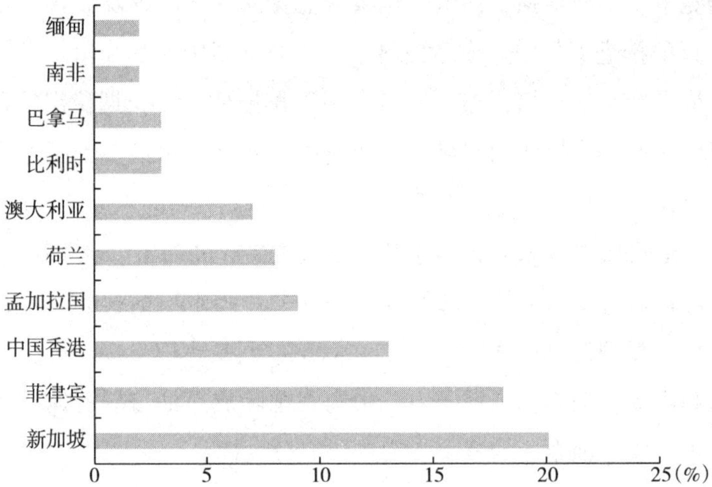


**图3-21 2022年1—9月中国内地柴油出口国家（地区）占比**

数据来源：中国海关总署。

石油贸易格局改变将带来全球成品油需求提升。成品油出口可以在一定程度上消化中国石化产业转型过程中过剩的成品油产能，从而有效缓解海外成品油尤其是柴油的供应紧张。中国成品油出口主要流向东南亚，在“东油西运”的大趋势下，这部分成品油如能最终进入欧洲市场，将大幅度提升运距。中国石化产业转型过程中过剩的成品油出口，使得亚洲成品油外溢到欧洲，弥补制裁俄罗斯带来的巨大成品油缺口，欧洲进口亚洲成品油带来运距大幅提升。

## （二）成品油出口外贸主体竞争力分析

中国成品油出口方式包括一般贸易、来料加工贸易、进料加工贸易、保税仓库进出口货物、边境小额贸易，比较常见的为前三种。一般贸易加工出口是企业自行将正常生产的货物单向输出关境的出口贸易方式，特点是经营企业需自负盈亏。来料加工出口是由外商提供一定的原材料或技术设备，加工企业根据外方要求进行生产，将成品油出口收取加工费而产成品由外方统一负责对外销售的贸易方式，特点是进口料件和成品货权属于外方，加工企业只收取加工费，无须承担盈亏风险及税费。进料加工出口是经营企业用外汇购进原材料，经生产加工后产成品由经营企业自行对外销售出口的贸易方式，特点是进口料件和成品货权属于经营企业，经营企业自负盈亏。

1. 成品油出口量减少，外贸收入下降限制中国成品油竞争力发挥

中国成品油出口规模不断扩大，通过积极拓展国际成品油市场份额，中国成品

油国际市场竞争力不断增强，在国际化舞台上发挥的作用越发显著。尤其是在“一带一路”倡议的推进下，中国成品油出口企业充分利用成品油出口资源优势，加强沿线国家的成品油市场开拓，与“一带一路”国家建立了长期稳定的合作关系，对沿线国家经济建设的支撑作用明显，在塑造中国对外的市场美誉度以及国际形象方面发挥了重要作用。

自乌克兰危机爆发以来，相较于其他亚太主要成品油出口国家加大成品油出口，中国成品油出口份额大幅萎缩，2022 年 3—7 月，中国成品油出口量占中、印、韩、日成品油出口总量的比例由 2021 年同期的 33% 下降至 17.3%，不仅多年深耕运作的客户资源和市场份额面临维系压力，中国在国际成品油市场的地位也难以避免地受到影响，中国成品油企业的竞争实力难以充分发挥。

受国际局势影响，2022 年上半年，成品油裂解价差涨至历史高位，亚太区域除中国以外的其他主要成品油出口国家抓住难得的历史机遇，加大成品油生产和出口，成品油出口效益显著增长。相对而言，新冠疫情持续，成品油消费低迷，中国成品油出口数量同比仍大幅减少，不仅出口效益受损，对国家贸易额和外汇收入增长不利，同时导致中国炼油产能无法充分释放，也使得中国的成品油国际市场地位降低和影响力减弱。

2. 成品油国际市场竞争日趋激烈，民营企业出口利润呈下跌趋势

成品油国际市场竞争日趋激烈，加上新加坡汽柴油价格持续下跌，导致 2021 年出口利润和需求均低于往年同期水平。价格持续下跌将会影响国内炼厂出口的意愿，这是中国石化、中国石油出口量有所恢复但未拉回高增长势头的主要原因。拥有炼油—销售一体化的石油公司，可以通过较丰厚的油品批发和零售价差对冲其在出口环节承担的潜在损失。但对于民营炼厂来说，负面影响可能更为直接，增加出口仅能短期维持开工率，利润堪忧。

从下发的成品油出口配额来看，呈现一般贸易走高而加工贸易出现回落的趋势。民营企业的成品油出口配额全部是一般贸易出口方式，与国内价格相比更难以盈利，且不享受国家对于主营企业的补贴政策。这意味着民营企业的成品油出口利润将呈现下跌趋势。并且 2021 年亚太地区或将成为油品市场竞争最为激烈的地区，成品油出口市场不容乐观。

## （三）成品油出口配额分析

减出口是降低碳排放最立竿见影的途径，“双碳”政策之下，自 2021 年起政策趋势转变为减出口，靠大量出口平衡国内供需的时代结束；第四季度因特殊政策考

虑新增大额出口配额，但是降低碳排放、减出口的大趋势不变。2022 年各月出口均在低位，截至 8 月底的海关数据显示，2022 年出口配额仅完成 40.95%；出口配额余量充裕，第四季度出口量计划必然增加。

第一批成品油出口配额同比增长 5.4%，中国石化获最大配额。一般贸易方式出口配额继续按总量下发，出口企业可根据国内及国际成品油市场情况自行安排成品油相关产品的出口数量。2022 年首批出口配额再次下降，第一批成品油出口配额共计 1300 万吨，同比下降 55.93%。2022 年第一批成品油出口配额同比出现大幅下降，这也是顺应“双碳”目标、能源双控以及合理调整中国“大进大出”的能源结构而考虑。

第二批成品油出口配额仅中国石化、中国石油、中国海油、中国中化四家主营油企获得，如表 3－7 所示。第三批成品油出口配额正式下发，全部为一般贸易，总量为 500 万吨，年内三批累计下发 2250 万吨出口配额。2021 年下发三批配额共计 3761 万吨，2022 年较 2021 年减少 1511 万吨，减幅 40%。

**表 3－7　2022 年中国成品油出口配额统计**　　单位：万吨

| 企业 | 第一批 | 第二批 | 第三批 | 第四批 | 第五批 |
|---|---|---|---|---|---|
| 中国石化 | 431 | 240 | 127 | 88 | 650 |
| 中国石油 | 421 | 153 | 147 | 15 | 335 |
| 中国海油 | 118 | 42 | 46 | 13 | 117 |
| 中国中化 | 177 | 15 | 84 | 14 | 114 |
| 浙江石化 | 134 | — | 84 | 13 | 97 |
| 中国兵器 | 15 | — | 10 | — | 10 |
| 中国航油 | 4 | — | 2 | 7 | 2 |
| 合计 | 1300 | 450 | 500 | 150 | 1325 |

数据来源：卓创资讯。

从中国出口配额放宽的情况看，中国成品油的出口量有望继续增加。9 月末，商务部下发成品油出口配额 1325 万吨，是 2022 年以来下发数量最高的配额。2022 年商务部已下发五批成品油出口配额，合计下发 3725 万吨，同比下跌 1%。第五批出口配额中国石油、中国石化两大主营配额数量占约 70%，中国海油、中国中化占比约 20%，其他单位占比约 10%。同比来看，中国石油、中国海油分别下降 15.2%、5.4%，中国石化、中国中化所得配额增加，同比分别上涨 4.3%、17.8%；浙江石化、中国兵器集团亦分别上涨 13.1%、16.7%。

中国成品油出口有利于缓解国内产能过剩情况。此次追加成品油出口配额后，意味着第四季度出口量呈现明显增长，中国释放产能，有助于国内主营炼厂保持偏高负荷，根据效益优化产品结构，提供成品油产能进行区域化套利，将对成品油国内供需压力形成一定缓解。沙特增产后又提价，世界范围内炼油能力短缺是普遍现象。成品油市场方面整体需求端表现偏弱势，交投气氛持淡，成交方面难以维持长期拉涨局面。

第五批成品油出口配额超预期下发减少了对成品油出口的限制，同时在一定程度上缓解了国内炼厂开工率以及利润低下的情况。在“双碳”目标要求以及确保国家能源安全等背景下，2022 年成品油出口配额总量与 2021 年相近，有助于国内主营炼厂保持偏高负荷，根据效益优化产品结构。

成品油出口配额大增，有望弥补欧洲能源缺口。在全球局势复杂，尤其是在欧洲柴油供应紧缺的背景下，国内成品油出口辐射范围有望进一步向欧洲市场扩展。欧洲作为世界能源主要消费地区之一，对俄罗斯依存度高。在乌克兰危机爆发前，俄罗斯是欧洲能源主要供应国，2021 年欧洲消费石油 63750 万吨，同比增长 4.9%，由于本土资源储量较少，欧洲石油探明储量占比仅为 0.8%，能源供给与需求的失衡导致欧洲长年需要从其他地区进口能源。乌克兰危机下，欧美等对俄罗斯采取制裁措施，其中不乏多项能源制裁措施。

第四篇

# 成品油价格与批发市场

2022年，中国成品油市场受政策调整、新冠疫情持续以及中国经济继续回暖的影响，对成品油零售和批发价格产生了巨大影响。一方面，中国成品油零售价格在政府指导价和供求关系综合影响下，总体呈现稳中有升的波动趋势；另一方面，在成品油批发市场，国际原油整体上移通道不变，一度创下14年以来的新高，叠加国内成品油零售限价上调政策等因素影响，国内成品油批发价格先涨后跌，同比上涨明显。2022年上半年，国际油价整体呈现上行走势，并刷新2008年第三季度之后的纪录。年中以来，成品油价格震荡回落。

2022年中国现行成品油调价机制仍遵循国际市场原油价格，国家发展改革委对成品油市场价格进行调整，国内投资、消费水平持续恢复，以国内大循环为主体、国内国际双循环相互促进的新发展格局逐步形成，国内汽、柴油需求环境进一步改善，成品油行业保持良好发展。总体上中国成品油价格与WTI价格趋势更为相近，成品油价格与成品油供求关系紧密相关。

2022年成品油价格基数过高，成品油价格增速将有所回落，成品油价格调整次数，跌领先于涨，其中汽柴油价格年度合计增速将稳定在个位数。乌克兰危机、国际经济、中东问题、伊朗核谈判、中美关系都将影响油价波动空间。中国成品油批发价格或将呈现阶段性波动趋势，批发市场竞争加剧，市场监管力度将进一步加大，未来的成品油批发市场必然向多元化、差异化、竞争化、合规化方向发展。

## 一、2022年中国成品油价格分析

2022年中国现行成品油调价机制仍遵循国际市场原油价格，国家发展改革委对成品油市场价格进行调整。2022年，中国成品油零售限价共经历24次调价窗口。2022年上半年，国内成品油市场整体呈“M”形走势，现货价格处于近五年高位。其中，汽油市场开盘价格在7840元/吨，收盘价格在7997元/吨，上涨157元/吨，涨幅2%；柴油市场开盘价格在7300元/吨，收盘价格在7877元/吨，上涨577元/吨，涨幅7.9%。总体上中国成品油价格与WTI价格趋势更为相近，成品油价格与成品油供求关系紧密相关。

## （一）成品油价格基本情况

2022 年，国内成品油价格共经历 24 次调价窗口，其中，10 次下调，13 次上调，1 次不作调整，如表 4－1 所示。2022 年，国内汽油需求量下降 4.5%，柴油需求量上涨 24%。根据中国“十四五”规划，针对成品油市场做过多次政策调整，使成品油的定价更加规范化。

**表 4－1　2022 年成品油最高零售价格**　　单位：元/吨

| 时间 | 调整情况 | 汽油 | 柴油 |
| --- | --- | --- | --- |
| 1 月 17 日 | 上调 | 345 | 330 |
| 1 月 29 日 | 上调 | 310 | 300 |
| 2 月 17 日 | 上调 | 210 | 200 |
| 3 月 3 日 | 上调 | 260 | 255 |
| 3 月 17 日 | 上调 | 750 | 720 |
| 3 月 31 日 | 上调 | 110 | 110 |
| 4 月 15 日 | 下调 | 545 | 530 |
| 4 月 28 日 | 上调 | 205 | 200 |
| 5 月 16 日 | 上调 | 285 | 270 |
| 5 月 30 日 | 上调 | 400 | 390 |
| 6 月 14 日 | 上调 | 390 | 375 |
| 6 月 28 日 | 下调 | 320 | 310 |
| 7 月 12 日 | 下调 | 360 | 345 |
| 7 月 26 日 | 下调 | 300 | 290 |
| 8 月 9 日 | 下调 | 130 | 125 |
| 8 月 29 日 | 下调 | 205 | 200 |
| 9 月 6 日 | 上调 | 190 | 185 |
| 9 月 21 日 | 下调 | 290 | 280 |
| 10 月 10 日 | 不作调整 | — | — |
| 10 月 24 日 | 上调 | 185 | 175 |
| 11 月 7 日 | 上调 | 155 | 150 |
| 11 月 21 日 | 下调 | 175 | 165 |
| 12 月 5 日 | 下调 | 440 | 425 |
| 12 月 19 日 | 下调 | 480 | 460 |
| 累计 | 上调 | 550 | 530 |

数据来源：国家发展改革委价格司。

2022 年第一季度，国际原油价格整体大幅上行，供应趋紧以及突发地缘冲突成为油价上涨的主要支撑因素。首先，EIA 报告上调 2022 年原油需求预期且下调美国原油产量预期，原油市场供需预期趋紧提振油价。其次，随着乌克兰危机持续升温，由此引发的能源断供担忧推高油价。此外，OPEC 增产意愿不强以及伊朗核谈判再生变数也导致市场对供应紧缺的预期加深，并在第四季度初全面升入高油价区域，而随着欧洲地区能源危机发酵以及美国能源价格的不断升高，围绕石油定价的争夺也拉开帷幕，美国牵头协同全球主要消费国开始释放战略石油储备以平抑油价，并且筹谋将伊朗拉回谈判桌以解禁伊朗原油前景为手段施压油价。布伦特在 3 月初升至 139 美元/桶，创下近十年来新高点。3 月中上旬之后，随着俄乌进行谈判、IEA 或继续释储等因素影响下，原油进入剧烈波动阶段。新冠疫情对汽油价格的影响几乎贯穿 2022 年整年，新冠疫情不间断的暴发以及防控措施导致汽油需求大幅下滑，最为明显的月份在 3—5 月及 9—10 月，汽油价格在此期间持续阴跌，炼厂销量萎靡，库存居高不下；后期得益于经济、政策面等诸多利好助推，市场供需格局逐步向好演变；不过，成本端涨后回落、季节性需求淡季及销售单位半年度任务收尾，仍对汽柴价格形成一定打压，国内成品油市场延续先扬后抑走势。11 月下旬以来，供需不确定因素增多导致国际原油价格大幅波动，原油价格整体呈现回落后再上行的走势。经济前景的高度不确定性，美联储更激进的货币紧缩政策，能源需求担忧缓解的预期，OPEC + 宣布将维持石油生产配额不变，欧盟禁运俄罗斯海运原油，G7 集团、欧盟与澳大利亚对俄罗斯石油限价，均对国际原油价格造成了冲击，国际油价连续暴跌，乌克兰危机带来的所有涨幅回落至危机之前。随后，原油需求的前景被提振，加拿大至美国的关键输油管道关闭，俄罗斯宣称将减产石油应对限价等因素支撑国际原油价格反弹。

根据国际市场油价变化情况，按照现行成品油价格形成机制，自 2022 年 12 月 19 日 24 时起，国内汽油、柴油价格每吨分别下降 480 元、460 元。调整后，各省（区、市）和中心城市汽油、柴油最高零售价格如表 4 – 2 所示。

**表 4 – 2　各省（区、市）和中心城市汽油、柴油最高零售价格**　单位：元/吨

| 地区 | 汽油（标准品） | 柴油（标准品） |
|---|---|---|
| 实行一省一价的地区 | | |
| 北京市 | 9445 | 8420 |
| 天津市 | 9410 | 8385 |
| 河北省 | 9410 | 8385 |
| 山西省 | 9480 | 8440 |
| 辽宁省 | 9410 | 8385 |
| 吉林省 | 9410 | 8385 |

续表

| 地区 | 汽油（标准品） | 柴油（标准品） |
|---|---|---|
| 黑龙江省 | 9410 | 8385 |
| 上海市 | 9425 | 8390 |
| 江苏省 | 9465 | 8425 |
| 浙江省 | 9465 | 8440 |
| 安徽省 | 9460 | 8435 |
| 福建省 | 9485 | 8450 |
| 江西省 | 9465 | 8445 |
| 山东省 | 9420 | 8395 |
| 湖北省 | 9435 | 8410 |
| 湖南省 | 9475 | 8470 |
| 河南省 | 9430 | 8405 |
| 海南省 | 9555 | 8520 |
| 重庆市 | 9625 | 8595 |
| 广东省 | 9490 | 8455 |
| 广西壮族自治区 | 9555 | 8520 |
| 宁夏回族自治区 | 9415 | 8385 |
| 甘肃省 | 9395 | 8405 |
| 新疆维吾尔自治区 | 9190 | 8280 |
| 暂不实行一省一价的地区 | | |
| 呼和浩特市 | 9425 | 8400 |
| 成都市 | 9630 | 8620 |
| 贵阳市 | 9590 | 8545 |
| 昆明市 | 9620 | 8575 |
| 西安市 | 9395 | 8395 |
| 西宁市 | 9375 | 8430 |

数据来源：国家发展改革委。

注：①表中价格包含消费税、增值税以及区域建设和教育费附加。

②表中汽油和柴油价格为符合第六阶段强制性国家标准ⅥA 车用柴油价格。

③汽油、柴油第六阶段标准品分为 89 号汽油和 0 号车用柴油。

④供国家储备，新疆生产建设兵团用符合第六阶段质量标准的汽油、柴油价格分别为每吨 8680 元、7655 元；其他相关成品油价格政策按《石油价格管理办法》规定执行。

## （二）成品油价格的影响因素分析

成品油的定价涉及诸多因素，其中供需基本面以及国际油价的波动作为 2022 年影响中国成品油价格的主要因素，从微观层面来看，中国成品油价格变化深受供求关系的影响，而供求关系主要随政策、季节、经济等因素的变化而变化。季节、经济等因素的影响最终都呈现在成品油价格的短期波动中；现阶段国内外原油价格联动较为紧密，国际油价与国内成品油价格在价格传导机制的作用下早已实现接轨。2022 年国内成品油价格影响因素主要体现在以下三个方面。

1. 成品油价格与供给

国内供应方面，截至 12 月，国内成品油出口配额完成量为 3438 万吨，2022 年出口配额总量 3725 万吨，完成率约为 93%。2022 年成品油产量增幅整体呈现前低后高的态势。2022 年全年汽油、柴油产量 33661.3 万吨，同比增加 6.7%，其中汽油产量 14535.6 万吨，同比下降 5.1%，柴油产量 19125.7 万吨，同比增加 17.9%。总体看，国内成品油市场供不应求，供给端的不足导致国内成品油价格呈上涨趋势，成品油产量和进口量大幅削减。由于需求低迷、销售不旺，库存依旧不断上升。加之 7 月以后国际原油价格大幅回落，成品油国内的价格与国际差距缩小，甚至国内价格开头高于国际价格，大大刺激了炼化企业生产的积极性，前期减产或停产的地方炼厂也陆续加大生产量，供给的富足导致了成品油零售端价格的普遍下降。11 月下旬以来，经济前景的高度不确定性，美联储更激进的货币紧缩政策，能源需求担忧缓解的预期，OPEC + 宣布将维持石油生产配额不变，欧盟对俄罗斯石油设置 60 美元/桶的价格上限，均导致国际油价连续暴跌。12 月中下旬，寒潮天气来袭的预期提振原油需求的前景，加拿大至美国的关键输油管道 Keystone 关闭，俄罗斯宣称将减产以应对限价，国际能源署上调今明两年全球石油需求预期，上述因素支撑国际原油价格在持续一周多下跌后反弹，但对全球经济增长放缓的担忧、全球股市下跌等因素对全球油市产生不利的影响。

2. 成品油价格与需求

汽油层面，2022 年全年汽油表观消费量 1.33 亿吨，同比下跌 4.5%。首先，2022 年各地新冠疫情的多点散发，抑制了消费需求；其次，新能源汽车、天然气、乙醇汽油等新能源发展较快，对传统汽油的替代率持续推进；最后，国内的高零售价格，在一定程度上抑制了终端的消费需求。在需求端低迷的影响下，油品终端零售价格在 6 月以后普遍下降。但是，在国家政策的大力扶持下，新能源汽车发展迅猛，新能源汽车产量增长对于汽油需求属利空影响，虽然新能源汽车产销上涨喜人，但在整个汽车行业之中，2022 年新能源汽车销量也仅占汽车销售总量的 25.6%，短期内依旧难以撼动汽油需求的主导地位。综上所述，受新冠疫情及高零售价的利空影响，汽油消费量出现一定程度回落，但汽车产销量在购置税减半的政策下实现了同比增长、共同提振需求。随着新冠疫情防控的逐步放松，汽油需求逐步复苏，成品油价格随之上涨。

柴油层面，2022 年全年柴油表观消费量为 1.81 亿吨，同比增长 24%。主要受多地新冠疫情、高油价及部分极端天气等影响，导致邮政快递业面临前所未有的严峻形势。在国务院物流保通保畅机制引导下，国家邮政局全面启动邮政快递业保通保畅工作，政策措施精准发力，行业堵点痛点逐步缓解，业务量触底反弹，发展态势逐渐回暖向好，但同比仍出现小幅下滑趋势，利空柴油需求；国内基建和房地产开工率不足，并且油价上涨等诸多原因也导致挖掘机职业司机大批量转型，导致挖掘机需求下滑，也是影响柴油消费同比下滑的原因之一；国内重卡销量下滑，为 6 年来最低销量，同比下降 55.51%。综上所述，柴油需求的下降，导致柴油销售端价格自 6 月以后普遍下降。

3. 成品油价格政策与国际油价

由于中国市场化水平还没有发展完善，特别是成品油市场尚待进一步成长。在实际的运行当中，国内的成品油市场还没有完全与国际市场接轨，因而，中国的成品油价格并不是完全按照市场价格形成的。另外，由于国内成品油市场发展不够成熟，为了避免国际市场成品油价格的剧烈波动给中国经济发展带来不可挽回的损失，国内的成品油价格增加了政府宏观调控的因素。2016 年，国家发展改革委发布了《关于进一步完善成品油价格形成机制的通知》，对原有石油价格管理办法进行了完善，设定了被称为“天花板”和“地板价”的成品油价格调控上下限。该通知规定，当国际市场油价高于 130 美元/桶时，汽油、柴油最高零售价格不提或少提；低于 40 美元/桶时，汽油、柴油最高零售价格不降低；在 40 美元/桶与 130 美元/桶之间运行时，国内成品油价格按机制正常调整，伴随着国际油价而上调或下调。2022 年 6 月 29 日，财政部、国家发展改革委联合发布《关于做好国际油价触及调控上限后实施阶段性价格补贴有关工作的通知》，其实就是在国际油价高企的情况下，为国内成品油价格调控做出的一种政策微调，是对石油价格管理办法的一种完善和补充，是为可能出现的国际原油价格进一步上涨制定的一种应对预案。国家能源政策目标主要包括三个：一是确保能源安全，也就是市场稳定供应；二是提高能源利用效率，即尽可能用最少的能源消耗换来更多的 GDP；三是兼顾和维护社会公平，确保相关利益方的利益得到保障。

## 二、2022 年中国成品油批发市场分析

2022 年受公共卫生事件反复、原油宽幅震荡、出口配额临时追增等诸多因素影响，国内成品油批发价格走势震荡起伏，年内汽油最高振幅达 24.15%，柴油达 20.1%。2022 年成品油批发价格走势整体呈先高后低，上半年，地缘局势逐渐成为市场关注中心，而投资者对供应趋紧的担忧成为提振油价走高的主要因素，国际原油期价整体大幅上涨，且波动幅度较大，成为推动国内成品油批发价格创五年新高的主要因素之一。面对新冠疫情叠加地缘政治冲突带来的能源供应压力，国家陆续出台能源保供稳价政策，全力保障经济社会发展和民生能源生产稳中有进，保障能力持续提升。同时，随着下游需求端压力渐显，成品油批发价格出现涨势后劲的不足局面，国内市场批发价格呈现冲高回落态势，整体水平较上年同期有所上涨。下半年，国际原油高位承压，但成品油批发价格难以触及上半年高位，受出口配额追加、国内供需格局转变等因素影响，成品油批发价格走势再度起伏。2022 年，汽油价格年内高点 10252 元/吨，年内低点 7776 元/吨；柴油价格年内高点 9133 元/吨，年内低点 7296 元/吨。

### （一）成品油批发市场基本情况

2022 年，国际原油整体上移通道不变，一度创下 14 年以来的新高，叠加国内成品油零售限价上调政策等因素影响，成品油批发价格一路走高。2022 年上半年，国际油价整体呈现上行走势，并刷新 2008 年第三季度之后的纪录。年中以来，成品油价格震荡回落，12 月 6 日，国内汽油和柴油价格更是分别下调 440 元/吨和 425 元/吨，为年内的第 9 次下调，较年内最高价格已分别回落了 1690 元/吨和 1630 元/吨。总体来看，虽然成品油市场价格已经基本回落至年初水平，但由于汽油和柴油的属性区别，二者仍呈现出了结构性的“汽松柴紧”。

1. 成品油批发市场运行现状分析

2022 年上半年，受地缘政治动荡、供应链困扰和市场避险情绪升温等因素影响，成品油供需错配，市场跌宕起伏。第一季度，全球能源紧张，助推原油成本高开高走，间接导致炼油利润缩减，炼厂开工率走低，市场几度货紧价扬第二季度前后，国内公共卫生事件反复，需求端日益承压，汽油、柴油消费下降明显；同时，年中美联储大幅加息引发剧烈反应，市场对经济衰退的担忧持续升温，美元指数一举创下近 20 年新高，从中长期看，以上均对原油价格产生压制作用。不过，基于国内需求端和供给端综合考虑，下半年在产业链良好复苏态势带动下，汽油、柴油市

场供需格局向好演变。

2. 成品油批发价格分析

2022 年随着乌克兰危机的爆发，原油价格也涨至近几年高位，随着成本的上涨，国内成品油价格也各自创下 2015 年以来的新高。截至 2022 年 12 月底，中国主营 92 号汽油批发平均价格为 9307 元/吨，较 2021 年同期上涨了 1363 元/吨；95 号汽油批发平均价格为 9610 元/吨，较 2021 年同期上涨了 1510 元/吨；0 号柴油批发平均价格为 8612 元/吨，较 2021 年同期上涨了 2046 元/吨。2022 年，中国汽油、柴油价格呈现先扬后抑再趋于平稳的走势，在国家油价上涨和市场需求复苏的主要影响下，成品油批发价格同比上涨明显；中国成品油批发价格呈现明显区域特征，华东地区批发平均价格整体偏低，具体分析如下。

（1）成品油月平均价格呈上升趋势，柴油批发价格持续上涨

2022 年，中国成品油批发价格呈现先升后降再趋于平缓的趋势，如图 4 - 1 所示。上半年汽油批发价格每吨触及万元高位，柴油也突破 9000 元/吨关口，上涨的主要时间节点在 1—3 月，主要原因为成本面的强力带动，以布伦特原油为例，截至 6 月 16 日到达 119. 81 元/桶位置，较年初上涨 42. 03 美元/桶。3—5 月汽油、柴油在原油回落以及国内新冠疫情多点暴发的影响下快速回落，但原油回调有限，高位延续，且新冠疫情逐步受控，因此汽油、柴油价格在触及成本端底部后缓慢回升。

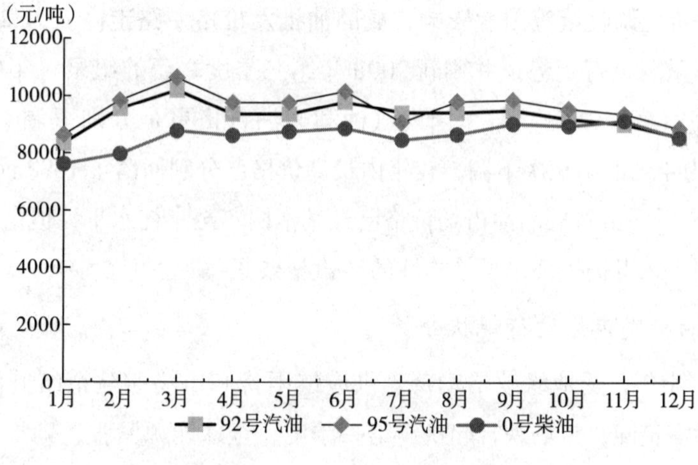


**图 4 - 1　2022 年 1—12 月成品油月度批发均价**

数据来源：隆众资讯。

3—5 月，受制于国内多发的新冠疫情散点反复，供需矛盾日益凸显，导致汽油、柴油需求均出现明显下滑，主营及独立炼厂开工率均触及近几年低位区间，尤其主营汽油库存积压严重，一定程度压制汽油批发价格。在 6 月初上海复工，国内

新冠疫情逐步受控，汽油、柴油需求预期向好，临时出口配额下放、主营库存压力大幅缓解等诸多利好堆积下，市场看涨情绪升温，大单成交频繁，汽油、柴油价格触底反弹。

第三季度，汽油、柴油价格在 7 月阶段性下降后，8 月、9 月再反弹，10 月之后趋于稳定，但整体上较年初上涨明显。造成国内成品油批发价格整体上涨的主要原因是国际油价涨势明显，同时国内成品油需求较好且出现极端性、区域性的资源供应紧缺也是导致价格短时上涨的重要因素。

第四季度，由于第三季度国内成品油批发价格进入震荡调整期。第三季度末，国内成品油出口配额新增 1500 万吨，在出口压力下，国内汽油、柴油供需关系急速逆转，柴油多地出现供不应求现象，伴随原油阶段性反弹，柴油批发价强势走高，连续触及批发限价，并于 11 月中旬达到年内高位。后因柴油需求季节性回落以及原油持续走低，柴油自高位快速下行。12 月 31 日，国内汽油批发价格收于 8096 元/吨，柴油收于 8053 元/吨。汽油较年初上涨 319 元/吨，涨幅 4.11%；柴油较年初上涨 753 元/吨，涨幅 10.31%。

（2）成品油批发价格同比上涨明显，国际油价与市场需求为主要影响因素

2022 年，成品油批发价格同比上涨明显。汽油批发价格方面，同比递减趋势明显，8 月、9 月有所上升，主要是由于原油市场价格下跌明显，且国内部分地区新冠疫情出现反复、中原地区强降雨等因素，导致居民出行及部分企业开工受到影响，成品油中端需求表现较为弱势。柴油批发价格方面，较 2021 年同期均呈现增长趋势，2 月之后，柴油批发价格同比逐月降低，在 10 月到达最低值，与汽油需求相比，柴油需求端与居民出行挂钩较小，所以上半年国内散点多发的新冠疫情对柴油需求影响较小。具体变动情况如图 4－2、图 4－3、图 4－4 所示。

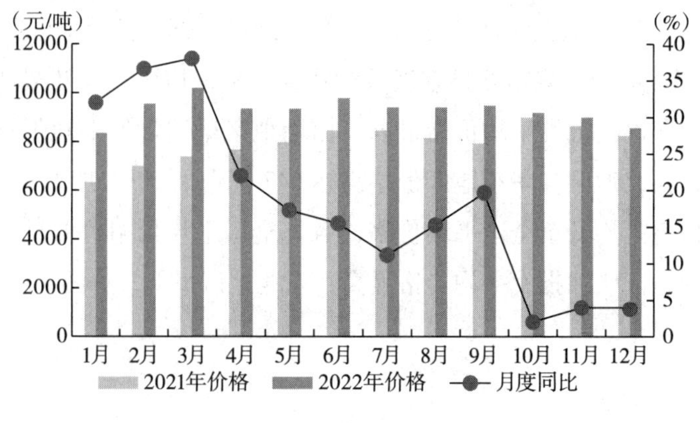


**图 4－2　2021 年和 2022 年 1—12 月 92 号汽油批发价格及月度同比**

数据来源：隆众资讯。

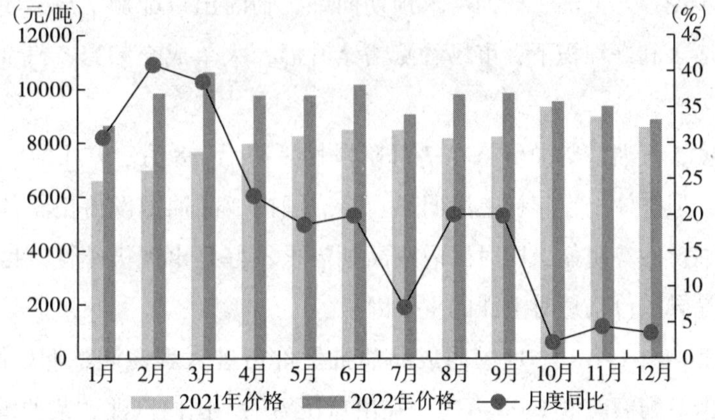


**图 4-3　2021 年和 2022 年 1—12 月 95 号汽油批发价格及月度同比**

数据来源：隆众资讯。

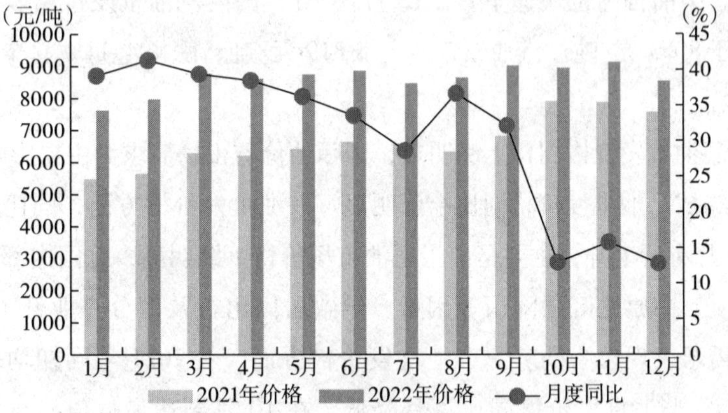


**图 4-4　2021 年和 2022 年 1—12 月 0 号柴油批发价格及月度同比**

数据来源：隆众资讯。

（3）成品油批发价格区域性特征明显，华东地区最低，西北地区最高

2022 年中国成品油批发市场呈现区域性特征，华东地区汽油及柴油批发平均价格最低，西北地区汽油批发平均价格最高，西南地区柴油批发平均价格最高。汽油批发价格方面，西北地区与华东地区价差高达 647 元/吨，华东地区 92 号汽油和 95 号汽油批发价格每月均低于全国平均价格，且与全国平均价格价差最高；柴油批发价格方面，西南地区柴油批发平均价格最高，东北地区最低，如图 4-5 所示。

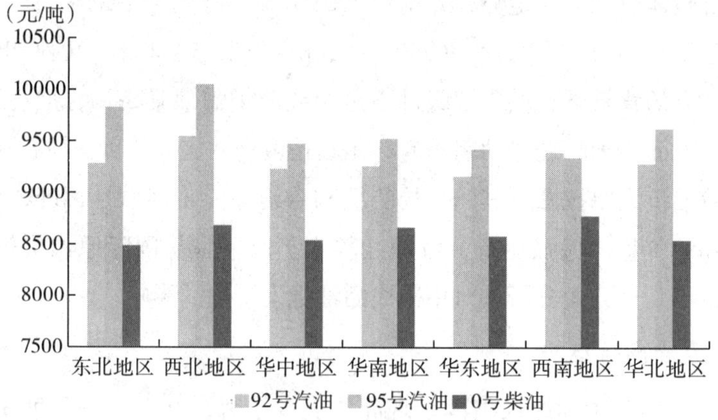


**图 4－5 2022 年分地区成品油批发均价**

数据来源：隆众资讯。

3. 成品油批发市场竞争分析

（1）国家政策方面

国务院办公厅 2021 年发布《关于加快发展流通促进商业消费的意见》，明确提出扩大成品油市场准入。该意见指出，取消石油成品油批发仓储经营资格审批，将成品油零售经营资格审批下放至地市级人民政府，并加强成品油流通事中事后监管，强化安全保障措施落实。以往，企业想要经营石油成品油批发仓储业务，需要向省级商务主管部门提出申请，获得经营许可的企业在商务部行政事务服务大厅领取批准证书后才能进行相关经营活动。随着成品油批发经营资格审批被取消，这一行业的准入门槛被大幅降低，成品油批发行业除了保留原有的业内经营者，还会成为行业之外拥有充裕资金者投资的沃土，由于行业容量有限，激烈的竞争还将驱动成品油批发业加快形成新的商务模式，行业内新进入者与闪退者并存，企业的新生与消亡快速更迭，这将成为成品油批发领域特有的业态。

（2）替代能源方面

能源行业坚持以清洁低碳为发展目标，多元化发展路线成为主流。随着环保意识的不断增强，国家政策的大力扶持，以及新能源汽车技术的进步，国内新能源汽车产销量整体呈现上涨的趋势。未来，新能源汽车对传统油品的替代作用将愈加明显。

## （二）成品油批发价格的影响因素分析

进入 2022 年，国际原油整体上移通道不变，一度创下 14 年以来的新高，叠加国内成品油零售限价上调政策等因素影响，成品油批发价格一路走高。2022 年上半年，国际油价整体呈现上行走势，并刷新2008年第三季度之后的纪录。供应疑虑是油市上行的主要推动力，一方面，OPEC+实际产出低于目标，美国产出提升受限，在需求稳步提升的背景下，供应端跟进不足导致的供需偏紧格局，推动了油价的稳步上行；另一方面，国际局势动荡不断，尤其是俄乌冲突导致俄罗斯石油出口遇阻，担忧情绪导致油价大幅拉涨，其间，局势缓和令地缘溢价间歇性回吐，但供应疑虑支撑下，国际油价整体偏强运行，波动性较大。以下将从国际原油价格、供应端、需求端、政策等几个方面分析其对中国成品油批发价格的影响。

1. 国际原油高位运行

2022年上半年，国际原油整体呈现高位震荡走势，并在第一季度刷新2008年以来纪录；第二季度阶段性出现回落，然而整体高位运行局面不变，布伦特原油现货价格在100~120美元/桶震荡。国内成品油市场在此大背景下，各个环节成本压力尽显，批发价格受此影响出现不同程度上涨。

如图4-6所示，第一季度，国际原油价格整体呈现偏强走势，均价较2021年第四季度明显上涨，但其间伴随着较为剧烈的震荡。尤其是进入3月后，国际政治局势紧张、石油市场供应紧缺的担忧加剧，更加导致国际原油价格一度突破130美元/桶的高位。受此影响，国内成品油零售限价自2021年12月31日24时起共经历连续7次上调，国内成品油市场涨价预期持续浓厚，也带动国内汽油、柴油批发价格整体呈现高位上涨走势，尤其是3月中上旬，国内主营单位汽油价格多挂至当地批发到位价。但是随着国际原油价格于3月下旬进入高波动性走势，国际原油价格对国内成品油市场的影响减弱，供需基本面对成品油价格的影响占据主导。随着国内成品油价格涨至高位，部分地区居民出行率降低、物流运输行业受限，国内成品油供大于求的局面显现。国内成品油销售单位出货受阻严重，库存压力增大，也导致成品油批发价格在3月下旬出现了明显的高位回落。

第二季度，国际油市维持高位高波动，东欧局势方面谈判平稳推进，市场事态几乎不会继续恶化，地缘溢价将逐步转变为地缘折价。但是，俄罗斯的出口依然处于部分中断状态，供需偏紧对油市起到持续性支撑作用。当然，市场陆续关注利空因素，比如伊核协议达成的概率增加，阿联酋模糊的增产政策等，都削弱了油价的上行动力，随着地缘局势缓和，供应量增加，成品油批发价格重心逐步下移。

第三季度，国际原油市场陆续经历了美联储持续强势加息、全球经济衰退预期加重、欧佩克宣布减产、美国继续释放国家石油战略储备以及G7集团基本达成对俄罗斯出口原油实施价格上限措施等一系列重大事件，国际原油价格高位震荡，多空博弈后小幅下降。第三季度布伦特原油现货价格仍高位运行，同比上涨36%，均价达到了 99.98 美元/桶，为 2014 年之后第三季度最高油价，但环比下降 12.2%，逆转第一、第二季度国际油价快速上涨的趋势。回顾这三个季度，国际油市非常不平静，从地缘局势到突发事件，从季节性需求到极端天气，从供应到需求等多个维度都给原油市场带来了非常大的影响，导致油价走势呈现巨幅震荡，宛若历经了一场过山车般的旅程，但截至季末，油价也始终未摆脱宏观经济疲软及全球贸易争端的中长期偏空逻辑的挟制。

第四季度，国际油市价格整体呈现震荡弱势下跌行情，从最高的 100 美元/桶，一路震荡下跌至 80 美元/桶，跌幅高达 20 美元/桶。与 2021 年同期相比，整体运行区间基本持平；同比来看，处于近三年同期高位；从趋势来看，后期价格已经与 2021 年同期基本持平。总之，2022 年第四季度行情整体呈现震荡弱势下跌趋势。在美联储不断加息缩表的背景下，虽然预期发生修正，但是考虑到需求的弱势延续性，整体市场依然以承压为主。体现在供需两端和库存方面，库存开始有累库迹象，但是依然呈现低位，对油市价格支撑明显。第四季度波动区间较第三季度明显缩窄，市场静待后续方向选择。

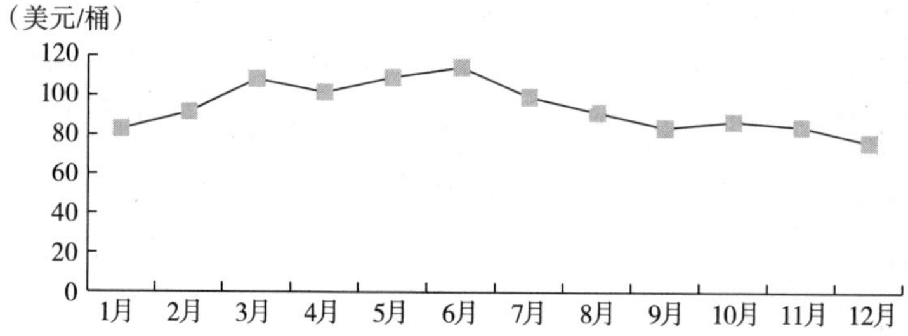


**图 4-6　2022 年 1—12 月国际原油价格**

数据来源：EIA。

2. 供应端：国内主营及独立炼厂开工负荷走势不一，成品油产量小幅增长

2022 年上半年，国内主营炼厂平均开工负荷整体呈现出先涨后跌走势。第一季度，国内主营炼厂检修相对较少，尤其是 2 月并无炼厂处在检修期内，从而带动国内主营炼厂平均开工负荷在 2 月涨至 76.66%。而进入 3 月之后，国内部分主营炼厂，如海南石化、扬子石化等炼厂相继进入检修期，造成一部分原油加工量减少，加之原油价格高企、炼厂利润降低以及国内成品油需求表现欠佳等因素影响，炼厂生产积极性降低，国内主营炼厂 3 月的平均开工负荷有所回落。2022 年 3 月，主营炼厂平均开工负荷为 76.20%，较 2021 年 12 月下跌 0.26 个百分点，同比上涨 4.48 个百分点。

第二季度，国内有较多炼厂进入检修期，加之国内成品油库存压力增大，故而第二季度国内成品油产量有所下滑。主营炼厂方面，第二季度是传统的主营炼厂检修旺季，导致炼厂平均开工负荷继续回落。但由于主营炼厂承担社会保供职责，故而原油加工量及成品油产量变化有限。地方独立炼厂方面，国际原油价格仍处高位，地方独立炼厂炼油利润持续为负，炼厂开工积极性受到较大影响。加之部分地方独立炼厂在第二季度将进入检修期，故独立炼厂平均开工负荷在第二季度也整体处在较低水平。5 月主营炼厂平均开工负荷在 67.75%，为上半年低点。2022 年上半年，国内主营炼厂平均开工负荷为 72.41%，较 2021 年同期下跌 2.37 个百分点。

第三季度前期，利空因素占据上风，原油及零售价的接连回调导致消息面利空油市，第三季度独立炼厂开工率不断下滑，主营炼厂运行负荷亦处于偏低水平，独立炼厂及各地区主营柴油库存水平明显下滑，第三季度涉及检修炼厂主要集中在中国石油系统，大连西太、庆阳石化、玉门炼厂、呼和浩特炼化等炼厂分别于 8 月、9 月逐渐检修结束。而山东独立炼厂方面受政策影响降库存，但市场整体供应处于趋稳水平。

第四季度，成品油供应量同比增加 4.9%，随着前期检修、降量炼厂逐步复工提量，加之临近年末，部分炼厂加速配额使用效率，独立炼厂及主营炼厂开工率有所回暖，市场资源供应增多。从炼厂情况来看，进入 12 月，山东炼厂开工率也有所提升，供应面增加，主营炼厂资源供应仍充裕，主营出货压力仍存在，汽油价格持续回落。近期山东主营炼厂常减压装置平均开工负荷上涨至 69% 左右，厂家库存依旧，汽油、柴油供应方面宽松。

3. 需求端：国内汽柴油需求继续处于恢复中

1—2 月国内成品油需求整体表现较好，尤其是春节假期前后国内汽油需求表现活跃，不仅一度导致部分地区汽油资源出现偏紧情况，也导致了国内多数主营销售单位在 2 月末以及 3 月初高挂当地批发限价。但受 3 月突发因素影响，部分地区居民出行率明显降低，当地基建工程、物流运输行业也受到极大影响，从而导致国内汽油、柴油需求明显下滑，国内供需环境逐渐由供不应求向供大于求转变。部分地区成品油库存压力明显上升，由此导致了 3 月下旬国内汽油、柴油批发价格出现下滑走势。

第二季度，汽油、柴油需求端前期仍延续第一季度末的疲软局面，清明节假期及劳动节假期给国内汽油需求带来一定提振，但国内部分地区居民出行率依旧较低以及较高的油价对 4 月中上旬的需求继续形成抑制，5 月、6 月国内汽油需求出现明显好转。柴油方面，气温继续回升，加之部分地区复工复产，国内基建工程及矿厂开工率上涨，物流运输行业也陆续复苏，利好国内柴油需求。但南方进入雨季，持续的降雨给南方地区的成品油需求恢复带来利空，尤其对柴油需求的影响相对更大。

第三季度，汽油方面，受暑假影响，私家车出行增加，但国内新冠疫情多点散发，令汽油需求提升不及预期。不过从 8 月下旬开始，随着“金九”消费旺季临近，下游备货操作增加，暑假出行旺季对汽油需求存在一定的支撑作用。柴油方面，7 月、8 月高温强降雨天气频繁出现，柴油需求处于传统淡季，但国内经济刺激政策频出，叠加部分沿海地区休渔期结束，柴油需求逐渐恢复。

第四季度，成品油消费量止跌回升，随着国内疫情管控放开等政策落地，居民出行明显增加，加之北京等地暂时取消机动车限行政策和物流行业活跃度回升，9 月成品油销售量止跌回升。不过，由于冬季户外工矿、基建等行业开工进一步下降，柴油下游消费有所萎缩，导致 9 月成品油销售量增幅有限。受元旦以及即将到来的春节假期提振，加之部分地区旅游行业复苏，国内居民出行率明显提升。加之国内 92 号汽油价格仍多处于“七元时代”，消费者用油成本增加有限。柴油方面，冬季农业用油需求清淡，外贸低迷水运用油下行，公路物流柴油受需求不足影响同比下降，仅建筑、工矿两行业用油同比增长，当前偏热格局或难以延续。随着春节到来，柴油需求将出现明显回落，复工复产后有所回升。随着疫情防控措施优化，国内经济将逐步凝聚增长动力，居民出行回归疫情前水平，基建等开工继续增长，成品油市场初现曙光。

4. 政策面利好：中国成品油零售限价上涨“霸屏”

国内成品油定价机制当中有最高批发限价、最高零售限价的红线，这也就意味着，即便原油持续高位，国内的成品油批发价格仍不能超过当地的最高批发限价。但是显然，在需求没有完全恢复之前，价格营销的作用是在减弱的，也就是多处于有价无市的状态。2022 年，国内成品油市场历经 24 次调价窗口，其中，13 次上调，10 次下调，搁浅 1 次。标准汽油、柴油分别累计上调 550 元/吨、530 元/吨，政策面上调居多的局面对成品油批发环节上涨亦有明显提振。

整体看，2022 年成品油市场批发价格上涨主要来自原油上涨的提振，同时原油带动成品油零售限价上涨居多，政策面给予市场利好支撑。从供需两端看，在供应及需求皆表现不理想的环境下，需求端压力更为明显，汽油、柴油一度出现累库局面，成品油供过于求的现象表现尤为突出，也在一定程度上限制了批发环节的涨幅。

第五篇

# 航煤、石油焦与燃料油

2022年，世界经济处于逐步恢复阶段，中国新冠疫情防控进入常态化，下半年随着新冠疫情新政策的颁布，经济回暖且增长持续改善，在以国内大循环为主体、国内国际双循环相互促进的新发展格局推动下，中国航空煤油、石油焦需求环境良好，船用燃料油发展持续增长。

在航空煤油方面，2022年中国航空业整体发展低迷，航运需求收缩，运输总周转量、旅客运输量以及货邮运输量长期处于负增长状态，航煤需求下滑，航煤出厂报价先增后降，航煤进口量总体下降。2022年生物航煤发展取得新突破，中国石化镇海炼化实现了生物航煤规模化生产。中国航空煤油需求将会随航空行业稳步恢复得到有效上涨，缓解供需缺口；由于国际原油价格影响，航空煤油价格将被紧密牵动上升；生物质航煤在国际碳中和大背景与技术突破实现规模化发展趋势下，将迎来更大发展空间，新增产能有效释放。

在石油焦方面，2022年中国石油焦发展整体走势较2021年更为强劲，下游需求的强力支撑使得石油焦价格自2021年末持续攀升。在装置产能和开工率变化不大的情况下，2022年石油焦进口量在上半年比2021年同期有所增加，港口库存也不断增加。进入下半年，石油焦市场热度下降，受多点暴发的新冠疫情、环保政策等影响，下游支撑开始疲软，石油焦价格转为下降，港口出货积极性降低，港口库存持续增长。下游需求的上升，加之欧洲能源危机，电解铝减产、停产仍有继续的现象，最快复产预期在2023年第四季度，欧洲部分货源比如俄罗斯、西班牙、德国等国家的货源或将继续流入中国市场。在趋利的市场中，国内炼厂的石油焦品质受原油质量影响较大，市场对高硫焦货源的容纳已经趋于饱和。综上，进口石油焦量存在上升的可能性，尤其是低硫焦。

在燃料油方面，2022年中国燃料油进口量呈现下跌趋势，国际航运需求稳中向好，对于保税燃料油需求表现平稳，2022年全年出口量稍有下降，中国保税低硫燃料油产量增长幅度较大。中国低硫燃料油市场已进入稳定增长期，而且，国产低硫燃料油在中国保税船供油市场中占据了更为重要的位置。国产低硫船燃资源有力地维持了市场资源的稳定供应，保障了中国外贸船舶的用油需求。中国油船数量及进出口游船数量正在稳步增加。

## 一、2022 年中国航空煤油发展分析

2022 年中国航空业整体发展低迷，航运需求收缩，运输总周转量、旅客运输量以及货邮运输量长期处于负增长状态，航煤需求下滑，航煤出厂报价先增后降，航煤进口量总体下降。2022 年生物航煤发展取得新突破，中国石化镇海炼化实现了生物航煤规模化生产。

### （一）航煤价格发展分析

受新冠疫情反复的影响，航空运输业恢复发展面临较大压力，同时由于“五个一”政策延续，变异毒株的出现加重了境外输入压力，国际客运复苏基本停滞，大量国际运力转投国内，国内航空市场价格竞争激烈，航空市场供大于求的情况持续加剧。另外，因受乌克兰危机等影响，航油价格继续攀升，进一步加重了航空公司的成本负担。

1. 航空业整体发展低迷，各统计指标长期低位运行

整体来看，中国民航业仍处于低迷阶段。民航局数据显示，2022 年 1—12 月国内民航总周转量为 599. 3 亿吨千米，同比下降 30. 1%；旅客运输量 25171 万人，同比下降 42. 9%；货邮运输量 607. 6 万吨，同比下降 17%。

1 月和 2 月是春运旺季，民航运输总周转量分别为 64. 8 亿吨千米和 61. 7 亿吨千米，是上半年仅有的两个同比增速为正的月份，同比增速分别为 2% 与 22. 6%；3—7 月民航运输总周转量同比增速持续为负，4 月总周转量 29. 5 亿吨千米，同比增速 -68%，二者均为上半年度最低值。4 月后，总周转量持续上涨，但上涨势头仅维持到 8 月，9—12 月各项指标总体下滑。从年度来看，7 月总周转量 68 亿吨千米，8 月同比增速 26. 2%，二者为年度最高值，如图 5 - 1 所示。

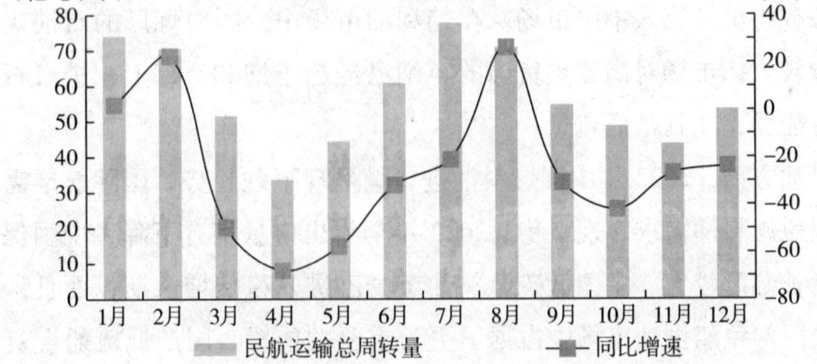


**图 5 - 1 2022 年 1—12 月民航运输总周转量及同比增速**

数据来源：中国民用航空局。

旅客运输量变化趋势同运输总周转率变化趋势相似，1 月和 2 月旅客运输量较高，分别为 2951 万人和 3129 万人，其中 2 月旅客运输量比 2021 年同期增长 30.7%，2 月也是上半年仅有的旅客运输量同比增速为正的月份。3 月开始，旅客运输量突然下降，4 月旅客运输量为 788 万人，比 2021 年同期降低了 84.6%；4—7 月旅客运输量开始逐月增加，8—11 月旅客运输量持续下降，其中除 8 月外，其余月份同比增速均为负数。7 月旅客运输量为年度最大值，达到 3399.6 万人。8 月旅客运输量同比增速最大，达到 44.2%。具体如图 5－2 所示。

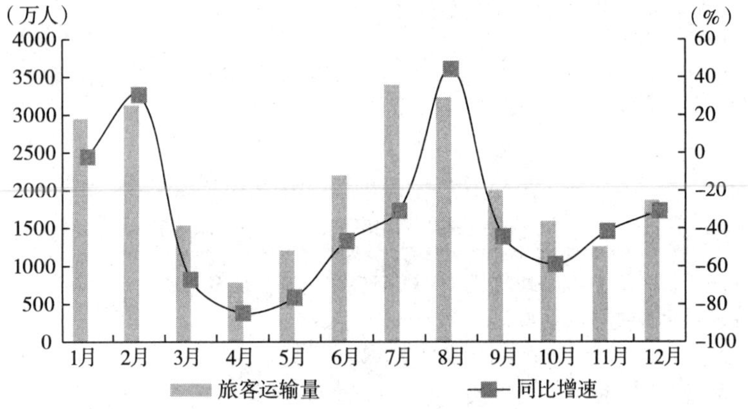


**图 5－2　2022 年 1—12 月旅客运输量及同比增速**

数据来源：中国民用航空局。

2022 年货邮运输情况较差，1—12 月同比增速一直为负。上半年，货邮运输量整体呈波动变化，4 月货邮运输量 42 万吨，同比增速－35.9%，两项指标均为上半年最低值；下半年，各月度货邮运输量相对均衡，运输量最高为 53.9 万吨，同比增速最高为－3.2%，分别发生在 7 月与 8 月，如图 5－3 所示。

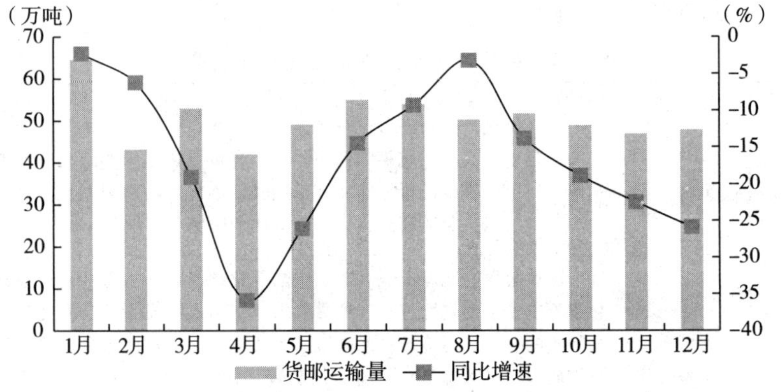


**图 5－3　2022 年 1—12 月货邮运输量及同比增速**

数据来源：中国民用航空局。

2 月，飞机日利用率达到上半年最高值 6.6 小时/日，之后该数据呈急剧下滑的趋势。5 月，飞机日利用率与正班载运率同步回升，6 月，正班载运率达到 67.5%，为上半年最高值。7—11 月飞机日利用率持续走低，11 月降至最低 2.8 小时/日。全年正班载运率变化幅度较小，具体如图 5 – 4 所示。

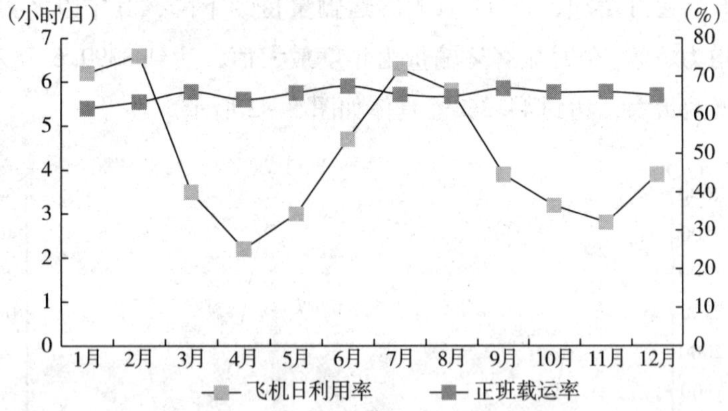


**图 5 – 4　2022 年 1—12 月飞机日利用率及正班载运率**

数据来源：中国民用航空局。

2. 国内航煤需求整体下滑，生物航煤首次实现国产化规模生产

2022 年国内新冠疫情仍时有波动反复，航空业受新冠疫情影响依旧较大，因此，国内对航空煤油的需求收缩，根据国家发展改革委公布的数据，2022 年航空煤油为各成品油中消费量下降幅度最大的品种，同比下降了 32.4%。

2022 年航空煤油需求的缩紧也导致了各石化企业在航煤生产装备更新方面投资热情的下降，但得益于前期大力的投入与持续的研发，6 月，中国石化镇海炼化宣布实现了生物航煤规模化生产，这标志着中国在可持续航空燃料商业应用方面取得重大突破，具体如表 5 – 1 所示。

**表 5 – 1　2022 年部分企业航煤生产装置情况**

| 时间 | 航煤生产企业 | 航煤生产装置建设升级 |
| --- | --- | --- |
| 2022 年 5 月 | 金陵石化 | 为满足地方高品质航煤的供应要求，金陵石化组织实施高品质航煤流程改造，对出厂机泵进行更新，并增加航煤出厂专用车船线及过滤、计量设施等，涉及码头装船和储运铁路装车两个区域 |
| 2022 年 6 月 | 中国石化镇海炼化 | 中国首套生物航煤工业装置在中国石化镇海炼化首次产出生物航煤，这意味着中国生物航煤可实现规模化生产，向大规模生产及商业化应用迈出了坚实的一步。与传统石油基航空煤油相比，生物航煤全生命周期二氧化碳排放最高可减排 50% 以上，该装置年设计加工能力 10 万吨，一年基本能消化掉一座千万人口城市回收的地沟油，每年可减排二氧化碳约 8 万吨，相当于近 5 万辆经济型轿车停开一年 |

续表

| 时间 | 航煤生产企业 | 航煤生产装置建设升级 |
|---|---|---|
| 2022年6月 | 广东石化 | 炼化一体化项目120万吨/年航煤加氢装置和80万吨/年焦化石脑油加氢装置30日顺利中交，炼油区又一关键性节点目标完成 |
| 2022年7月 | 哈尔滨石化 | 哈尔滨石化公司拥有唯一的直达太平国际机场的航煤管道，具有安全、快速、效益最优的比较优势。哈石化项目组深入研究各装置潜能，针对性提出常减压、加氢裂化、柴油加氢三套装置增产航煤方案，组织完成了《80万吨/年航煤产能建设项目可行性研究报告》。此次项目获批实施后，哈石化航煤生产能力及输送能力均可达到80万吨/年，满足太平国际机场扩建需求 |
| 2022年7月 | 中韩石化 | 中韩石化生产的保税航煤首次实现了管输至武汉天河机场横店油库，管输航煤到武汉天河机场的流量达到270吨/小时，预计为客户节约铁路运费720万元/年 |
| 2022年9月 | 延长石化 | 延长石油炼化公司所属延安炼油厂50万吨/年航煤加氢装置生产的3号喷气燃料（航煤）公路首发仪式举行，标志着炼化公司“百万吨”航煤产品全部实现生产销售 |
| 2022年10月 | 茂名石化 | 茂名石化铁运分部装油车间成功投用新型航煤装车密封压盖，标志着航煤实现液下密封装车和油气回收 |

数据来源：公开资料整理。

3. 航煤价格上半年持续上涨，下半年总体保持稳定

2022年上半年，根据民航局调整通知，国产航煤出厂价格累计上调3057元/吨，上调金额远超同期国内汽油、柴油。2022年6月30日，民航明传电报通知，自7月1日起适用于内地航空公司内地航班的航煤综合采购成本每吨大幅上调1334元达到每吨9775元，创下2006年航煤价格改革以来最高纪录，包含进销差价的销售价格首次突破万元大关。总体来看，上半年航煤出厂报价持续走高，4月涨幅最高，达到25.5%；7月出厂报价最高，为9715元/吨；8月跌幅最低，为-12.76%，如图5-5所示。

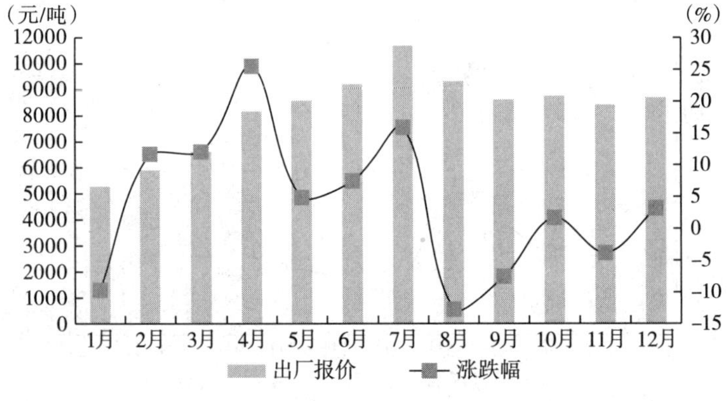


图5-5　2022年1—12月中国航空煤油出厂报价及涨跌幅

数据来源：隆众资讯。

4. 航空煤油进口量总体走低，出口量先减后增

2022 年中国航空煤油进口数量为 87 万吨，相比 2021 年下降 36. 8%；进口金额为 558. 47 万元，相比 2021 年增加 7. 3%。1 月，航空煤油进口数量为全年最高值，进口 15 万吨，同比增速 51. 1%，进口金额为 65698 万元。2—6 月，航空煤油进口低迷，同比增速均为负值。步入下半年，民众航空出行明显增多，7 月航空煤油进口量陡增，同比增速达 111. 2%。8 月之后航空煤油进口减少，各月同比增速仅 11 月为正，具体如图 5 - 6 所示。

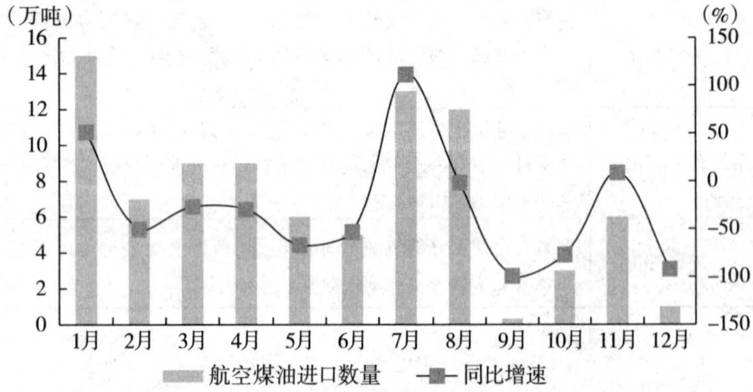


**图 5 - 6　2022 年 1—12 月中国航空煤油进口数量及同比增速**

数据来源：中国海关。

2022 年中国航空煤油出口数量为 1090 万吨，相比 2021 年增加 27. 4%；出口金额为 7052915 万元，同比增加 120. 1%，具体如图 5 - 7 所示。上半年，受上海等地新冠疫情影响，各地执行封控政策，民众航空出行大幅缩减，航空煤油需求明显萎缩，但随着国外疫苗接种率上升，民众航空出行逐渐复苏，航空煤油需求量明显上升，因此国内航空煤油出口量同比呈现增长态势。6—9 月，随着上海地区解封，暑

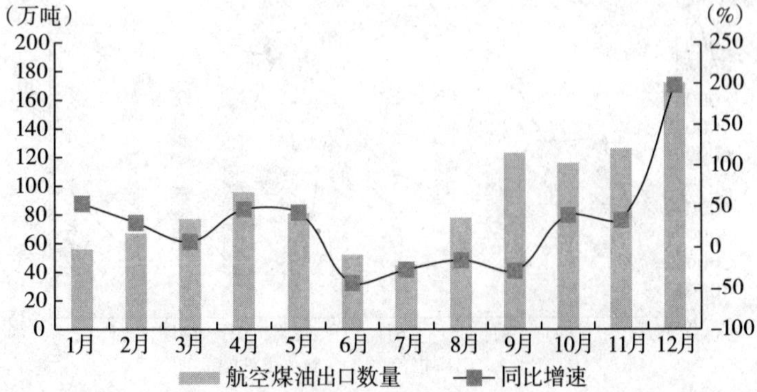


**图 5 - 7　2022 年 1—12 月中国航空煤油出口数量及同比增速**

数据来源：中国海关。

期到来，且国家取消星标政策，国内航空煤油需求增加，航空煤油出口量较少，同比增速均为负值。10—12 月航空煤油出口量持续增加。

## （二）生物航煤发展分析

生物航煤是航空业降本增效的发展关键，也是航空业实现节能减排的必然选择。在多方关注与持续的投资研发下，2022 年中国生物航煤发展取得新突破，实现了规模化自主生产。

### 1. 生物航煤发展历程

2009 年，国际航协提出了整个航空业的 3 个减排目标，其中之一是到 2050 年将净排放量减少到 2005 年的一半。2016 年，国际民航组织在第 39 届大会上正式通过了国际航空碳抵消和减排计划，这是世界上第一个全球性的行业减排市场机制，也标志着航空业成为世界上第一个由各国政府协定实施全球碳中和增长措施的行业。为了实现航空业的碳减排目标，仅靠提高燃油效率是不够的。对于路上交通，由可再生能源驱动的电动汽车和氢能汽车可能成为传统油车的有效替代品，但现有电池和氢能发动机的效率还不足以支撑长距离的航空飞行。因此，为实现减少碳排放和航空业的可持续发展，生产以生物质为原料的航空喷气燃料被广泛研究。

航空生物燃料作为一种航空替代燃料，2008 年由英国维珍大西洋航空公司首次使用完成试飞。中国石油、中国石化等能源公司与航空公司、飞机制造商、中国航油等合作，先后完成了 2 次航空生物燃料验证飞行和 2 次载客商业飞行。国际航空运输协会公布的数据显示，全球已有超过 45 万次商业航班使用可持续航空燃料。

### 2. 生物航煤发展现状

2009 年，镇海炼化在中国石化科技部的组织下启动研发，2014 年取得了中国第一张生物航煤适航证书，并先后进行了国内航线从上海至北京的商业飞行和国际航线从北京至芝加哥的跨洋飞行。由此，中国成为亚洲第一个、世界第四个拥有自主研发生物航煤技术的国家。

2022 年 6 月 28 日，在位于宁波的中国石化镇海炼化厂区，中国首套生物航煤工业装置首次产出生物航煤。该套生物航煤工业装置以餐饮废油为原料，年设计加工能力为 10 万吨，采用中国石化自主研发的生产技术。9 月 13 日，中国石化镇海炼化拿到了中国民航局出具的生物航煤适航证书，标志着中国首套生物航煤工业装置产出的生物航煤，即将面向整个国内、国际市场销售。

### 3. 生物航煤发展面临的挑战

尽管生物航煤的需求正在快速增加，但在它取代化石燃料之前还有许多挑战需要克服，如原料可利用性、技术经济性、可持续性等。

在长期发展中，原料的可持续利用是生物航煤商业化的重要挑战。生物航煤的生产原料应该具有产量大、分布广、价格低、获取途径方式多、不与粮食生产竞争、不造成森林砍伐等特点。

可替代航空燃料发展的最大阻碍是经济性问题。现有生物航煤的价格远高于传统的化石喷气燃料，影响生物航煤生产经济性的主要因素包括原料价格、运营成本、设备成本、转化效率、产品产量以及馏分燃料和副产品的售价。

除了原料的可用性和技术的经济性，可持续性也是生物航煤发展的一个重要问题。商业化大规模生产生物航煤可能会对环境、社会和经济造成广泛的后果。例如，生物质的大量生产可能会造成土地和水资源的过度利用、破坏生物多样性、土壤流失等问题，甚至会影响城镇的发展。因此，以可持续发展为目标，制定并推动可持续使用替代燃料的政策是必要的。

## 二、2022 年中国石油焦发展分析

2022 年中国石油焦发展整体走势较 2021 年更为强劲，下游需求的强力支撑使得石油焦价格自 2021 年末持续攀升。在装置产能和开工率变化不大的情况下，2022 年石油焦进口量在上半年比 2021 年同期有所增加，港口库存也不断增加。进入下半年，石油焦市场热度下降，受多点暴发的新冠疫情、环保政策等影响，下游支撑开始疲软，石油焦价格转为下降，港口出货积极性降低，港口库存持续增长。

### （一）石油焦供需发展分析

2022 年中国石油焦市场供需呈现较稳定态势，产能总体变化不大，开工率基本维持在 60% ~70%，第二季度初和第三季度末的集中检修期使得开工率有明显下降趋势，产量也随之下降。需求方面，第一、第二季度下游产业受高利润吸引，对石油焦需求旺盛；第三、第四季度受新冠疫情、环保政策等影响，需求相较于第一、第二季度有所下降。

#### 1. 延迟焦化装置开工率与石油焦产量基本稳定

2022 年全年中国延迟焦化装置总产能变化不大，因渣油加氢装置及针状焦正产装置的布局，部分延迟焦化装置有拆除，也有新投产的炼化一体化项目配套延迟焦化装置，总体影响不大。

开工率方面，2022 年全年中国延迟焦化装置平均开工率为 65. 69%。第一季度，

国内炼厂延迟焦化装置开工率维持在65%左右，部分炼厂因受到限产影响，同时2月受春节假期小幅影响，开工率略有下降，此外，受乌克兰危机影响，原油配额收紧以及原油价格大涨，也给独立炼厂装置开工带来一定的利空影响；进入第二季度，大部分炼厂焦化装置进入集中检修期，开工率明显降低，平均开工率仅为61%，国内整体供应处于低位，供应偏紧，7月，部分炼厂逐渐复工，开工率有所回升；第三季度，全国平均开工率恢复到67%，且峰值高于第一季度，主要原因是国内几家较大的石化公司延迟焦化装置开工出焦，第三季度末由于部分炼厂停工检修，开工率有所下降。第四季度，全国平均开工率为69.47%，从9月末开始，开工率呈现持续上升趋势，12月开工率达到2022年全年最高水平，如图5－8所示。

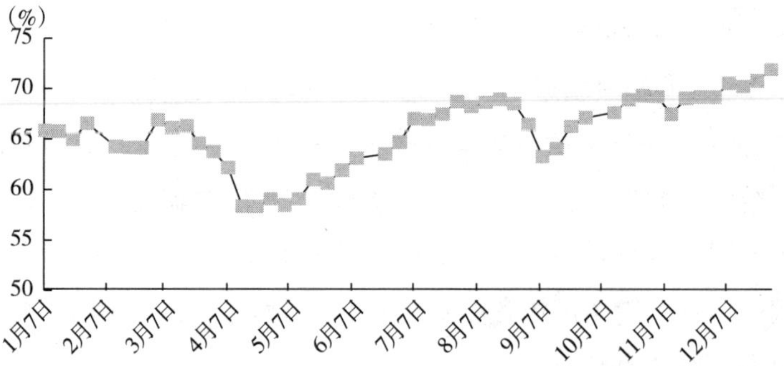


**图5－8　2022年中国炼厂延迟焦化装置开工率**

数据来源：隆众资讯。

产量方面，2022年全年中国国内石油焦产量为2779.78万吨，相比2021年的2749.53万吨变化不大。国内石油焦产量整体走势与2021年类似，第一季度在2月受春节影响略有下降，第二季度为部分炼厂的常态化检修时间，石油焦产量有所降低，第三、第四季度石油焦产量快速回升，且高于2021年同期水平，如图5－9所示。

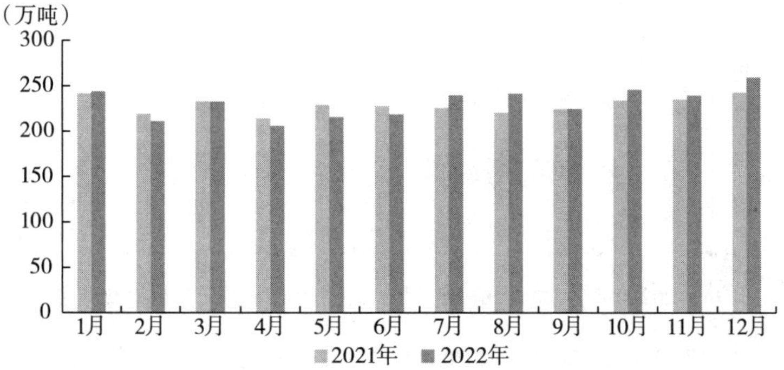


**图5－9　2021年和2022年1—12月中国石油焦产量**

数据来源：隆众资讯。

### 2. 国内石油焦供给基本平稳，需求受下游产业影响涨跌互限

国内石油焦需求量与产量之间依旧呈现供不应求的局面，2022 年全年国内石油焦消费为 4143.62 万吨，产量与消费量的变化走势与 2021 年类似，如图 5 - 10 所示。第一季度，供给端与需求端整体开工处于低位，下游负极材料、钢用碳素市场对石油焦需求热度不减。第二季度，几大下游行业整体需求支撑不减，电解铝价格虽有回落但是铝厂仍保有比较可观的利润空间，负极材料市场略显平稳，转而随着上海新冠疫情好转，负极需求也呈现积极态势，石油焦消费量整体呈上升态势，然而受库存影响，第二季度末消费量有所下降。第三季度，下游保持稳定利润和开工负荷，但企业资金压力较大，而考虑到原料库存处于低位，仍保持采购节奏。第四季度，全国石油焦消费量呈现先增长后下降的趋势，10 月、11 月延续第三季度趋势呈现上涨态势，受新冠疫情影响，运输承压，12 月略有下降。

2022 年全年石油焦下游市场支撑较为强劲。钢厂方面，低利润情况未有明显改善，停产企业继续增加，受此影响，石墨电极行业弱稳运行；铝用碳素方面，铝用阴极生产周期较长且较为稳定，2022 年受电解铝企业限电停槽影响，阴极企业多正常满产运行；铝用阳极各企业生产较为稳定，但随着采暖季环保政策的陆续执行，河南、新疆个别阳极厂有减产操作。综上，铝用碳素需求量较为平稳，对石油焦市场刚需起到支撑作用。负极材料方面，随着新投产能的陆续落地，石墨化加工费持续下跌，再者下游车企议价能力较强，负极材料成交价有所下行，受利润缩减影响，企业采购较为谨慎，各企业积极推动中高硫焦的应用以及天然石墨布局。

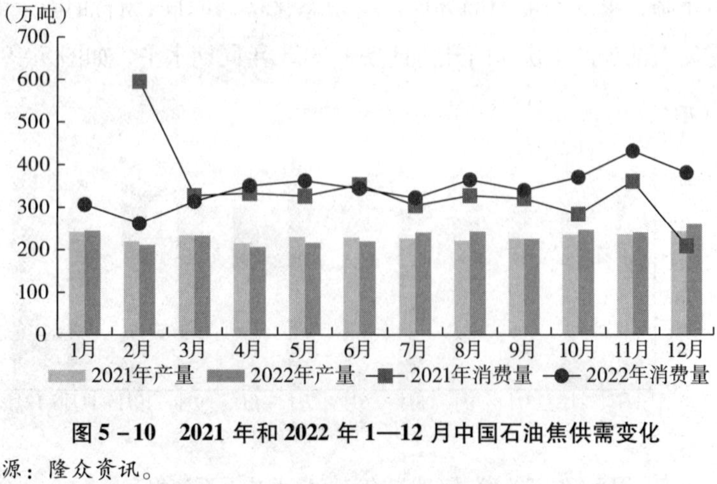


**图 5 - 10　2021 年和 2022 年 1—12 月中国石油焦供需变化**

数据来源：隆众资讯。

注：2021 年消费量 2 月数据为 1 月、2 月合计消费量。

## （二）石油焦进出口发展分析

2022 年中国石油焦进出口逆差态势不变，出口量处于低位且变化不大，进口量出现两次低位，一是第一季度受春节影响，二是第三季度初受高硫焦港口库存出货不佳的影响。库存方面，2022 年中国石油焦港口库存全年呈上升态势，上半年主要是受国内高价趋势影响，批发商不断累计库存；下半年主要受出货不佳影响，库存量居高不下。

1. 进口量与国内供应量基本呈反向变化态势，出口量处于低位且变化不大

进出口方面，中国石油焦进出口依旧呈现较大的逆差现象，2022 年全年中国石油焦进口量为 1508.62 万吨，出口量为 162.99 万吨，如图 5－11 所示。

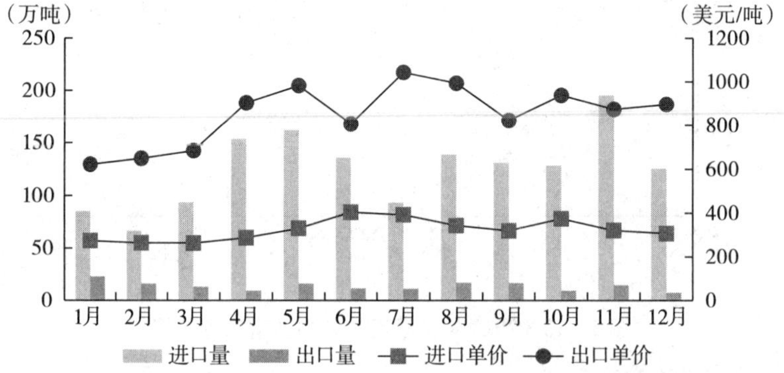


**图 5－11　2022 年 1—12 月中国石油焦进出口量与单价变化**

数据来源：中国石油和化学工业联合会。

第一季度，进口量处于较低水平，尤其是 2 月受春节影响，出口量相对较高。第二季度，石油焦国内供应下降，但价格持续高位，所以进口量大幅上涨，进口价格也随港口囤货热度升高。第三季度，国内市场整体需求旺盛，大量进口石油焦到港，但进口量略低于第二季度，进口焦对国内石油焦市场也形成一定的压制，但是其冲击作用主要体现在国产石油焦价格高于或者接近进口石油焦价格的阶段，7 月石油焦进口量出现下降，原因是低硫焦资源紧缺，而高硫焦港口库存较大，且出货不佳，加之国内炼厂开工率逐渐提升，所以进口量下降。第四季度，下游需求支撑，但国内产量无明显上升，使得 11 月成为 2022 年全年进口量最高的月份。

进出口价格方面，出口价格远高于进口价格的原因是：进口产品多是硫含量高的未煅烧石油焦，而出口产品则是硫含量较低的已煅烧石油焦。

2. 港口库存整体呈上升态势，全年持续小幅度波动

港口库存方面，第一季度呈现港口库存变化不大。第二季度，受高价驱使，且港口石油焦出库节奏放缓，港口库存不断增加。进入第三季度，石油焦价格开始下

降，囤货商为追求高利润，出货意愿不高，港口库存持续维持高位，8 月，石油焦库存略有下降，下游企业接货积极，石油焦价格在较高位平稳。第四季度，港口库存经历降低库存后又积累库存的过程，其中 10 月底独立炼厂石油焦库存达到了第三季度以来的最高点，随着价格的走跌，11 月上旬独立炼厂石油焦库存得以释放，价格也有小幅反弹，但是自 11 月中下旬以来，全国新冠疫情多地频发，对石油焦的运输造成严重影响，同时，受成本压力支撑，部分贸易商不愿以相对成本的较低价格出售，两方面原因导致港口库存持续高位，如图 5 – 12 所示。

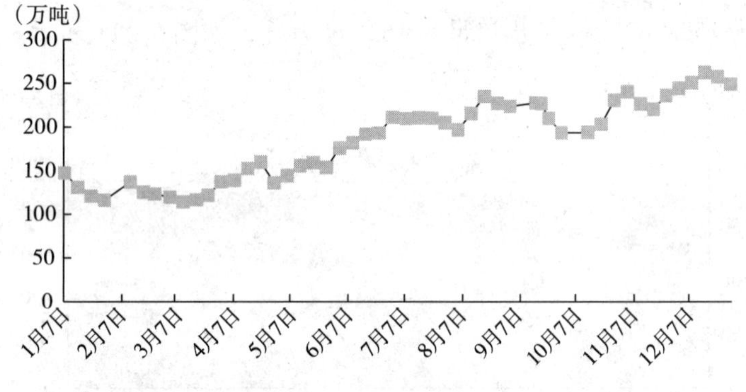


**图 5 – 12　2022 年中国石油焦主要港口库存量**

数据来源：隆众资讯。

## (三) 石油焦价格发展分析

2022 年全年中国国内石油焦价格处于高位，明显高于 2021 年。2022 年全年国内石油焦均价为 4135. 83 元/吨，2021 年全年均价为 2340. 83 元/吨，2022 年比 2021 年增长 76. 68%，每月具体价格如图 5 – 13 所示。

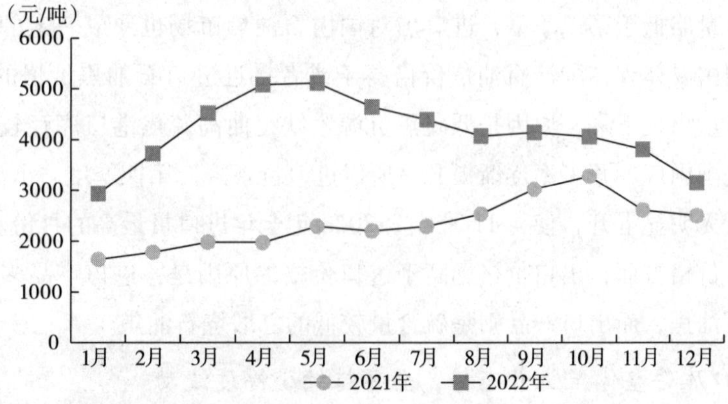


**图 5 – 13　2021 年和 2022 年 1—12 月中国石油焦（合格品）价格**

数据来源：中国石油和化学工业联合会。

在经历2021年第四季度受煤炭价格大跌牵连，国内外石油焦价格急速下行后，因下游电解铝强劲需求支撑不减，进入2022年，石油焦价格迅速反弹，且持续到5月，石油焦价格持续走高。第一季度，国内石油焦价格持续上涨的原因包括国际原油价格上涨、国内假期、个别炼厂因环保减产、进口石油焦运程运期长、贸易商对市场呈观望态度等，国内贸易商加大采购力度，有哄抬物价的可能，国内供应减少，库存低位，下游需求旺盛，所以造成石油焦价格突飞猛涨。第二季度，承接第一季度趋势，国内石油焦价格仍在持续上涨，第二季度末价格有所回落，回落的主要原因是下游需求有所下降，需求端铝用碳素市场、电解铝行业等交投放缓，购买意愿降低。第三季度，石油焦价格基本稳定，下游企业资金压力大、采购能力有限，加之第二季度检修的炼厂陆续恢复，市场资源紧张的局面得到缓解，同时，市场出现转折，贸易商集中甩货，加剧了石油焦市场资源供应，在买涨不买跌心理作用下，下游工厂按需采购，贸易商伺机而动，工厂和贸易商采购节奏同时放缓。第四季度，尤其是11月以来，多地新冠疫情集中暴发，各地交通管制对石油焦汽运产生了一定的影响，为保证炼厂正常生产，石油焦多降价促销，以带动周边客户的采购积极性，下游部分企业也受到限产的影响，多种因素影响下需求释放较弱，石油焦市场始终处于震荡下行状态。

## 三、2022年中国燃料油发展分析

燃料油需求进口量与2021年相比下跌趋势明显，出口量则有小幅度增加。中国燃料油出口主要流向保税燃料油领域，2022年国际航运需求稳中向好，对于保税燃料油需求表现平稳。中国低硫燃料油市场已进入稳定增长期，而且，国产低硫燃料油在中国保税船供油市场中占据了更为重要的位置。国产低硫船燃资源有力地维持了市场资源的稳定供应，保障了中国外贸船舶的用油需求。中国油船数量及进出口油船数量正在稳步增加。

### （一）低硫船燃发展分析

2022年中国燃料油进口量呈现下跌趋势，国际航运需求稳中向好，对于保税燃料油需求表现平稳，2022年全年出口量稍有下降，中国保税低硫燃料油产量增长幅度较大。从进口来源国看，中国燃料油进口贸易伙伴较为固定，分别为阿联酋、东欧某国、马来西亚、新加坡和伊拉克。

#### 1. 燃料油进口量下跌严重，市场进口量降至低位，国内需求仍以华东为主

2022年燃料油进出口表现不一，进口量同比跌势明显，而出口量同比窄幅增

加。中华人民共和国海关总署公布数据，2022 年中国燃料油累计进口 1222.88 万吨，同比减少 140.29 万吨，跌幅 10.29%；燃料油累计出口 1804.34 万吨，同比减少 115.08 万吨，跌幅 6%。自 2020 年国际海事组织（International Maritime Organization，IMO）低硫化公约正式实施以来，国内生产低硫重质船燃积极性不断上升，资源自给率大幅提升。2022 年共下发 5 批低硫燃料油出口配额，合计 1675 万吨。随着国内炼厂低硫重质船燃稳步增产，中国保税燃料油进口量降低。近年来进口依存度呈现回落趋势，2022 年进口依存度 24.84%，较 2021 年回落 8.55 个百分点。

据统计，2022 年一般贸易方式进口燃料油 432.9 万吨，较 2021 年的 427.74 万吨增长 1.21%，达到 2015 年以来一般贸易进口量最高水平。而保税货物进口逐年下降，至 2022 年跌至 789.98 万吨，同比下跌 15.55%，为历年来最低水平。

分月数据看，2022 年进口量最高位出现在 5 月，为 103.21 万吨，主要原因在于市场基本面逐步恢复，国内低硫渣油炼厂检修，流入保税市场原料减少，低硫燃料油产量释放有限。而船运需求陆续恢复，市场资源供应偏紧，故而进口量增加。而最低点出现在 8 月，燃料油进口量为 66.81 万吨，主要原因是中国低硫船燃炼厂生产积极，产量增长至年度高点，资源自给率尚可，保税船燃市场进口量降至低位。

从需求地区来看，2022 年燃料油进口地区分布占比排名前三位的仍为华东、山东、华北地区。华东地区以 552 万吨的进口量蝉联首位，较 2021 年同期下跌 29 万吨，跌幅 5.01%，占总进口量的 69.63%；山东地区以 120 万吨的总量居第二位，同比下跌 12 万吨，跌幅 9.38%；华北以 64 万吨的总量居第三位，同比下跌 169 万吨，跌幅 72.39%。

随着 2022 年中国石化、中国石油、中国海油、浙江石化等炼厂稳定增产低硫重质船燃，国内燃料油进口量呈现下降态势。华东地区炼厂分布较为广泛，低硫船燃产量增加，进口量同比下跌。而山东地区由于国内原油配额偏紧，加之稀释沥青征收消费税，山东炼厂采购燃料油作为补充，因而进口量整体波动有限。而华北地区，随着中海石油中捷石化有限公司加入中国低硫船燃生产队伍，炼厂生产水平整体提高，国内资源供应增多，故保税船燃市场进口操作相应减少。

从进口方式看，保税监管场所进出境货物占大头，但从占比来看，呈现逐年下降趋势，2022 年占比约为 59.51%，主要由于国内低硫重质船燃产量稳步增产，保税市场中国内资源地位及供应量提升，资源自给程度加深，进口依存度松动。

2. 燃料油出口需求较为平稳，出口总量呈现小幅度下降趋势

中国燃料油出口主要流向保税燃料油领域。2022 年国际航运需求稳中向好，对于保税燃料油需求表现平稳。2022 年整体保税船供油量在 2050 万吨左右，同比下

跌0.49%。

据国家海关数据统计，2022年中国出口燃料油贸易伙伴前五位分别为中国香港、利比里亚、巴拿马、马绍尔群岛和新加坡，其出口量分别为383.03万吨、333.73吨、260.11万吨、129.78万吨和108.74万吨。从出口方式来看，保税监管场所进出境货物1497.73万吨，占全部出口量的99.92%；一般贸易1.15万吨，占比0.08%。从发货地来看，前三名分别为浙江省、北京市、天津市。其中浙江省出口量882.58万吨，占比58.88%；北京市出口量413.34万吨，占比27.58%；天津市出口量90.87万吨，占比5.39%。第四季度从进口来看，由于生产效益回落，炼厂生产积极性难以大幅提升，但考虑到第五批配额落地，中国低硫燃料油第四季度产量稳中小涨，燃料油进口量同比仍有降低。从出口来看，原油价格或持续震荡，中国保税船用油价格难有实质走高，低硫燃料油价格波动区间700～900美元/吨。第四季度保税船加注需求以平稳为主。

3. 绿色航运提供契机，低硫燃料油产量快速增长

从2020年1月1日起，国际海事组织要求全球船舶使用燃料油的硫含量不得超过0.5%m/m，除非船舶采用其他等效措施。此后，低硫燃料油便成为市场主流消费品种。中国为进一步改善空气质量，加快生态文明建设，打赢蓝天保卫战，履行中国缔结的国际公约义务，在船舶大气污染防治方面稳步推进各项环保政策落实，减少船舶大气污染物排放，推动绿色航运发展的同时也为中国低硫燃料油行业的发展提供了契机。

伴随着国内低硫燃料油出口退税政策的落地，国内低硫船燃成本降低，炼厂生产积极性被调动起来，国内低硫燃料油产量得到快速增长。2022年中国保税低硫燃料油产量已经达到1510万吨，同比增长32.46%。

4. 燃料油产业集中度高，国企占据优势

中国低硫燃料油市场已进入稳定增长期，而且，国产低硫燃料油在中国保税船供油市场中占据了更为重要的位置。2022年中国炼厂实现低硫船燃总产能在2900万吨水平，同比增长43.56%。其中，中国石化和中国石油产能占比分别为47%和35%。从产能变化情况来看，中国石油产能提升明显，新增低硫燃料油生产炼厂较多。低硫燃料油产业仍较为集中，中国石化及中国石油两家头部企业占据了国内总产能的82%。

2021年中国燃料油消费市场上对于国产保税低硫燃料油的消费量占比约为63.7%，到2022年消费量占比增长至77.6%，同比增长13.9个百分点。可以看出

中国低硫燃料油的国产化率得到了提升。中国低硫燃料油国产化率的提升离不开国内低硫燃料油生产企业的共同努力。中国低硫燃料油市场集中度较高，且以中国石化、中国石油等国有企业占据市场主导地位。具体来看，2022 年中国石化产量占比约为 46.1%；中国石油产量占比 42.6%；中国海油产量占比 7.1%；民营浙江石化是从 2 月开始低硫燃料油的生产，其产量占比约为 4.2%。中国低硫燃料油国企除在国内市场上占据主导地位之外，其在出口市场上也占据优势。2021 年和 2022 年中国低硫燃料油出口配额仍倾向于国有企业。

2022 年累计下放低硫燃料油出口配额 1675 万吨，同比增长 47.06%。具体来看，2022 年 1 月 4 日，中国低硫燃料油第一批出口配额下放共计 650 万吨，同比增长 30%。其中，中国石化 384 万吨，中国石油 203 万吨，中国海油 50 万吨，中国中化 3 万吨，浙江石化 10 万吨。2022 年 5 月 10 日，中国低硫燃料油第二批出口配额下放共计 325 万吨。其中，中国石化 181 万吨，中国石油 116 万吨，中国海油 25 万吨，中国中化 1 万吨，浙江石化 2 万吨。2022 年 7 月 6 日，中国低硫燃料油第三批出口配额下放共计 250 万吨。其中，中国石化 137 万吨，中国石油 90 万吨，中国海油 20 万吨，中国中化 1 万吨，浙江石化 2 万吨。2022 年 9 月 9 日，中国低硫燃料油第四批出口配额下放共计 275 万吨。其中，中国石化 119 万吨，中国石油 132 万吨，中国海油 21 万吨，中国中化 1 万吨，浙江石化 2 万吨。2022 年 9 月 30 日，中国低硫燃料油第五批出口配额下放共计 175 万吨。其中，中国石油 160 万吨，中国海油 15 万吨。

在当前环保政策趋严的局势下，中国低硫燃料油迎来了发展良机，成为船舶运输燃料油的主流消费产品。而且，2022 年中国低硫燃料油的国产化率逐步提升，出口配额量也呈现上升态势。2022 年累计下放低硫燃料油出口配额 1675 吨，同比增长 47.06%。

2022 年中国低硫燃料油第一批出口配额下放共计 650 万吨，同比增长 30%。未来中国保税低硫燃料油产量将继续增长，2022 年其产量突破 1300 万吨，增速将保持在 20% 以上。

5. 中国低硫船燃生产资源优势逐渐凸显，从资源进口国向资源自给国转型

进口来源国方面，2022 年中国燃料油进口来源地变化较大，俄罗斯进口量大增，马来西亚大幅减少。全年进口资源主要来自阿联酋、俄罗斯、马来西亚、新加坡、意大利，这前五位共计占比 88.53%，阿曼屈居第六位，其中马来西亚占比 24.25%，从 2021 年的占比 55.43% 第一位跌至 2022 年的第三位。其中阿联酋的进口量占据榜首，进口量为 210.81 万吨，同比上涨 114.46 万吨，涨幅 118.80%，主

要原因在于2021年随着国内稀释沥青征税，部分地方炼厂进口直馏燃料油作为原料，来自阿联酋地区的进口量增多。

与新加坡相比，在国内国外双循环经济政策的指导下，国产低硫船燃资源有力地维持了市场资源的稳定供应，保障了中国外贸船舶的用油需求。中国船供油市场的供应主体也趋于稳定，主要以中国石化燃料油、中国船燃、中海燃供、中国石油燃料油、中长燃等企业为主，市场份额共计占到93%以上。中国低硫船燃的生产进入第二个年头后，资源优势逐渐凸显，中国从传统的资源进口国向资源自给国转型。

低硫船燃市场的船燃国产化对中国船供油市场的影响非常显著：一是保障了全球航运供应链稳定。中国炼厂产能的释放，为新冠疫情期间全球航行船舶提供了更多的供应保障，有力支撑了全球航运市场稳定。二是推动了对外贸易的发展。中国炼厂生产的保税低硫船燃作为出口型产品，有效助力中国对外贸易的发展。三是促进中国港口全球影响力显著提升。低硫船燃的发展带动了国内全产业链的发展，推动船供油规模不断增长，同时积极融入各沿海自贸区发展，加快了中国港口经济的建设与发展。四是推进船供油专业化、规范化水平迈上新台阶。在市场逐步放开的环境下，加强行业引领，中国企业船供油品牌全球影响力持续提升。

### （二）保税油发展分析

2022年中国保税船供油量2020万吨，同比下跌2.23%。其中船用重质燃料油（含高硫和低硫）约1900万吨，占比94%。2022年新加坡船供油量为4788.03万吨，同比下跌4.22%，连续五年增长率小于中国保税船供油市场增长率。2022年全球经济复苏缓慢、公共卫生事件频发、低硫燃料油价格高涨，都对全球船用燃料油的消费产生抑制。新加坡作为全球第一大船供油港口，年内受油品质量问题以及价格高涨等因素影响，供油量出现较大跌幅。

2022年中国内贸船供油量为910万吨，较2021年下跌2.15%。2022年内贸船用油总消费量约890万吨，较2021年下降4%。其中船用重油消费量约580万吨，较2021年下降7%。轻油消费量约310万吨，较2021年上涨2%。随着环保要求升级，轻油在内贸船燃市场的消费比重逐年上升，尤其是性价比更高的船用轻质燃料油消费需求不断增长，成为未来发展趋势。与保税市场相比，内贸航运疲软态势更加明显。2022年，中国船用燃料油市场处于内贸萎缩，保税平稳发展趋势下。在中国保税船供油市场，随着供需格局的转变，国内企业经营份额也发生了明显的改变。在2022年的市场经营过程中，实现供油量增加、市场份额提升的企业，均在国内炼厂端具备更多可选择的资源。

截至2022年底，国内具备国际航行船舶保税燃料油经营资质的企业共计31家，其中5家为全国牌照，数量同比持稳；26家为地方区域牌照，年内增加14家。在已获批的31家企业中，在市场中进行保税船供油操作的企业当前为28家，由4家全国牌照和24家区域性地方牌照组成。中国保税船供油企业经营主体为“4+24”模式，其中舟山市场为“4+12”模式，是保税船供油商家最多的地区。同时，24家区域牌照中含3家全国性牌照企业的分公司。

2022年中国船燃与中国石化燃料油船加油量占国内总量的80.4%，较2021年下降4.1个百分点。全国牌照的企业年内供油量占比87.2%，跌至90%以内。2022年，中国石化燃料油国内市场份额达46%，中国石化浙江舟山保税船供油量较2021年基本持平，稳居国内首位，其市场份额较2021年提升了1.1个百分点，中国石化炼厂较高水平的资源供应为保税船加油提供了强有力保障。中国船燃方面，其市场份额占35.7%，同比下降了5.2个百分点，在价格高位及国内国际资源供应持续紧张、供油竞争激烈的市场中，保持在了第二位。排名第三的中石油燃料油公司，其供应量超百万吨，供应量涨幅达60%以上，在舟山、广州、上海均具备了牌照，但实际供油年内仅限舟山和广州，且以舟山为主，也是浙江自贸区当地小牌照企业中发展速度最快的企业。中国石化中海燃供排名第四位，其市场份额相对平稳，供油区域多以上海地区和南方港口为主。

从中国保税船供油市场现状来看，一方面，国内低硫资源供应是获得市场竞争优势的首要因素，另一方面，良好的资金状况、配套的服务体系，以及与下游建立长期合作的信任关系仍是争取市场份额的重要因素。随着越来越多的企业获得保税船供油资质，保税船燃市场格局将面临更多的可能性。

## （三）海上油船发展分析

油船兼具运输和浮舱储油的作用，连接石油行业上下游、出口国和进口国，是石油价值链不可或缺的一环，中国的石油进口总量中海上运输所占比例很高，将近90%。

2022年中国船供油（内贸和保税）总体为2930万吨，同比减少2.2%，呈小幅下滑之势。其中，内贸和保税船供油量分别为910万吨和2020万吨，分别下跌2.15%和2.23%。

从油船数量和运力来看，由产业研究报告网公开数据整理可知，截至2022年12月31日，沿海省际油船（含原油船、成品油船，不含油品、化学品两用船）共计1249艘、1028.44万载重吨，数量同比减少47艘，吨位增加4.10万载重吨，增幅0.40%。全年新增油船运力29艘、72.20万载重吨；除强制报废4艘、0.29万载重吨船舶外，共有72艘、67.62万载重吨提前退出市场（部分船舶经检验后变更了载重吨，总计核减0.19万载重吨）。

从油船进出口数量和交易金额来看，2022年1—10月中国船舶进口数量为3083艘，出口数量为4394艘。2016—2022年中国船舶进口数量总体低于出口数量，进口数量在2018年达到最大值，此后有所下降；出口数量在2016年达到最大值，此后逐年下降。

从油船出口类型出口金额占比来看，据中国船舶工业行业协会统计，2022年1—11月，中国船舶出口金额238.5亿美元，同比增长7.9%，船舶工业出口金额总体保持较快增长。出口船舶产品中，散货船、油船和集装箱船仍占主导地位，出口金额合计123.8亿美元，占出口总金额的51.9%。中国船舶产品出口到191个国家和地区，向亚洲、欧洲和拉丁美洲出口船舶金额分别为122.8亿美元、40.5亿美元和20.6亿美元。

当前全球已进入“工业4.0”发展时期，碳减排已达成全球共识，船舶制造绿色化、智能化是未来发展趋势。《“十四五”节能减排综合工作方案》《关于加快推动工业资源综合利用的实施方案》等鼓励船舶领域清洁能源推广应用，绿色动力引领船舶制造业可持续发展。随着全球各界对运输安全性、环保性的重视，船东需加大对符合市场需求、安全性能好、节能环保技术标准高的船舶选择力度，力争在市场回暖时更具竞争力。

# 第六篇

# 成品油仓储与物流

2022年，中国成品油表观消费逐步上升，成品油市场供不应求，因此成品油库存逐渐下降。国内成品油库容保持快速增长态势，成品油仓储处于稳定发展阶段。中国在逐步扩大油库拥有量，推进中国现代化油库建设，人工智能等先进技术的应用推动油库向数字化、智能化转型。港口市场需求也在逐渐增加，中国港口建设迎来快速发展，并逐渐成为港口强国，国内沿海成品油码头运量逐渐上升。成品油物流体系中管道运输和海上运输为主要方式，成品油物流的数字化建设、绿色建设也进一步加强。

## 一、2022年中国成品油仓储发展分析

2022年成品油表观消费呈现上升趋势，成品油仓储及库存逐步下降。国家成品油储备新工程项目建设不断推进。国内成品油库容保持快速增长态势，成品油仓储处于稳定发展阶段，集中度较高。

### （一）成品油库存发展分析

2022年，国内汽油商业库存为1576万吨，较2021年底上涨4.9%，主要因为新冠疫情导致需求下滑。国内柴油商业库存为1436万吨，较2021年底下跌3.1%，刚需及出口支撑柴油库存保持在相对低位。

2022年，国家统计局数据显示，第一、第二季度，国内汽油需求和柴油需求逐步上升，成品油市场供不应求，因此成品油库存逐渐下降。第三季度成品油库存呈现先涨后降趋势。本周期内，成品油库存汽油、柴油均上涨。华中、东北、西北汽油、柴油库存上涨1%～4%，而西南、华南、华北汽油、柴油库存小降1%～3%，主要是因为阶段内采购价格快速上涨，但是多以消耗现有库存为主。下半年国内成品油库存受严查等突发因素的影响，各月份供需格局也存在明显差异性，成品油价格在第三季度涨跌较为频繁，然而第三季度成品油用油需求逐渐增加，排除市场突发不确定因素的影响，第四季度成品油产量逐步增加，库存逐步上升。

2022年全年中国成品油社会库存整体呈现先扬后抑趋势，相对而言，2022年前三季度汽油、柴油库存基本维持相同走势，直至第四季度方逐步分化。国家成品油

储备新工程项目建设不断推进，夯实国家成品油储备基础。2022 年第一季度，中国成品油社会库存逐步低位反弹；后受供需主导，社会库存开始高位回落。第二季度需求较好，中国成品油社会库存再度上升至峰值；汽油社会库存先抑后扬，柴油社会库存逐步下降。第三季度高温多雨天气及原油续跌因素导致需求下跌，社会库存量呈现汽油、柴油均下降趋势。第四季度新冠疫情发展态势成为关键因素，随着新冠疫情防控政策不断优化直至全面放开，成品油需求开始增加。

## （二）成品油库容发展分析

2022 年，中国石油、中国石化两大公司在成品油油库市场占据主导地位，但中国海油等新生力量也在逐步扩大油库拥有量，共同推进中国现代化油库建设发展。中国海油集团通过在陕西省神木市周边建设油库等国内陆上重点新项目的投产，掌握了多个大规模的油库，对市场的影响正在逐步增加。表 6 – 1 是 2022 年中国部分油库拟新建、改造项目，大部分项目为中国石油、中国石化两大公司旗下工程建设分公司及销售分公司牵头建设。

**表 6 – 1　2022 年中国部分油库拟新建、改造项目**

| 项目地点 | 项目名称 |
| --- | --- |
| 江西省 | 江西宜春油库新建工程 |
| 广西壮族自治区 | 钦南柳管道南宁油库新增地付设施项目 |
| 四川省 | 中石化自贡石油化工有限公司自贡舒坪油库迁建项目 |
| 湖北省 | 工程建设公司新建宜昌油库项目 |
| 江苏省 | 江苏石油分公司扬州槐泗油库新建项目 |
| 新疆维吾尔自治区 | 中国石化销售股份有限公司新疆石油分公司新建若羌油库项目 |
| 云南省 | 云南成品油管道工程配套保山油库改扩建项目 |
| | 北闸油库改扩建工程 |
| 黑龙江省 | 中油黑龙江农垦石油有限公司嫩江油库改扩建工程设计项目 |
| 陕西省 | 榆林炼油厂油品集运中心成品油库新建 3 万立方米储罐项目 |
| 辽宁省 | 沈阳大龙洋石油有限公司油库改扩建增容项目 |
| 西藏自治区 | 七二五油库扩容改造项目 |
| 江苏省 | 南京分公司三江口油库浮盘密封改造工程 |
| | 长山油库码头油气回收装置 |

数据来源：公开资料整理。

2022 年，中国石化打造绿色低碳油库标杆，引领中国同类原油库建设。2022 年 6 月 15 日，中国石化江苏石油镇江谏壁油库光伏发电项目在苏投运，成为中国石化销售企业首座碳中和油库。曾被用作战备库的中国石化镇江谏壁油库，已安全运行

53 年。为深入践行绿色发展理念，加快实现中国“双碳”目标，谏壁油库率先实施分布式光伏发电项目。谏壁油库采用自发自用、余电上网模式，与国家电网衔接。光伏所发电力在满足油库用电需求之余，将余电外供，继续贡献碳清除量。该油库多措并举进行系统性碳减排，电气设备均采用高效节能产品，实施气改电工程，通过植绿护绿增加碳汇，装卸区安装油气回收装置，废水处理装置提标改造满足回用标准，以打造净零排放油库。数据显示，该项目年平均发电量 42.5 万千瓦·时，年可节约标准煤 233.4 吨，减少二氧化碳排放 247 吨。经生态环境部南京环境科学研究所碳排放评价论证，该项目年发电量能够抵消油库全年电力消费量，碳减排量能够抵消碳排放量。为践行“双碳”战略，以碳中和油库为首的绿色油库建设规模逐渐发展壮大、标准逐渐清晰完善。当前，中国石化湖北石油分公司已投入 36.8 亿元进行环保治理，11.2 亿元用于新建、迁建、改造新油库，襄阳余家湖油库、十堰白浪油库、荆州油库、宜昌枝江油库相继投用，其中宜昌枝江油库的投资是 4.8 亿元，整个油库的安全性、智慧化和环保标准代表了中国石化在湖北新一代油库建设的标准，加速了碳减排油库建设之路。中国石化芜湖油库是沿江新建库，是中国石化皖南地区最大的集信息化、智能化、智慧化于一体的节能环保、绿色现代化油库。油库储罐 20 罐，库容 4.7 万立方米，码头 1 座，可停靠 5000 吨级油船。

除此之外，人工智能等先进技术的应用推动油库向数字化、智能化转型。2022 年 5 月，工程建设公司新建宜昌油库项目成功进油，该油库是中国石油华北分公司以“一套标准、一个平台、三种类型、全生命周期”建设的高标准数字化油库，搭建的数字化交付平台能够大大提高湖北销售分公司成品油销售网络的保供能力，保障油库的运行安全性，降低运行成本。近年来，国内逐步重视油库的自动化转型，并开始了智能化油库的探索性工作，例如液位仪与自动化控制系统的深化应用和数据交互，减少了人员岗位，降低了劳动强度。在国家大力推动人工智能技术发展的背景下，国内传统油库向智能化油库转型已成必然趋势。

## 二、2022 年中国成品油码头与港口仓储物流发展分析

2022 年，随着中国经济快速发展、经济开放度不断提升，港口市场需求也在逐渐增加。在不断降低港口投资强度的同时，港口基础设施投资呈现智能化、信息化、综合化趋势。成品油码头运力规模、船舶数量整体较为平稳，成品油供需市场的快速发展相应拉动了其水上运输市场的扩张，国内沿海成品油码头运量逐渐上升。

### （一）成品油港口发展分析

港口是水陆交通的集结点和枢纽处，是交通运输的枢纽和对外交流的窗口，主要建立在海、江、河、湖、水库沿岸，是具有水陆联运设备以及条件以供船舶安全进出和停泊的运输枢纽，对促进国际贸易和地区发展起着举足轻重的作用。

随着中国经济快速发展、经济开放度的不断提升，港口市场需求也在逐渐增加。在此背景下，中国港口建设也迎来快速发展，并逐渐成为港口强国，港口建设适度超前，港口货物吞吐量和集装箱吞吐量均居世界第一。交通运输部数据显示，2022年中国港口累计完成货物吞吐量129.34亿吨，同比增长0.5%；全国港口累计完成集装箱吞吐量24491万TEU，同比增长4.0%。

中国港口建设已经形成了环渤海、长江三角洲、东南沿海、珠江三角洲和西南沿海5个港口群，以及煤炭、石油、铁矿石、集装箱、粮食、商品汽车、陆岛滚装和旅客运输等8个运输系统布局。其中，环渤海、长江三角洲、珠江三角洲三大港口群的规模最大，其主要布局是：以上海为中心，江浙为两翼的上海国际航运中心，上海、宁波两港为主体的长三角港口群；以香港、广州、深圳三港为主体的珠三角港口群；围绕建设东北亚重要国际航运中心，大连、天津、青岛三港各自形成特色发展的环渤海区域港口群。

受港口建设接近饱和、行业产能过剩、地方政府投资不足等不利影响，市场总体增长空间受限，沿海传统水运建设工程市场投资持续负增长。交通运输部数据显示，自2013年开始，中国沿海建设投资额呈下降趋势，新增各类泊位数量整体也呈逐年下降趋势。与此同时，随着各类港口整合的持续深入，近年来，中国港口泊位总量虽下滑，但万吨级以上港口泊位数量仍保持持续增长的势头。截至2021年底，全国港口万吨级及以上泊位2659个，比2020年底增加67个。从分布结构看，沿海港口万吨级及以上泊位2207个、增加69个，内河港口万吨级及以上泊位452个、减少2个。从用途结构看，专业化万吨级及以上泊位1427个、增加56个，通用散货万吨级及以上泊位596个、增加4个，通用杂货泊位421个、增加6个。

在不断降低港口投资强度的同时，港口基础设施投资呈现智能化、信息化、综合化发展趋势。而智能转型正成为港口企业应对行业不景气、自身供给能力过剩、提升核心竞争力等问题的共同方向。根据交通运输部水运科学研究院提出的智慧港口的概念，智慧港口是利用新一代信息技术，将港口相关业务和管理创新深度融合，使港口更加集约、高效、便捷、安全、绿色，创新港口发展模式，实现港口科学可持续发展。

中国沿海港口基本发布了智慧港口建设计划，主要沿海港口大部分都应用了新兴技术进行信息化、智能化改造。但是不同沿海港口智能化改造方向，信息化的建设水平有所不同。部分港口只是引入了智能管理系统，但在自动化、智能化设备（如无人驾驶集卡、智能锁站、无人集装箱岸桥等）引入改造方面仍较少。沿海港口要实现自动化、无人化管理运营，仍有较长路要走。

### （二）成品油码头发展分析

受益于经济快速发展、汽车保有量不断提高、城市公路系统不断完善等因素，中国成品油消费量不断提升。成品油供需市场的快速发展相应拉动了其水上运输市场的扩张，国内沿海成品油码头运量逐渐上升。

2022 年 2 月，为完善铜官港区功能布局和铜官循环经济工业园储运体系，降低企业运输成本，保障成品油供应，长沙港铜官港区安达铜官油库成品油码头工程项目获得审批，建设工期为 8 个月。项目将新建 1 个 2000 吨级（兼顾 3000 吨级）成品油泊位，占用岸线约 123 米（岸线使用规模以交通运输部批复为准）。设计年吞吐量为 56.5 万吨。2022 年 4 月，海上福州重点项目江阴港 11 号码头正式投用。据悉，该码头主要经营成品油贸易，是福州市最大的成品油码头。码头及库区总面积 1000 亩（约合 66.67 万平方米），海岸线长度 871 米，设计库容达 55 万立方米，可停靠 10 万吨级油轮，设计年吞吐量达 500 万吨。2022 年 8 月，中科炼化成品油码头首次成功拼装成品油出口，将 1 万吨 98 号汽油和 2 万吨柴油成功运往香港地区，对拓宽国际市场起到了积极作用，开了新的运输降本先河。2022 年 11 月，惠州港口岸荃湾港区 5 万吨级石化码头在正式对外开放前进行验收，经审核该码头正式对外开放。据了解，5 万吨级石化码头是惠州港荃湾港区等级规模最大的成品油码头，年设计吞吐量 240 万吨。该项目将为中国海油等公司炼化产出的成品油提供海上运输通道，进一步优化惠州港的运输结构，有效提升惠州港石化产品航运的通过能力；同时有利于大亚湾世界级石化产业基地的建设，进一步改善珠三角东部地区液体散货的运输条件。

中国沿海油品运输市场运力供需相对平衡，成品油码头运力规模、船舶数量虽有所波动，但整体较为平稳，未来发展将呈现健康有序的局面。

## 三、2022 年中国成品油运输发展分析

随着中国经济的复苏，中国成品油物流市场整体保持在一个稳定增长的发展状态。但由于近几年新冠疫情的影响，尤其是 2022 年新冠疫情的再一次暴发，中国成

品油物流市场也随着整体经济的下降受到了一定程度的影响。成品油物流体系中，存在管道运输、海上运输、公路运输、铁路运输这四种方式。其中以管道运输和海上运输为主要方式，所以成品油物流体系的发展就体现在这两种运输方式的发展上。

### （一）成品油管道运输分析

2020 年成品油管道划归国家管网集团，由国家管网集团统一管理。2021 年成品油物流市场得到进一步发展，成品油管道建设速度大幅提升，多段线路投入建设，数字化建设也取得重大进展。

2022 年 5 月 15 日，东营输油站迁建工程 8 座 5 万立方米原油储罐主体工程全部完工，比原计划提前 11 天。2022 年 6 月 30 日上午，三峡枢纽江南成品油翻坝项目管道工程（秭归段）正式开工。该项目在秭归县境内主要工程包括坝上油库（24 立方米方库容）、坝上码头（5 个 5000 吨级成品油装卸泊位）和 13.7 千米的管道。整个项目长输管道起点位于坝下宜都枝城油库，途经宜都、点军、夷陵和秭归四个县（市、区），终点位于坝上秭归茅坪油库，分别输送汽油、柴油和航空煤油，年设计输送能力为 800 万吨。为助力冬奥盛会成功举办，国家管网集团集中力量推动陕京四线张家口支线等 6 条管线建设，180 天内 4 条支线竣工投产；盘锦、瓜州、张掖、永昌压气站增压工程也均在当年立项、当年开工、当年建成，拼出工程建设的“加速度”。

2022 年 10 月，新冠疫情卷土重来，面对严峻复杂的防疫形势，北方管道公司郑州输油气分公司持续为郑州输送成品油达 53.12 万立方米，为郑州人民共同抗疫和经济发展贡献了能源力量。10 月 31 日，霸州站新建调压区、康仙庄站新增装置区和 38 阀室等处相继检测到含氧量置换合格，标志着国家管网北京管道天津输油气分公司霸州分输站联通工程及增设调压设备工程动火作业顺利完成，在冬季保供来临之际实现了陕京三线向港清三线日转供能力达到 2000 万标准立方米，同时打通了陕京二、三线与蒙西管道互联互通运行的瓶颈，为蒙西管道投产运行后互联互通奠定根基。作为西部大开发的重点工程，兰成渝成品油管道迎来安全运行二十载。20 年来，该管道累计向川渝地区输送成品油 1.2 亿吨，有效平衡了西部能源结构，成为西部能源大动脉。在历次地震、洪水、滑坡等大型自然灾害抢险中发挥能源保供功勋作用，被誉为摧不垮的“能源生命线”。

### （二）成品油海上运输分析

2022 年，中国成品油海上运输波动较大，全球成品油轮船队共计 3265 艘，合计 1.77 亿载重吨，较年初运力规模增长了 2%。沿海成品油运价指数整体呈现两次较大的波动，第一次在3月下降到最低点随即继续上升，随后在9月又降至全年最低点，随后大幅上涨，如图6-1所示。新冠疫情、环保、国际形势等成为导致运价指数波动的主要因素。第一季度，受国际形势、地缘局势紧张的影响，原油期货一度连涨，成品油价维持趋强运行，成本高企，炼厂加工利润下滑，开工率维持低位。运输市场方面，春节过后，运力集中释放，但下游库存较满，港口卸货压力较大，运价下行。第二季度成品油社会库存高涨，下游压港严重，滞港情况明显，运力周转不畅，市场有效运力不足，运价指数小幅上涨。第三季度由于压港情况依旧存在，导致上游出货热情不高，成品油运输市场供大于求，运力充裕，运价小幅下跌。第四季度，受"银十"传统需求旺季提振和基建工程及物流运输等行业支撑，成品油运输需求稳健。市场成交活跃，叠加连续冷空气影响，船舶周转减缓，运力收缩，运价上涨。

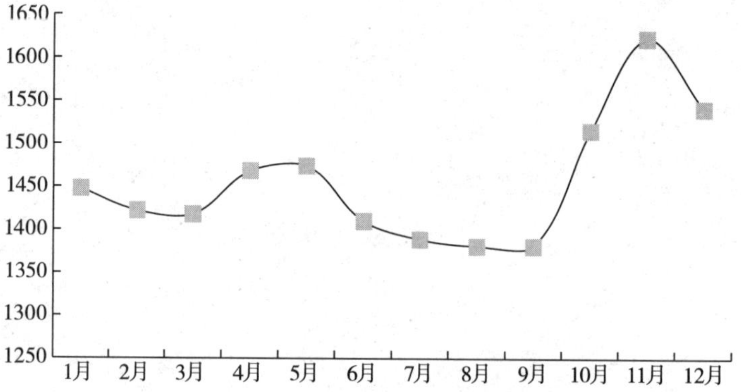


**图6-1　2022年1—12月中国沿海成品油运价指数**

数据来源：中华人民共和国交通运输部。

## （三）成品油公路运输分析

尽管2022年中国经济从新冠疫情中逐渐复苏，但由于中国幅员辽阔，各个地区的经济发展存在较大的差异，成品油的公路运输就受到了市场经济和不同地区的影响，整体而言，公路运输并没有出现较快的发展。

成品油的主要销售市场集中在东北、华北和华中地区。内蒙古中西部地区销售量较大，覆盖26个省市，是中国成品油的主要供应地区。相对而言，由于交通、区域经济等原因，西北和西南地区配送车辆的运输相对落后。但成品油通常需要长时间的车辆运输才能到达目的地，区域因素的复杂性就导致了成品油汽车运输和配送成本的增加。虽然中国经济、科技不断发展，但在成品油配送车辆运输过程中，仍存在许多信息化水平问题，影响了中国成品油物流配送车辆运输的良好发展。中国大多数加油站尚未建立完善的自动信息系统来处理相关工作，它们的销售信息只能由员工保存和记录。由于人工记录信息的准确性和及时性较低，且存在一定的虚假报告可能，从而阻碍了成品油的物流配送，影响了成品油汽车运输的效率和准确性。因此，成品油的公路运输并没有取得进一步的突破，还有待发展。

# 第七篇

# 加油站建设与经营

2022年，国内宏观经济保持稳定恢复态势，国内成品油市场表观消费逐步增加。新能源汽车保有量迅猛增长。加油站数量略减，国有石油公司快速推进加氢站、综合能源服务网络的建设。民营加油站加速布局，外资投资建设态度比较谨慎。“双碳”目标及激烈的竞争，加速国内加油站转型升级。国家政策的引领，助力加油站向综合能源加油站发展。民营加油站通过连锁经营等方式抱团发展，提升竞争力。

石油公司多举措提升服务，多样化营销策略促进经营；打造数字智能加油站，线上线下同发力。成品油销售量减少，零售业绩同比下降；加油站零售效率不同经营主体差异较大，国有石油公司小幅波动，中国石油单站日销量与2021年度相比小幅度上升，中国石化却同比下降；零售价格变化幅度大，汽油、柴油盈利差异大。石油公司创新营销模式，拓展多元业务，油非协同营销，拉动消费升级。继续强化自有品牌商品开发，逐渐向体系化、全面化发展。便利店数量继续增加，但增速降低。非油业务销售规模继续上升，经营效益有所增长。

“双碳”目标推动加快形成绿色低碳交通运输方式，对加油站的基础设施建设与经营管理方式提出新的要求。加油站作为油气销售终端，“双碳”目标下也呈现一些新的发展趋势：“油气氢电服”一体化综合交通能源服务站建设将提速，尤其是充换电站的建设驶入快车道；非油业务将呈现更加多元化的发展，规模化、连锁化的经营特征将更加显著；5G、物联网、大数据、云计算、人工智能等现代信息技术将广泛应用于智慧油站；加油站经营中用能的绿色、低碳化将更积极，碳中和加油站的数量将明显增加。

## 一、2022年中国加油站建设分析

2022年，国内成品油市场表观消费逐步增加。汽车保有量持续增加，尤其是新能源汽车保有量迅猛增长，为综合能源供给带来机会。加油站数量略低于2021年。加油站密度小幅下降，单站服务车辆数增加明显。国有石油公司加油站快速推进加氢站、综合能源服务网络的建设，加油站数量增减不一。政策的不断放开，加快了加油站审批进程。石油成品油流通“放管服”改革不断深化，进一步发挥市场作用，推动主体多元化，加速了民营加油站的布局。外资投资建设态度较为谨慎，发展速度较2021年并无明显变化。

## （一）加油站数量变化分析

2022年，加油站总量从2021年的10.77万座下降至约10.76万座，减少约0.11%。加油站密度继续小幅下降，单站服务车辆数增加较多。加油站数量的变化及呈现的特点具体分析如下。

1. 加油站数量略低于2021年，增速继续放缓

2022年，新能源汽车在相关政策的推动下快速发展，带动综合能源服务站的投资建设和数量增长，资本性支出有所增加。传统加油站总量趋于饱和，且国有石油公司逐渐淘汰经营不善的加油站，以中国石油、中国石化和中国海油等具有代表性国有石油公司加油站总量变化的增速来预估国内加油站总量变化，全国加油站总量约为10.76万座，相比2021年减少约110余座，降低约0.11%。较2020年和2021年的平均数量增加约10座，如图7-1所示。

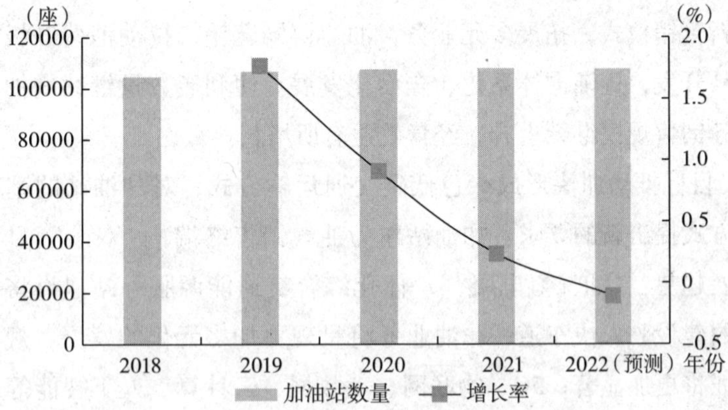


图7-1 2018—2022年中国加油站数量及增长率

数据来源：前瞻产业研究院、隆众资讯及预测。

2. 加油站密度继续下降，单站服务车辆数增长显著

随着汽车保有量的稳定增长，中国交通基础设施不断完善，中国公路建设投资仍保持较快增长。2022年1—11月，公路建设投资完成2.62万亿元，同比增长约9.1%，未来公路投资力度将继续增长。根据2021年公路里程数1.59%的增长速度预测，2022年全国公路里程数约为537万千米。加油站数量的减少和公路里程数的增长，导致加油站密度继续降低，约为2座/百千米，较2021年减少0.03座/百千

米，如图 7－2 所示。

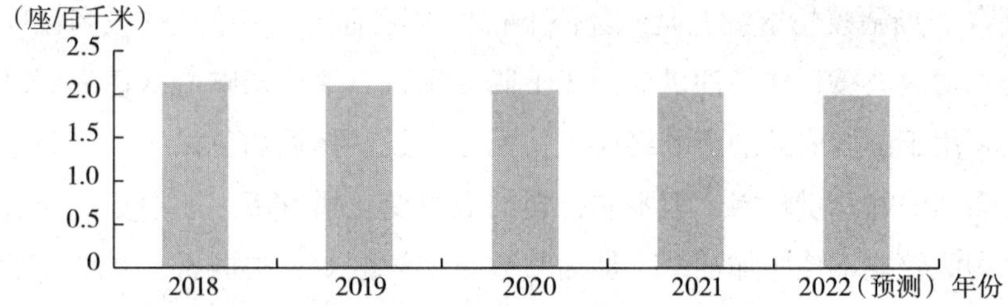


**图 7－2　2018—2022 年中国加油站密度**

数据来源：公开资料整理及预测。

2022 年全国汽车保有量达 3. 19 亿辆，同比增长 5. 81%，增加 1752 万辆；新能源汽车销量约为 670 万辆，同比增长约 90. 3%。新能源保有量 1310 万辆，占汽车总量的 4. 1%。汽车保有量的较快增加及加油站数量的略减，加油站单站服务车辆数继续明显增加，2022 年达到 2963 辆/座，较 2021 年增加约 160 辆/座，增速为 5. 74%，如图 7－3 所示。

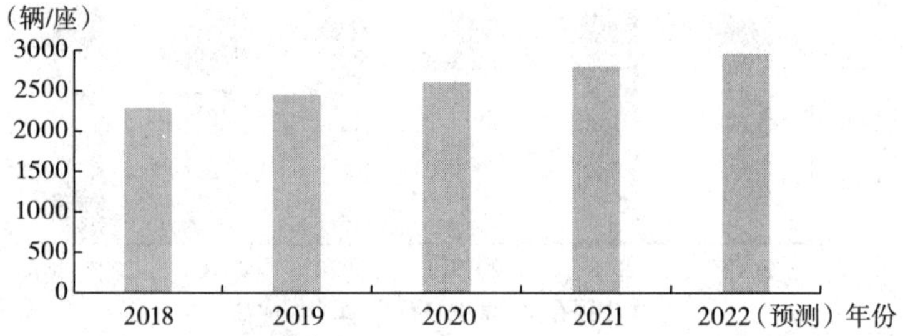


**图 7－3　2018—2022 年中国加油站单站服务车辆数**

数据来源：公开资料整理及预测。

3. 综合能源服务站规模化发展，加油站充换电站建设加快

2022 年，各石油公司加快新能源发展战略部署，继续落实充换电、光伏项目等布局，构建综合能源供应和服务格局，推动综合能源服务站向规模化发展。

2022 年 1 月，国家发展改革委等印发《促进绿色消费实施方案》，明确要大力推广新能源汽车，加强充换电、新型储能、加氢等配套基础设施建设。各石油公司综合能源服务站呈规模化发展趋势，尤其是充换电站建设驶入快车道。中国石油加快开发加油、加气和光伏、充换电、氢能等新能源站点一体化布局。中国石化推动加气、加氢、充换电业务进一步发展，打造油气氢电服综合能源服务商，加快碳中和加油站建设，建设新能源服务网络。

## （二）国有石油公司加油站建设分析

2022 年，新冠疫情继续蔓延，经济下行，国际油气价格维持在较高区间，国内成品油需求增速放缓，成品油供应同步下降。国有石油公司响应绿色低碳号召，资本支出主要用于国内成品油市场终端销售网络建设、拓展加氢站等新能源项目。国有石油公司加油站总量略减，但不同公司的数量变化增减不一。中国石油实施精细化管理，淘汰效益不佳的加油站，加油站数量继续减少；中国石化新增加油站数量继续维持低位；中国海油通过多种模式继续扩大零售网络规模，数量增加较明显。中国石化、中国石油、中国海油三大国有石油公司加油站总量约 5.49 万座，较 2021 年减少约 60 座，与 2020 年和 2021 年的平均数量基本持平，如图 7－4 所示。国有石油公司加快油氢合建站和加氢站建设，构建综合能源供应和服务的格局。在加氢站需求旺盛的市场现状下，截至 2022 年底，中国建成加氢站 310 座，位居全球第一。

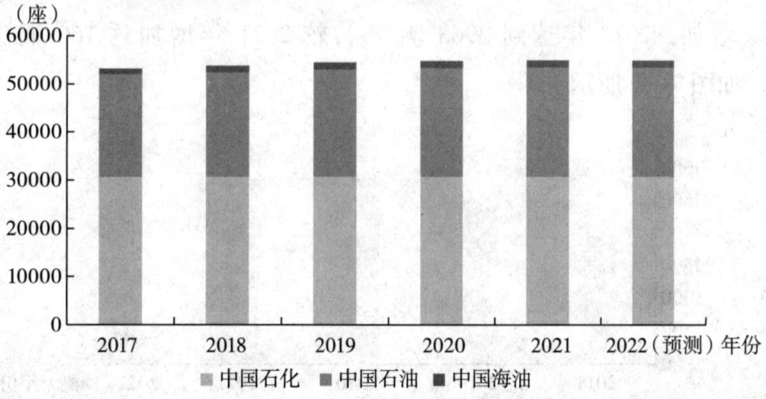


**图 7－4　2017—2022 年中国石化、中国石油和中国海油加油站数量**

数据来源：公司年度、季度报告及预测。

1. 中国石油加油站数量持续减少，重视轻资产开发方式、加快一体化布局

中国石油加油站数量约 22640 座，比 2021 年底的 22800 座减少约 160 座，降幅约为 0.7%，如图 7－5 所示。在 2022 年各季度中，中国石油加油站数量呈先下降后上升的趋势。中国石油重视轻资产开发方式，控制常规站特别是区外高价站的开发，减少设立在竞争激烈或偏远地区的加油站，淘汰效益不佳的加油站；但同时抢占高效市场，提高单站效益，并加快新能源站点布局。

2022 年，中国石油销售板块的资本性支出预计为 75 亿元，较 2021 年的 109.82 亿元减少 31.71%。主要用于国内加油加气站终端销售网络建设、拓展加氢站等新能源项目。中国石油推进存量加油站改造提升，加快完善“零售＋批直”“销售＋

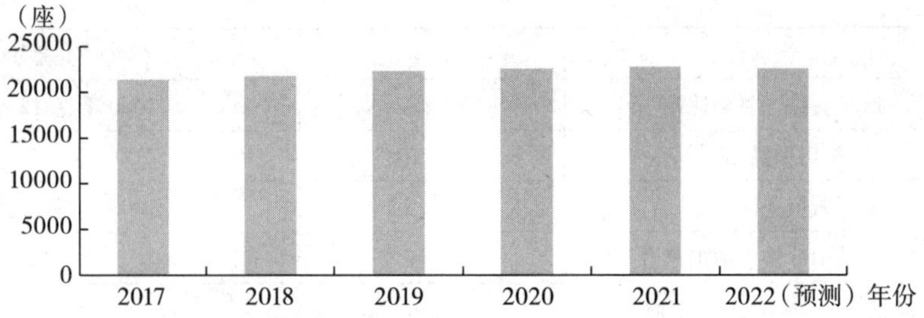


**图 7－5　2017—2022 年中国石油加油站数量**

数据来源：公司年度、季度报告及预测。

服务”等一体化运作机制，运用合资合作、特许经营、受托经营、延期租赁等轻资产方式开发加油加气站，加大营销网络开发力度，抢占高效市场。中国石油首座油气氢电非五位一体综合能源服务站金龙站是国内加注车型最多、日加氢能力最大的“油氢”合建站，具备同时加注 35 兆帕和 70 兆帕氢燃料电池汽车的能力，日加氢能力 1500 千克，70 兆帕连续加注能力位居全球第一。

2022 年中国石油部分加油站拟新建、迁建项目如表 7－1 所示。

**表 7－1　2022 年中国石油部分加油站拟新建、迁建项目**

| 地点 | 加油站名称 | 位置 | 类型 |
|---|---|---|---|
| 新疆 | 吐鲁番分公司吐鲁番示范区学苑路加油站 | 城区 | 新建 |
| | 吐鲁番分公司托克逊望布加油站 | 县乡道 | |
| | 新疆疆北石油分公司塔城市和谐大道加油 | 城区 | |
| 云南 | 云南普洱销售分公司宁洱景达加油站 | 乡镇 | |
| 北京 | 亦庄太阳能供电加油站 | 城区 | |
| | 金龙综合能源服务站 | | |
| 四川 | 宜宾机场路综合能源站 | 县乡道 | |

数据来源：公开资料整理。

中国石油以“国际知名、国内一流油气氢电非综合服务商”为目标，积极落实“双碳”目标要求，推动加氢站等综合能源服务站的建设和运营。2022 年 4 月，中国石油首座油气氢电非五位一体综合能源服务站——中国石油北京销售公司金龙站开业投运。2022 年中国石油投资建设的部分加氢站如表 7－2 所示。

**表 7－2　2022 年中国石油投资建设的部分加氢站**

| 加氢站名称 | 地点 | 加注能力 |
|---|---|---|
| 同汇路综合服务站 | 上海 | 2000 千克/12 小时 |
| 古城油氢合建站 | 四川 | 1000 千克/日 |

**续表**

| 加氢站名称 | 地点 | 加注能力 |
| --- | --- | --- |
| 上海平霄路油氢合建站 | 上海 | 1000 千克/12 小时 |
| 福田加氢站 | 北京 | 500 千克/12 小时 |
| 太子城服务区加氢 | 北京 | 1000 千克/12 小时 |
| 中石油广东佛山罗格加油加氢合建站 | 广东 | 500 千克/日 |

数据来源：公开资料整理。

### 2. 中国石化加油站数量微弱增长，积极向“油气氢电服”综合能源服务商转型

中国石化积极向“油气氢电服”综合能源服务商转型，前三季度公司资本支出1040 亿元，营销及分销板块65 亿元，主要用于现有终端销售网络改造、“油气氢电服”综合加能站和物流设施等项目建设。中国石化新建传统加油站数量继续维持低位。加油站总量约为30755 座，比2021 年底增长约0.1%，如图7 –6 所示。同时，中国石化全力打造“综合能源服务站”网络。2022 年中国石化部分拟新建、改建加油站项目如表7 –3 所示。

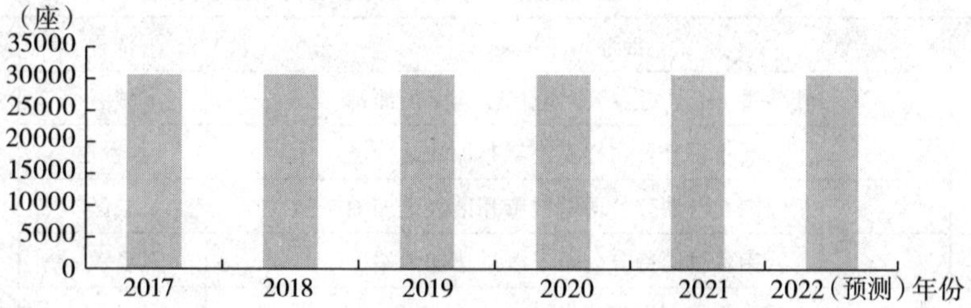


**图7 –6　2017—2022 年中国石化加油站数量**

数据来源：公司年报、公司季度报告及预测。

**表7 –3　2022 年中国石化部分拟新建、改扩建加油站项目**

| 地点 | 加油站名称 | 位置 | 类型 |
| --- | --- | --- | --- |
| 黑龙江 | 黑龙江牡丹江石油分公司海林林缘加油站 | 城区 | 拟建 |
| 河南 | 中国石化河南信阳石油分公司新店加油站 | 城区 | 改建 |
| 上海 | 高家加油站分布式光伏发电项目 | 城区 | 新建 |
|  | 吉泰加油站分布式光伏发电项目 | 城区 | 新建 |
| 福建 | 莲花超级充电站 | 城区 | 新建 |
| 广东 | 梅州石油城南加油站光伏发电项目 | 城区 | 新建 |
|  | 广东阳江阳春城北加油站 | 乡镇 | 扩建 |
|  | 广东阳江阳东合山加油站 | 乡镇 | 改建 |

续表

| 地点 | 加油站名称 | 位置 | 类型 |
|---|---|---|---|
| 广东 | 广东阳江阳春春江加油站 | 乡镇 | 改建 |
| 江苏 | 徐州丰县谢集加油站 | 城区 | 新建 |
| | 徐州铜山刘山加油站 | 乡镇 | 新建 |

数据来源：公开资料整理。

为践行绿色低碳发展理念，中国石化进一步推动加气、加氢、充换电业务发展，打造“油气氢电服”综合能源服务商。氢能发展方面，致力于打造中国第一氢能公司，成为全球建设和运营加氢站最多的企业；截至2022年上半年，中国石化累计建成9套氢提纯装置，蓝氢的生产能力达到1.4万吨/年，累计建成加氢站83座，另有13座正在建设。其首座批零兼营“五位一体”综合能源服务站——中国石化嘉兴平湖滨海大道站提供“一站式”“全方位”的能源补给，向综合能源服务站的全场景能源供应新模式转型。截至2022年底，中国石化已在全国建成98座加氢站，投资建站数量最多。中国石化到2025年将建成保底600座、力争1000座加氢站或油氢混合站，建立总加注能力12万吨/年的加氢站网络。2022年中国石化投资建设的部分加氢站见表7－4。

**表7－4　2022年中国石化投资建设的部分加氢站**　　单位：千克/日

| 加氢站名称 | 地点 | 加注能力 |
|---|---|---|
| 大连石油天元油氢合建站 | 辽宁 | 500 |
| 天津东北石油东丽天钢加氢撬装站 | 天津 | 200 |
| 河南新乡石油南二环油氢电合建站 | 河南 | 1000 |
| 安徽六安石油南山综合加能站 | 安徽 | 500 |
| 云南石油丽江环城东路北油氢电服综合加能站 | 云南 | 500 |
| 中国石化马店河加氢站 | 四川 | 1000 |
| 南京高淳油氢合建站 | 江苏 | 500 |
| 六横中石化加氢站 | 浙江 | 500 |

数据来源：公开资料整理。

2022年上半年，中国石化新建加油站光伏电站300座，装机能力10兆瓦。到2025年，中国石化将落地7000座分布式光伏发电站。2022年，中国石化新疆库车绿氢示范项目正式开工建设，年产能为2万吨，是国内第一个万吨级光伏绿氢示范项目。在充换电业务方面，上半年新建充电站200座，其中换电站10座，2022年底中国石化充换电站数量突破2000座。2022年8月30日，中国石化全国首座社区超级充电站——莲花超级充电站在福建省龙岩市建成投用，可为24辆车充电，集加油、充电、光伏、休憩等为一体，助力能源绿色低碳转型。

3. 中国海油加油站数量增加较快，综合能源站建设提速

2022 年，中国海油通过多种模式扩大零售网络规模，加油站总量达到 1500 座，增加约 70 座，实际运营约 1100 座。中国海油积极拓展新能源业务，综合能源站建设提速。

中国海油为扩大终端市场份额，加大终端网络开发的投入，加油站总量显著增长。中国海油通过多方合作低成本拓展终端网络，布局新建规划站点。中国海油把打造“零碳”油气产业链作为现实路径抓紧抓实，把推动新能源新产业发展作为转型方向抓紧抓实，推动公司绿色低碳转型，绿色发展稳步推进。中国海油首座“油气电”综合能源站拥有 5 台加油机、3 台压缩天然气（Compressed Natural Gas, CNG）加气机、1 台液化天然气（LNG）加液机和 4 台快速一体化充电桩，预计年加油量 5000 吨，CNG 加气量 450 万标准立方米，LNG 加液量 90 万标准立方米，充电量 35 万千瓦·时，为机场各类进场车辆提供多元化供能服务。11 月 22 日，由中国海油与蔚来合作共建的首对换电站在广州中国海油荔城服务区正式投入运营，打造“油 + 光伏 + 超充 + 换电”为一体的综合能源零碳示范站。2022 年 9 月，中海油销售河北有限公司石家庄丰产路光伏—加油综合能源站成功并网发电，这标志着中国海油在华北地区的首座太阳能光伏项目顺利落地，助力实现“双碳”目标。

## （三）民营及独立炼厂加油站建设分析

成品油零售审批资质下放政策逐渐落地，推动了民营加油站连锁化、规模化发展。随着成品油市场管理日趋规范，独立炼厂与外资合作的加油站成本高涨，导致合作加油站点缩减；同时油价高企、需求低迷，加油站增加速度变缓，部分加油站开始淘汰落后站点，独立炼厂加油站数量较前几年有所减少。截至 2022 年，民营及独立炼厂加油站数量约 4.98 万座，占比约 46.22%。

为贯彻落实国务院“放管服”改革决策部署，2022 年，河南、山东、江苏等省先后发布相关政策，将下放成品油零售经营资格审批政策落地落实，激发了民营主体的投资热情，促进了民营加油站连锁化、规模化发展。由于市区成品油终端布局已趋于饱和，在城市新区或环线周边以及乡镇，民营加油站进入积极性较高。但因高额投入将带来资金紧张，部分民营企业以特许经营和短期租赁的模式为主。

2022 年部分民营加油站拟新建、改扩建加油站项目如表 7 - 5 所示。

表7－5　2022年部分民营加油站拟新建、改扩建加油站项目

| 地点 | 加油站名称 | 位置 | 说明 |
|---|---|---|---|
| 黑龙江 | 东宁市盛邕加油站 | 城区 | 新建 |
| 江苏 | 海安市城建开发投资集团有限公司白甸加油站 | 公路 | 新建 |
| | 丰县首羡供销合作社加油站 | 乡镇 | 新建 |
| 新疆 | 吐鲁番洪通能源有限公司大河沿停车区南加油站 | 收费公路 | 新建 |
| | 吐鲁番洪通能源有限公司大河沿停车区北加油站 | 收费公路 | 新建 |
| | 托克逊县银海能源投资建设有限公司阿乐惠加油站 | 国省道 | 新建 |
| | 新疆一玖商贸有限公司城东加油站 | 国省道 | 新建 |
| | 乌苏市兴融建设投资集团有限责任公司甘河子加油站 | 县乡道 | 新建 |
| 云南 | 文山宜霖能源有限公司加油站 | 乡镇 | 新建 |
| | 中交云南能源有限公司米兰服务区北区加油加气站 | 高速公路 | 新建 |
| | 中交云南能源有限公司米兰服务区南区加油加气站 | 高速公路 | 新建 |
| | 普洱市糯谷箐加油站 | 城区 | 新建 |
| | 云南金孔雀交通运输集团有限公司景东头塘加油站 | 县乡道 | 改扩建 |
| | 文山市大以古一加油站 | 城区 | 新建 |
| 陕西 | 西乡县西精加油站 | 县乡道 | 改扩建 |
| 广东 | 汕头市潮阳区关埠供销玉港加油站 | 城区 | 改建 |
| 山西 | 山西阳泉冯家庄加油站 | 城区 | 拟建 |
| 贵州 | 龙韵投资发展有限公司水东路加油站 | 城区 | 改扩建 |
| 浙江 | 浦江交投综合能源有限公司郑宅综合供能站 | 城区 | 新建 |

数据来源：公开资料整理。

### （四）外资加油站建设分析

受市场需求低迷及油价高企影响，2022年，外资企业在中国成品油零售市场投资建设多持观望态度，扩张速度较缓；同时加速布局新能源车的充换电业务，实现去石油化。8月，英国石油公司（BP）与阿维塔科技合作，将加速布局中国超快充网络。壳牌与蔚来合作共同推进充换电设施的建设与运营，双方到2025年共建100座换电站，8月，双方合作的首座充换一体站正式上线运营。壳牌武汉塔子湖加油站是湖北首家综合能源服务站，将为新能源汽车车主提供一站式解决方案，此场站依托壳牌加油站而建，可同时支持62辆车进行快充，兼备加油和充电。

## 二、2022年中国加油站竞争与经营分析

2022年，加油站市场化进程进一步加快；新冠疫情不断反复，成品油供过于

求，进口与出口均有回落，贸易额同比下降，加剧市场竞争，加油站经营压力依然较大；“双碳”目标及国际竞争，加速国内加油站转型升级。国家政策引领及竞争加剧，助力加油站向综合能源加油站发展。民营加油站通过抱团发展，提升竞争力。石油公司通过精准化营销策略，优化客户服务，努力提升创效水平。成品油销售规模、单站日销量都有所下降，零售价格先涨后落，汽油、柴油盈利差异大。石油公司继续创新营销模式，拓展多元业务，油非协同营销；自有品牌商品开发向体系化、全面化发展。便利店数量继续增加，但增速降低。非油业务销售规模继续上升，经营效益有所增长。

## （一）市场竞争分析

2022 年，围绕“双碳”目标推出的各种政策及激烈的竞争，加速国内加油站转型升级。同时，国家政策引领下，加油站向综合能源服务站发展。民营加油站通过连锁经营等方式，提升竞争力。

### 1.“双碳”目标及激烈竞争，加速国内加油站转型升级

2022 年，北京、上海、浙江、山东等多个地区针对“双碳”目标，纷纷出台各类相关政策，如《北京市深入打好污染防治攻坚战 2022 年行动计划》《上海市 2022 年碳达峰碳中和及节能减排重点工作安排》等。同时，需求疲软，供给相对过剩，原油价格高企，导致市场竞争越来越激烈。在此背景下，加油站行业正在有意识地构建多元、高效、绿色的可持续发展模式。一方面，很多加油站开始增加清洁能源品类，提供综合能源服务；另一方面，加油站面对市场利润空间正在被挤压的情形，一直在寻求新的出路，包括朝着智慧加油站推进，同时不断探索加油站的多元化发展。通过推进智慧加油站建设，结合互联网、大数据、云平台等技术运用，加油站推行自助结算、扫码支付、刷脸支付、ETC 支付等支付方式，提高服务效率，改善消费体验，实现降本增效，技术赋能。

### 2. 政策引领助力加油站向综合能源加油站发展

2022 年，全国新能源汽车保有量达 1310 万辆，占汽车总量的 4.10%，较 2021 年增加 526 万辆，增长 67.13%。多个国际品牌汽车以及比亚迪、长城汽车旗下哈弗均宣布了停售燃油车的计划。在此背景下，支持发展综合能源服务的利好政策也相继出台。2 月 10 日，国家发展改革委、国家能源局发布《关于完善能源绿色低碳转型体制机制和政策措施的意见》，鼓励传统加油站、加气站建设油气电氢一体化综合交通能源服务站。海南、浙江、上海自贸区临港新片区等多地已明确提出发展综合能源服务的规划。《海南省加油站行业“十四五”发展规划（2021—2025）（征

求意见稿)》提出，到2025年底，海南将有250座传统加油站改造升级为综合能源补给站。海南新建或迁建加油站原则上应同步规划建设具有2种以上新能源补给功能的综合能源补给站。这意味着，只提供单一加油服务的传统加油站将在海南消失。

浙江省发展改革委发布的文件也多次提及综合能源服务，提出在园区、港口等集中用能区域开展综合能源服务试点。上海自贸区临港新片区管委会发布文件提出，2022年新片区电力、燃气和综合能源补给站等综合能源基础设施将进一步完善，建成7座现代化能源补给站。传统加油站必须向更高阶的数字化、综合能源补给方向发展。从单一油品供给向充换电、加天然气、加氢、光伏发电等多品类拓展，从能源补给服务向便利店、餐饮、车后服务等多种商业业态延伸。

3. 民营加油站通过连锁化、规模化提升竞争力

民营加油站通过连锁联盟的方式，重塑品牌形象，快速形成连锁化、规模化优势，提升行业竞争力。具备一定规模、有抗风险和盈利能力是民营加油站发展的重点和方向。中国国际能源、中国油联、车到加油、冠德石化等一批民营加油站以连锁联盟的方式参与市场竞争，福建莆田系在江西已抱团发展品牌加油站190座，表明民营加油站也在积极探寻发展方式。另外，规模较大的民营加油站企业收购零散民营加油站，能够形成规模化管理，一方面有利于国家管控，另一方面也便于行业健康发展。

## （二）加油站经营分析

面对错综复杂的内外部环境，石油公司通过精细化经营、多样化促销手段，努力减少环境带来的负面影响。同时，石油公司持续打造数字化智能化平台，线上线下共同发力。

1. 实施精准化营销策略，提高创效水平

石油公司努力克服国内局部新冠疫情反弹、成品油需求减少等不利影响，大力加强精准化营销，提高创效水平。中国石油抓住营销节点实施差异化营销，突出北京冬奥会等特殊时段主题营销，策划开展“金虎纳福，好运连年”“清风迎新，‘油’礼出行”等油非一体化营销活动；深入分析往年同期经营数据，选取家庭食品、酒等10个品类重点商品，大力推广“油品 + 商品 + 服务”的“昆仑好客大礼包”营销模式。

中国石化持续开展汽油精准营销，利用大数据分析功能为客户精准画像，努力做到客户精准锁定、需求及时触达，同时落实分级走访和分析预警机制，打好营销组合拳。2022年以来，中国石化在安徽新投运加油站51座，202座加油站完成增量

改造，分类制定服务标准，因站制宜改进服务策略，大力提升重点加油站服务水平，增强市场竞争力，扩大品牌影响力。

2. 优化客户服务，提高客户满意度

石油公司通过各种措施不断优化客户服务水平，提高顾客满意度，努力扩大销量。2022 年初以来，中国石油在甘肃深入开展“优质服务 1 +1 提质年”主题活动，聚焦爱心“服务 bar”建设，以“四季服务”为着力点、“双五心”服务为支撑，坚持客户至上、需求导向，全面提升油气站服务质量。

中国石化在江苏抓住新冠疫情后市场复苏的时机，加强柴油大客户维护，压实客户走访维护责任，加强商圈分析结果运用，不断提高客户满意度。丰富易捷服务内容，强化业态合作和品牌引领，加快易捷养车实体网络建设，建设会员服务体系，打造综合服务模式，满足客户日益增长的个性化、多元化消费需求，持续提升易捷品牌影响力。

3. 打造数字智能加油站，线上线下共同发力

中国石油努力打造数字经济新优势，实现智慧化销售、数字化运营和一体化管控，打造全新生态圈。“中油好客 e 站”App 作为线上营销和客户管理核心平台，2022 年第一季度新增用户 167 万人，日活跃用户达百万人；电子加油卡发行已累计超过 800 万张，线上充值占比 30% 以上，移动支付汽油消费占比提升 0. 6 个百分点。

中国石化积极运用人工智能、物联网、大数据等技术，大力推进站级一体化、智慧油站、线上业务等建设，以数字化技术有力支撑扩销增量、改革转型。各销售企业充分利用大数据分析，定期维护客户，及时根据数据变化，掌握市场形势变化，采取针对性的营销措施，有效扩大经营规模，整体创效水平进一步提高。

中国海油先行先试，实现跨越原有业务边界的多元经营和商业模式升级，携手人工智能前沿技术打造“AI 智慧加油站”。2022 年，中国海油成立“元宇宙能源创新工作室”，在中国海油之前，也有能源企业涉足元宇宙，如冠德石油于年初推出能源行业的第一款元宇宙产品——“元油站”，壳牌喜力发布首款数字藏品，通过元宇宙强化品牌价值。中国海油计划将实现元宇宙核心关键技术与海洋油气能源应用场景结合，解决业务中对可视化、沉浸式、互动性的需求，助力公司数字化转型和智能化发展。

## （三）加油站成品油零售分析

2022 年，受新冠疫情及乌克兰危机的影响，成品油零售市场热度下降、需求减少，销售规模同比下降，成品油零售价格先涨后跌，整体经营利润与 2021 年相比稍有回落；不同经营主体的加油站盈利水平差距较大，中国石油单站日销量同比上升，

中国石化则呈下降趋势，其他民营石油企业的下属加油站的零售水平差距较大。

1. 销售规模同比下降，降幅较大

2022 年受新冠疫情反弹和地缘政治的影响，成品油总体需求不旺，石油公司成品油销量大幅下降。国有石油公司中，中国石化第一季度销量与 2021 年相比差距较小；第二季度新冠疫情反弹，成品油需求缩紧，上半年的成品油销量仅为 98.42 百万吨，同比下降 9.8%；前三季度的销量为 151.6 百万吨，同比下降 9%；从全年的成品油销售水平来看，2022 年全年成品油销售量仅为 162.56 百万吨，与 2021 年同期相比下降 14.64%，如图 7－7 所示。

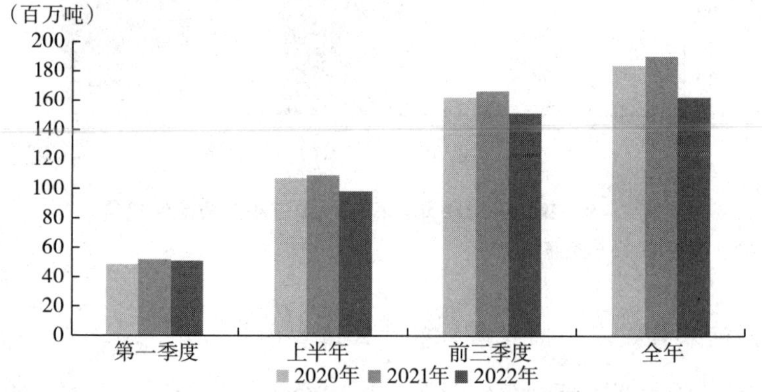


**图 7－7　2020—2022 年中国石化成品油销量**

数据来源：中国石化季度报告。

2022 年，中国石化的成品油零售量相比 2021 年也呈下降趋势，如图 7－8 所示。第一季度的零售量同比略有上升；进入第二季度后，在国内新冠疫情反复与国际油价上涨的双重压力之下，与 2021 年同期的差距逐步拉大，2022 年全年成品油零售量同比下降 6.5%。

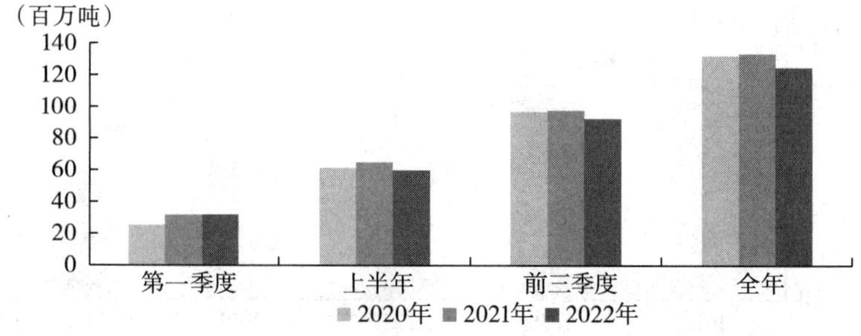


**图 7－8　2020—2022 年中国石化成品油零售量**

数据来源：中国石化季度报告。

中国石油积极抓住成品油市场规范的时机，加大市场的开发力度，实行差异化营销、强化线上营销。2022 年第一季度成品油销量与 2020 年和 2021 年同期水平相差无几；上半年国内成品油销量 71.433 百万吨，相比 2021 年同期销量 76.57 百万吨下降 11.08%；前三季度的成品油销量达到 110.75 百万吨，但与 2021 年同期相比仍下降了 10.46%，如图 7-9 所示。

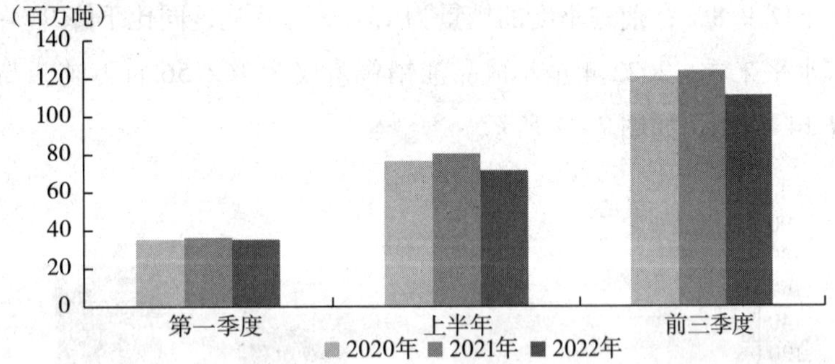


**图 7-9　2020—2022 年中国石油前三季度成品油销量**

数据来源：中国石油季度报告。

2. 加油站零售效率小幅波动，单站日销量略有回升

随着地缘政治紧张、新冠疫情反弹，国内经济发展的压力增大，成品油销量、零售量与 2021 年相比下降较为明显，加油站零售效率也随之下降。从加油站零售效率的主要指标单站日销量来看，2022 年比 2021 年有所回落。经计算，2022 年中国石化平均单站日销量 9.39 吨/日，略低于 2021 年同期的 9.69 吨/日，甚至低于 2020 年全年平均单站日销量 9.85 吨/日；而中国石油 2022 年随着淘汰部分效益不佳的加油站以及强有力的营销措施，通过计算前三季度的成品油销量，单站日销量为 8.63 吨/站，如图 7-10 所示。

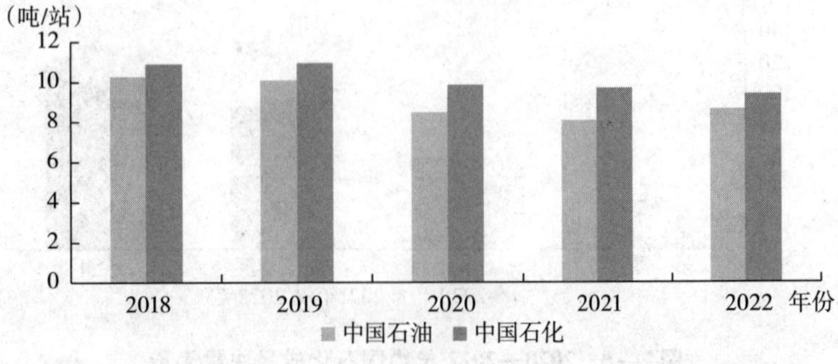


**图 7-10　2018—2022 年中国石油和中国石化加油站单站日销量**

数据来源：中国石油、中国石化年度及季度报告。

### 3. 零售价格先涨后落，汽柴油盈利差距显著

受国际政治局势的影响，油价大幅走高，2022 年上半年，成品油零售价格也迅速上升，汽油、柴油价格各上涨 6 次，1—3 月上涨幅度较大，3—5 月价格增加趋势较为平缓，5—6 月上涨幅度较大。进入下半年之后，由于成品油需求低迷，影响油价的重点已经从供给侧转向了需求侧，成品油价格呈小幅度的下降趋势，逐渐回落到正常水平，但依然高于 2021 年同期水平。

从 92 号汽油与 0 号柴油的全国平均价格来看，2022 年汽油价格同比大幅增长，相比 2021 年上半年，2022 年汽油、柴油零售价格上涨幅度高达 25%，整体呈现上升趋势。由于地缘政治紧张，国内油价受国际油价增长的影响大幅提高，在上半年，92 号汽油价格持续攀升，6 月达到峰值，国有石油公司的汽油零售价格高达 9. 17 元/升，同比上涨 31. 8%；0 号柴油价格高达 8. 84 元/升，同比上涨 39. 2%。第三季度开始，成品油价格逐渐回落，但依然高于 2021 年同期水平；第四季度，汽油、柴油价格进一步下降，12 月的价格更是大幅度回落，柴油与 2021 年同期水平的差距逐步收窄。各经营主体成品油价格变动趋势基本一致，民营石油公司为了占据更多的市场份额，获得竞争优势，其成品油价格略低于国有石油公司的水平，如图 7 – 11 和图 7 – 12 所示。

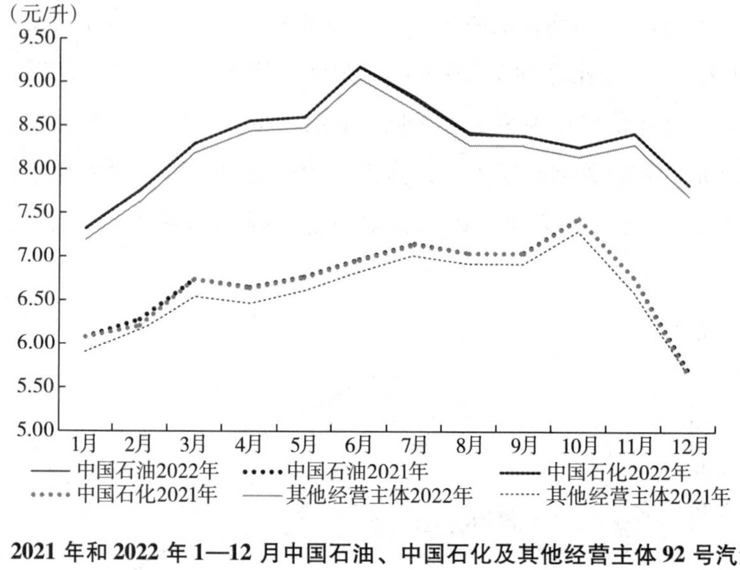


**图 7 – 11　2021 年和 2022 年 1—12 月中国石油、中国石化及其他经营主体 92 号汽油零售价格**

数据来源：中国石油和化学工业联合会。

2022 年上半年，虽然成品油零售价格上涨，但受到成品油销量下降的影响，零售端利润收紧；进入下半年后，成品油销量回升，国内油价下降，零售利润小幅提高。从成品油市场整体来看，受新冠疫情蔓延与地缘政治因素的影响，汽油、柴油

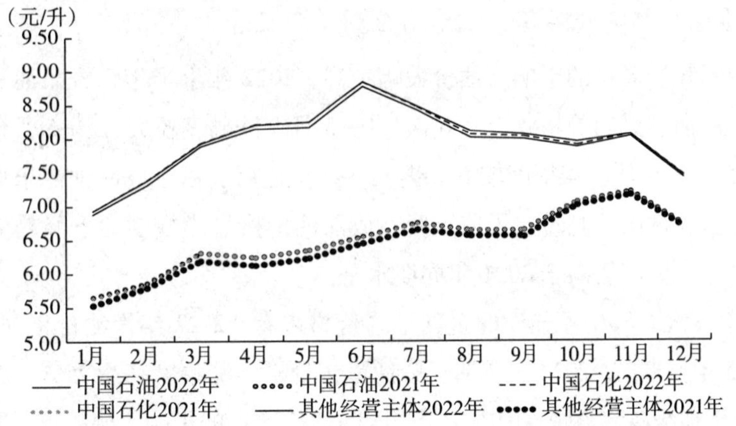


**图 7－12　2021 年和 2022 年 1—12 月中国石油、中国石化及其他经营主体 0 号柴油零售价格**

数据来源：中国石油和化学工业联合会。

的零售价格在上半年持续增长，批发价格变化则较为平稳，零售价格的增长速率大于批发价格，批零价格呈现拉大的趋势，但由于需求量减少，成品油零售段的利润缩紧。进入下半年，国际原油市场逐步恢复平衡，国内油价也逐渐恢复到合理范围，成品油零售价格回落，汽油、柴油零售价格下调，批发价格下跌，零售利润增加。2022 年 7 月，由于柴油供给量的减少，汽油与柴油的批发价格发生突变，汽油价格上涨至 7.84 元/升，环比增加 7.8%；0 号柴油价格上涨至 8.98 元/升，环比上涨 13.1%，此时的零售价格仅为 8.42 元/升，呈现“批零倒挂”的局面。进入第四季度之后，汽柴油的零售价格趋于平稳，而批发价格逐月下降，批发与零售的价格差距进一步拉大，12 月，汽柴油零售价大幅调低，降幅达到 7.5%，如图 7－13 和图 7－14 所示。

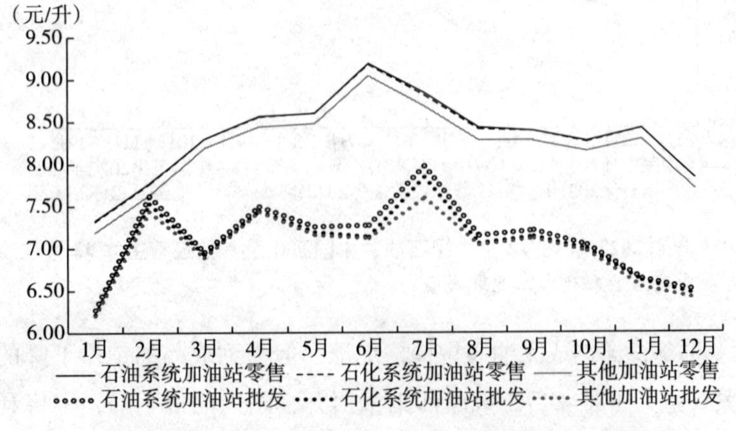


**图 7－13　2022 年 1—12 月中国石油、中国石化及其他经营主体汽油零售与批发价格**

数据来源：中国石油和化学工业联合会。

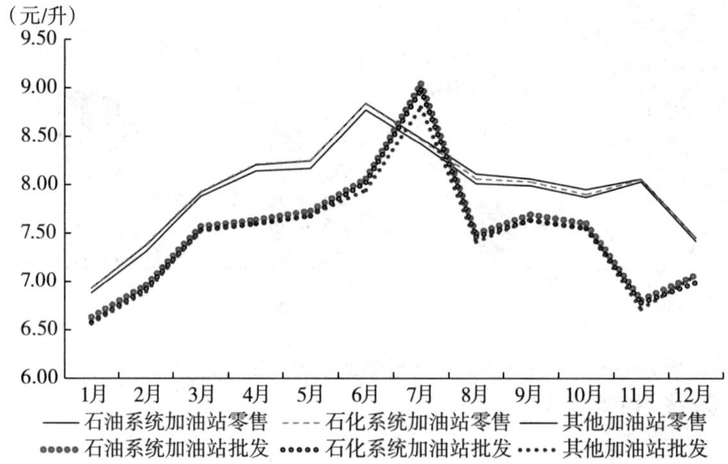


**图7－14　2022年1—12月中国石油、中国石化及其他经营主体0号柴油零售与批发价格**

数据来源：中国石油和化学工业联合会。

国有石油公司中，中国石油销售板块2022年上半年实现营业利润85.22亿元，相比2021年同期增加18.82亿元，涨幅为28.34%，主要来源于成品油销量的下降，尽管油价持续走高，上半年经营业绩依然小幅度回落；进入第三季度后，由于国内疫情稍有缓和，中国石油销售部前三季度的销售利润达到72.42亿元，同比减少15.34亿元，下降17.48%，如图7－15所示。中国石化销售板块2022年上半年的营业利润为179.64亿元，比2021年同期利润164.83亿元增长8.3%，上半年经营业绩小幅度上升；前三季度利润额为217.59亿元，前三季度的利润比2021年同期下降了2.93%，如图7－16所示。

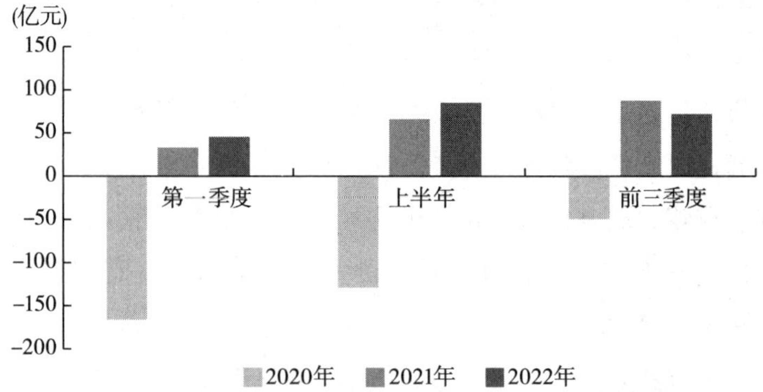


**图7－15　2020—2022年前三季度中国石油营销与分销事业部利润**

数据来源：中国石油季度报告。

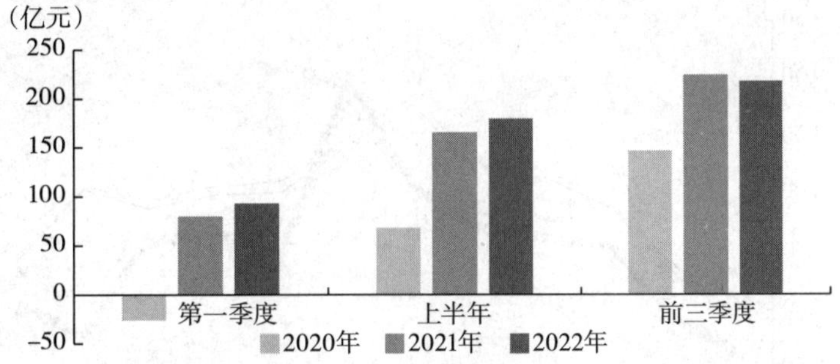


**图 7－16　2020—2022 年前三季度中国石化营销与分销分部利润**

数据来源：中国石化季度报告。

## （四）加油站非油业务分析

新冠疫情在 2022 年继续发酵，加油站行业受到了新冠疫情带来的直接、间接的巨大冲击。石油公司积极调整经营策略，创新营销模式，拓展多元业务，油非协同营销，拉动消费升级。继续强化自有品牌商品开发，逐渐向体系化、全面化发展。便利店数量继续增加，但增速降低。非油业务销售规模继续上升，经营效益有所增长。

### 1. 推出多元服务业务，继续深化跨界服务和线上业务

线上线下的充分融合，跨界直播带动利益增长的跨界新零售举措，有力拓展了新营销渠道和宣传推广的影响力，维护了加油站良好的企业形象。2022 年国有石油企业一方面推出非油业务多元服务项目，增强顾客黏性；另一方面完善电商平台，线上线下全渠道营销，也很好地保障了加油站业务收入的稳定性。

中国石化不断完善天猫旗舰店功能，组织 31 家省（区、市）销售公司上架上千个全国优质特色商品，直播带货 350 多场，线上营销服务能力大幅提升，线上线下互动更加紧密，品牌影响力进一步提升。2022 年下半年，中国石化广东分公司在广州、深圳、东莞、珠海打造了 8 家玩具主题加油站便利店，引入了乐高等 60 多种品牌玩具，通过当下流行的盲盒互动、设置专柜展示以及网红打卡点等方式吸引顾客。

中国石油围绕高品质的"人·车·生活"生态圈建设，着力打造油气氢电非综合服务商。新建汽服网点 1800 多个，积极开展汽车保养、小修、快修等综合服务，在乡村站创建"化肥＋植保＋金融＋农产品"经营模式，一体化服务"三农"。新投运肯德基汽车穿梭餐厅 15 座，大力推广奶茶、煎饼、馄饨等服务，逐步开展果蔬生鲜销售，有序打造 24 小时药品专柜，竭力为广大消费者提供便捷服务。

2. 便利店开发趋于平缓，数量略减

加油站便利店，尤其是国有石油公司绝大多数加油站便利店的开发工作已基本完成，中国石油同时淘汰部分效益不佳的加油站及其便利店，使便利店数量呈减少趋势，便利店占加油站总数的比例也在下降。截至第三季度，便利店 19985 家，比 2021 年底减少了 193 家，降幅为 1.0%；便利店占其加油站数量的比例由 88.5%降为 88.11%；中国石化开发建设便利店继续保持增速，便利店占加油站总数的比例也在同步提高。截至第二季度，便利店 27950 家，比 2021 年底增加了 332 家，增幅为 1.2%；便利店占加油站数量的比例由 89.89%增加为 90.9%，如图 7－17 和图 7－18 所示。

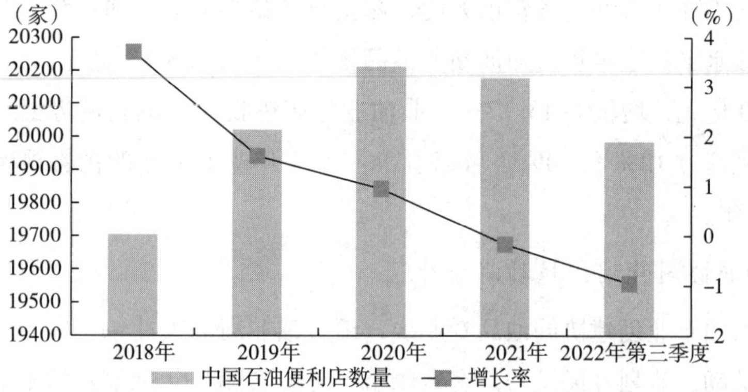


**图 7－17　2018—2021 年和 2022 年第三季度中国石油便利店数量和增长率**

数据来源：中国石油年报及季度报告。

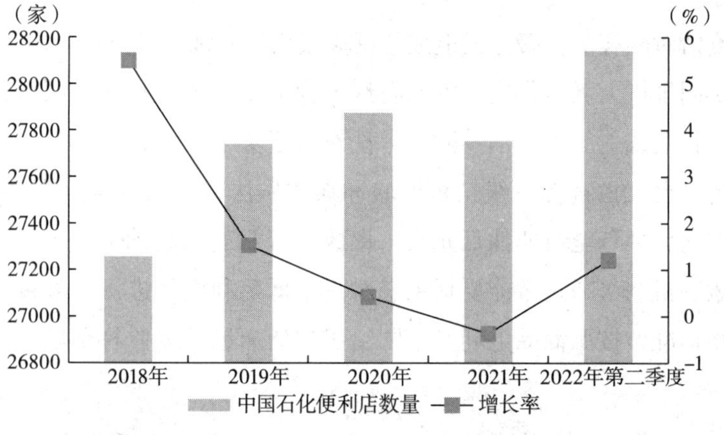


**图 7－18　2018—2021 年和 2022 年第二季度中国石化便利店数量和增长率**

数据来源：中国石化年报及季度报告。

### 3. 销售规模持续上升，经营效益有所提高

受新冠疫情持续影响，加油站车流、客流相对减少。石油公司积极调整经营策略，创新营销模式，拓展多元业务。石油公司，尤其是国有石油公司通过非油业务的多元化和融合线上线下服务的新模式，非油业务销售规模不降反升，经营效益也有所提升。

中国石化推进油气氢电服能源综合服务站建设，提升非油业务综合服务能力和协同创效水平，增强非油业务经营质量和效益。上半年，营销及分销事业部非油业务收入为193亿元，同比增加13亿元，增幅为7.22%；非油业务利润为26亿元，同比增加3亿元，增幅为13.04%。

中国石油加大非油业务营销力度，深挖重点品类潜力，加强线上营销，全力提升非油创效水平。上半年，加油站非油品销售收入为133.83亿元，相较于2021年增加16.20亿元，增幅为13.77%。非油业务店销收入和毛利逆势创历史新高，同比增长分别超过12%和10%。可以看出，2022年非油业务的销售规模和效益整体优于2021年。

### 4. 油非协同营销，拉动消费升级

国有石油企业创建协同油品专业线，组合油非商品大礼包，大力开展油非互促营销促销活动，策划开展昆仑好客购物节、冬奥营销、年货节、饮水节、英雄联盟联名营销以及后备箱计划、厨房工程等30多项全国性主题营销，连续两年参与“全国消费促进月”活动，带动油品纯枪和非油商品销量明显增长，有力促进了“双循环”。

新冠疫情对顾客的消费方式造成了巨大改变。非油业务坚持店内店外同步发力，线上线下协同推进，联合供应商资源在线上商城推出线上拼团、限时抢、限量购等营销活动，打通线上线下加油、购物、洗车电子券互促等，实现客户全覆盖，并通过各种宣传平台大力宣传一线销售经验和典型做法，带动营销氛围不断推向高潮。一些单位在全面推行全员非油百元收入提成工资制度的基础上，进一步深化以效益为核心的激励机制，通过智能要货系统对高中低毛利商品进行“红黄蓝”标记，明确奖励兑现标准，按照商品毛利率不同给予门店店销收入阶梯奖励，充分激发员工销售积极性。

### 5. 继续强化自有品牌商品开发，逐渐向体系化、全面化发展

以国有石油公司为代表，非油自有品牌的开发已经从单一的实体商品走向其他类别。在不同领域围绕“人·车·生活”生态圈深耕传统市场、开拓新兴市场。

中国石化易捷，非油自有品牌已经延伸到产品、服务、平台以及活动四大类。通过四大类自有品牌，全面彰显“易捷”的母品牌。已有 13 个实体商品自有品牌，易捷咖啡、易捷养车和澳托猫等服务品牌，易捷商城、易捷国际等平台品牌，“易享节”促销活动、关注关爱乡村教师的公益活动“微光计划”等活动类品牌。

中国石油昆仑好客积极强化自有商品开发，强化顶层设计，建立起“总部＋地区”的协同运营模式，统筹制订开发运营计划。上半年，成功组织有关省区公司开发了几十个系列产品，淘汰不符合开发方向的系列产品。不仅如此，公司还与头部企业建立制售同盟，持续丰富自有商品线，成功地与中粮营养健康研究院成立联合研发实验室，并推出自有商品，逐步由贴牌代工向贴牌代工和自主设计研发双向转型，在全国各省区分公司打造自有商品专营店，实现自有商品销售收入明显提高，超额完成进度指标。

# 第八篇

# 数字化转型与新能源汽车

《“十四五”国内贸易发展规划》提出以数字化、智能化、融合化、绿色化、国际化为发展方向，为构建以国内大循环为主体、国内国际双循环相互促进的新发展格局提供有力支撑。2022 年初，国家发展改革委发布的《大力推动我国数字经济健康发展》提出深入推进传统产业数字化转型，加快数字技术和实体经济深度融合，打造具有国际竞争力的数字产业集群是“十四五”时期的重要目标。2021 年，中国数字经济规模达到 45.5 万亿元，占 GDP 比重达到 39.8%。对于石油流通行业来说，其与数字化的联系日益紧密，正确的数字化可以迅速提高生产效率，并在规定的预算周期内带来切实的收益。2022 年，5G、人工智能、工业互联网等新一代信息技术正相互赋能，加快了石油石化行业数字化转型步伐。

传统汽车严重依赖化石能源，汽车保有量的不断增加，导致其对化石能源的需求越来越大，加剧了中国能源生产和能源消费之间的矛盾。中国经济正在从高速增长阶段转向高质量发展阶段，处于优化经济结构、转变发展方式的关键时期。传统燃油汽车的高污染和高能耗，已不适应当前经济的发展要求，新能源汽车作为能源节约、环境友好型产品，凭借其在节能与缓解环境压力中的双重优势，成为世界各国汽车工业发展的优先选择。发展新能源汽车是中国从汽车大国迈向汽车强国的必由之路，是应对气候变化、推动绿色发展的战略举措。新能源汽车补贴于 2022 年底正式退出，新能源汽车市场化程度进一步加强，充电设施逐渐齐全，用车成本逐渐降低。新能源汽车市场呈快速发展趋势，产量和销量分别同比增长 96.9% 和 93.4%，应用领域不断扩大，渗透率持续上涨，首次突破 20%，对成品油消费的影响持续加大。

## 一、2022 年中国石油流通行业数字化转型发展分析

面对国际油价大幅波动所带来的挑战和生存压力，以及国家发展战略所带来的战略机遇，油气行业的数字化转型已经迫在眉睫、势在必行。企业的技术创新、核心技术研发，已经与数字化技术深度融入管理业务体系密切相关，科技赋能业务和管理对企业提高对市场波动的快速响应能力、敏捷调整能力、降低成本能力、提高

价值能力、科学决策能力和满足客户需求能力都至关重要。而数字化转型和互联网平台发展对石油流通行业的发展具有巨大的推动作用，并产生巨大的社会效益和经济效益。

## （一）石油流通行业数字化转型发展分析

受油价震荡、市场竞争激烈等因素影响，油气行业面临较大的挑战，而不断发展的数字化技术能为油气行业创新与转型提供新动力。油气行业正在经历一段痛苦的变革时期，追求的目标不仅是大产量，更重要的是更高的利用率。数字化技术能够实现远程作业和生产监控，优化油田生产，提高生产效率，降低生产成本等。石油石化企业数字化转型的抓手与路线需要从关键业务方面入手，数字化关键业务主要包括炼油化工、管道运输、产品销售及运营终端，具体介绍如下。

### 1. 管道储运部署新型智能传感系统，有效提高管道内数据采集精度，降低数据传输延迟

对于油气品管道运输，企业通过部署新型智能传感系统，以预测性安全管理为导向，可有效提高管道内数据采集精度，降低数据传输延迟。通过借助无人机及巡检机器人等技术，企业可拓宽管道站库巡检的区域范围，提高巡检频次与精准度，逐步替代人工现场巡检；全域监控可提升维护效率，增加报警点覆盖率，减少打孔盗油次数，延长管道寿命。运用数字孪生技术，企业可建立多机理模型、多场景的管道数字孪生体，助力知识图谱研究，推动预测性维护和管理，实现预测性检修和运检维一体化。

对于危化品水运，企业运用遥感、传感器、5G 和无人机等技术可实时掌控船只航行状态，重点监测易泄漏区域，扩大信号覆盖区域，实现岸上指挥中心与船只实时通信、减少延迟、可视化设备信息和数据共享，同时保障船只和人员安全、追踪全流程污染排放、最大限度降低危化品泄漏风险及污染危害。对于危化品陆运，企业运用大数据分析等技术可优化物流网络，提升运输效率；大数据技术同时可帮助企业实现事故预测预警，洞悉生产事故与故障原因、评价与预测安全状况、制定事故与故障防范措施及事故应急方案，提高应急资源联动响应速度，防患于未然。借助红外传感等技术，企业还可实时监控和管理运输途中的污染排放，减少碳足迹。

2022 年，由中国石油自主研发，已投入使用的中油物流服务平台专注于运输车辆管理、实时监测及报警，配合在运输车辆安装的全方位监控设备，通过 GIS 环境大数据智能分析，形成了国内唯一的危化品道路运输环境风险评估和管控模式，推

动危化品道路运输环境风险管控从事后应急处置向事前防控和事中管控转变，使运输效率、运输安全性都有了很大的提高。

### 2. 炼油化工运用云计算和大数据分析，重构炼化一体化模型

运用云计算、大数据分析及机器深度学习等技术，企业可重构炼化一体化模型，优化催化模型，合理规划企业生产计划。根据化学反应机理，工厂可运用大数据模型链接工艺，建立实时生产运行模型，并通过大数据计算和机器深度学习技术，迭代优化生产过程，实时掌控和调节各环节物料投放和再利用情况。对于炼化项目建设，企业可优先采用全厂工程总承包建设模式搭建集成化的数据平台，帮助炼化企业实现智能工厂整体规划、整体设计、整体开发、整体实施和统一交付，支撑信息化建设与工程项目建设同步规划、同步设计、同步建设、同步投用、同步验收。对于建成炼厂的整体运营，企业可运用增强虚拟现实、人工智能、传感器、通信、物联网等技术，实时跟踪全局优化或预测预警指令执行情况，调整资源配置，实现全覆盖、无盲区、高质量、不间断的生产过程精细化管理，助力企业安全环保生产。通过建立企业级大数据分析平台，炼化企业可实时调整工艺流程，全局规划生产，同时将应急管理由事后处置升级为事前预测预警。

为实现排放监测与溯源生产，企业可通过红外感应、无人机监测仪等技术，监测碳排放量，重点改善碳排放强度高的环节，促进企业绿色低碳发展。通过对能耗的核算及定额管理，企业将能实现热电水务专业化发展，循环回收利用资源，建设智慧电厂、水厂，全局优化能源消耗。

2022 年，基于无线对讲系统的多系统融合互联互通已在石油化工企业进入实际应用阶段。发生突发事件时，对讲机一键呼叫至全厂广播和调度电话，实现联动应急。通过手机 App，不在现场的厂领导或管理人员既能听到现场各频道呼叫也能与现场通过对讲机通话，从而及时有效地指挥现场人员处理突发情况；还可与视频监控融合，对讲机紧急报警时可以及时打开附近视频点的摄像头，便于及时了解、掌握现场情况，及时处理。

### 3. 产品销售及运营终端用大数据、云计算、区块链等技术，提高供应链可视化、弹性化及智能化程度

在产品销售端，石油流通行业应用分布广泛，场景非常丰富，逐渐形成了多点式应用网络。基于石油石化行业产业链长、主体多的特点，产品销售的数字化转型未来需要从营销端、支付端切入，促进产销衔接。石油石化企业需要注重差异化营销，对企业级和零售业务制定不同的数字化营销策略。同时，企业应当从优化局部

组织开始，逐渐扩展到企业、区域和集团层面，发挥一体化优势，从点状场景逐步延伸为线、面、体状销售网络。运用大数据、云计算、区块链等技术，销售企业可提高供应链可视化、弹性化及智能化程度。通过构建物流生态圈，提高物流资源集约度和集中度，企业可实现内外贸业务高度一体化，最大化设施资源利用率。通过云端协同调控，优化仓储布局，形成点、线、面相互协调的仓储网络布局。

在产品营销方面，运用大数据分析，企业可通过客户数据挖掘和消费行为分析优化销售模型，定制差异化营销方案。运用物联网等数字技术，企业可从触点、交互活动等方面采集、整合内部和外部数据，通过挖掘和标签等工具建立360度客户画像。利用全域数据分析结果，能够敏捷地应对市场形势变化，更具针对性地提出多样化的营销活动，提高客户黏性，实现以客户为中心的精准营销。

2022年，中国石化长燃芜湖公司协同66云链共同打造的营销管理系统内嵌智能海图，将相关数据可视化、立体化，原本孤立的数据相互联动变化，从系统中既可以看到船舶的实时位置，及时了解港口附近的新船数据，也能观察到老客户的流向，可以更精准地挖掘新客户和维护老客户。

## （二）数字化发展对石油流通行业的影响

受“双碳”目标及油价波动剧烈震荡影响，石油流通行业削减上游资本支出，现金流量减少，劳动力不稳定，经营面临着巨大挑战。在此背景下，石油流通行业日益重视数字化转型和互联网平台发展，以此帮助油气公司提高运营绩效，更好地适应不断变化的行业环境。根据艾默生电气公司研究表明，油气行业上游通过数字化转型，可使营收从平均水平提高到中上游，油气产量可提高7%～8%，租赁和运营成本可减少2%～3%，运营的不确定性降低明显。石油流通行业数字化技术和互联网平台的应用仍处于小规模阶段，收益量虽低但逐渐递增。石油流通行业数字化转型和互联网平台发展对石油流通行业不仅存在正向影响，也存在负向影响，主要体现在以下几个方面。

1. 正向影响

（1）提高数据资产利用率，提升运营和生产效率

石油流通行业充分利用数字化和互联网平台所带来的机会，大力进行转型。根据德勤对全球不同行业数字化成熟度的调研结果，油气行业平均数字化成熟度低于电信、媒体和科技行业，消费品与国防行业，金融服务行业，健康与生命科学行业。油气行业虽然拥有海量数据，但数字化程度较低，对数据资产的利用率也较低，然而这也为数字化创新提供了更多的可能性。在油气勘探开发领域，数字化技术能够

整合分析勘探、开发和生产领域的数据信息，帮助油气企业从杂乱无章的资料中发现潜在规律，夯实分析基础；在油气化工领域，数字化技术有助于把握消费者信息与需求，提供更完善的产品与服务口。此外，数字化技术有助于优化管理流程，提高油气企业管理水平，还能够有效提高企业的资产管理水平。

（2）提高生产效率，降低生产成本

受油价剧烈震荡、市场竞争激烈等因素影响，石油流通行业面临较大的挑战，而不断发展的数字化技术能为石油流通行业创新与转型提供新动力。数字化技术能提供近程作业和生产监控，优化油田生产，提高生产效率，降低生产成本。油气开采过程被认为最适合应用数字化和自动化，用好这些数据将极大地降低采油成本和运营成本。麦肯锡公司认为，在采油过程中，钻井平台收集的数据只有不足1%为决策层所知悉。根据世界经济论坛和埃森哲联合发布的《数字化转型倡议：油气行业研究报告》预计，2016—2025年，油气行业数字化将为油气企业带来1万亿美元左右的新增价值。数字化技术还能够对大量数据进行收集、分析和利用，可以通过使用传感器、分析学、机器人技术和控制系统，为该领域带来实质性的操作改进。国际能源机构估测，数字技术可能将油气生产成本削减20%。

（3）深度融合软件与硬件设施，推进销售领域精准营销

新格局下石油流通行业营销业务的数字化转型是适应油气体制改革的内在要求，是应对市场环境变化的重要手段，是借助数字化技术实现行业高质量发展的重要途径，是低碳化发展的重要支撑，更是企业应对新形势的理性选择。数据在销售领域的应用相对比较成熟，但是在石油流通行业的销售领域还未实现大范围推广。石油流通行业深耕大数据开发，广泛利用大数据，能够充分挖掘数据价值，实现线上与线下、虚拟与现实、软件与硬件的深度融合，使销售更为精准、便捷。同时，采用区块链等先进技术，能够进一步增强产品的可追溯性和品牌的信誉度。

2. 负向影响

（1）数字化算法工程师与业务人员之间的壁垒挑战

业务人员对数字化算法不了解，算法工程师对业务人员的专业同样也不了解，导致算法工程师与业务人员之间往往存在沟通不顺畅的现象，给数字化在业务领域落地带来障碍。石油流通行业的数字化落地应用不同于其他行业，油气勘探开发对象都在地下，是一种看不见摸不着的黑箱系统。石油流通行业大多数要解决和处理的问题都是看不到任何规则和规律的，具有超强的不确定性，要解决好石油流通行业的数字化应用问题，专业知识和行业经验非常重要，需要解决算法工程师与业务人员间存在壁垒的难题，只有双方深度融合，才能促使数字化技术的产品或者场景

落地应用。

（2）数字化技术需要不断迭代发展带来资金持续性投入挑战

石油流通行业数字化技术的应用还比较初步，在数字化技术建设过程中不同程度地存在数据采集、数据传输、数据存储、数据处理、数据管理和数据使用6个环节的缺失。这些现象的出现也在一定程度上影响了数字化智能化转型进程。数字化建设与楼房建设不一样，楼房建设竣工验收就代表整个工程结束，而数字化建设需要根据技术进步和创新发展不断投入升级改造资金，基于不断变化的业务需求和用户体验不断迭代升级。

（3）勘探开发数据孤岛等问题带来巨大挑战

上游勘探开发信息化建设存在的数据多头录入、标准不统一、功能重复开发、信息与业务融合不紧密等问题逐步显现，造成的数据库多、平台多、孤立应用多等现象日趋突出。数据共享难、业务协同难，给石油流通行业数字化技术落地应用带来挑战，高质量的数字化技术落地应用需要高质量的大数据作为前提和基础。由于采集技术手段受限，能代表问题特征的数据不具备多样性特征，单一性特征的大数据不是真正意义上的大数据，给复杂的油气勘探开发领域的研究也带来挑战。数据是数字化技术发展的灵魂，大数据、数据质量及其治理决定着数字化发展的未来。

## 二、2022年中国新能源汽车发展分析

为应对全球气候变化，中国大力提倡绿色低碳可持续发展，新能源汽车快速发展是中国解决能源和环境问题的有效途径之一。2022年，中国相继出台了一系列利好政策，积极推动新能源汽车产业发展，促使新能源汽车发展由依赖政策驱动逐渐转为市场驱动，新能源汽车产销同比增量明显，其中纯电动汽车产销情况最好；在海外市场需求增加等多重因素叠加影响下，新能源汽车出口总量超过2021年全年汽车出口量；充电基础设施呈上升态势发展；氢燃料电池汽车产业发展迅速，但成本居高不下等问题仍亟待解决。

### （一）新能源汽车发展政策分析

2022年，国家先后出台了充电基础设施、税收优惠、安全体系建设、应用推广、财政补贴等多方面的利好政策，有力促进了新能源汽车快速发展。1月10日，国家发展改革委等部门发布《国家发展改革委等部门关于进一步提升电动汽车充电基础设施服务保障能力的实施意见》，提出加快推进居住社区充电设施建设与安装，

有助于加快突破充电基础设施发展瓶颈，支撑新能源汽车产业快速发展。1 月 20 日，工业和信息化部等部门发布《关于调整享受车船税优惠的节能新能源汽车产品技术要求的公告》，调整了新能源汽车产品的技术要求，对新能源汽车技术进步有一定推动作用。3 月 29 日，工业和信息化部等五部门发布《五部门关于进一步加强新能源汽车企业安全体系建设的指导意见》，指导企业加快构建系统、科学、规范的安全体系等，推动了新能源汽车产业高质量发展。5 月 16 日，工业和信息化部等四部门发布《四部门关于开展 2022 新能源汽车下乡活动的通知》，助力乡村全面振兴和新能源汽车推广应用。6 月 23 日，财政部等部门发布《财政部　工业和信息化部　科技部　发展改革委关于完善新能源汽车推广应用财政补贴政策的通知》，表明 2022 年新能源汽车补贴标准在 2021 年基础上退坡 30%。7 月 9 日，商务部等 17 部门发布《商务部等 17 部门关于搞活汽车流通扩大汽车消费若干措施的通知》，提出支持新能源汽车购买使用等政策措施，为刺激新能源汽车消费进一步提供了政策保障。

## （二）新能源汽车市场规模分析

在中国新能源汽车产业具有较完备的产业支撑体系以及超大规模市场优势等有利环境下，2022 年新能源汽车产量和销量快速增长，分别完成 705.8 万辆和 688.7 万辆，同比分别增长 96.9% 和 93.4%；新能源汽车出口 67.9 万辆，同比增长 120%；新能源汽车渗透率达到 25.64%，发展态势持续向好。

1. 新能源汽车产销爆发式增长，不同类型产销相差较大

2022 年，新能源汽车产量和销量分别完成 705.8 万辆和 688.7 万辆，同比分别增长 96.9% 和 93.4%，市场占有率达到 25.6%，同比增长 12.1%，市场化进程显著加速，如图 8-1 和图 8-2 所示。其中，纯电动汽车、插电式混合动力汽车和燃

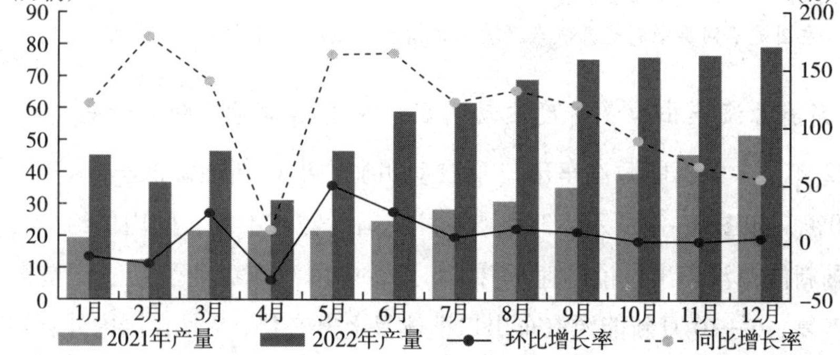


**图 8-1　2021 年和 2022 年 1—12 月中国新能源汽车产量和增长率**

数据来源：中国汽车工业协会。

料电池汽车产量分别占新能源汽车总产量的77.46%、22.50%和0.06%，销量分别占新能源汽车总销量的77.90%、22.04%和0.04%，如图8-3所示。在分类型新能源汽车产销中，纯电动汽车占据了主体地位，燃料电池汽车产销占比最小。

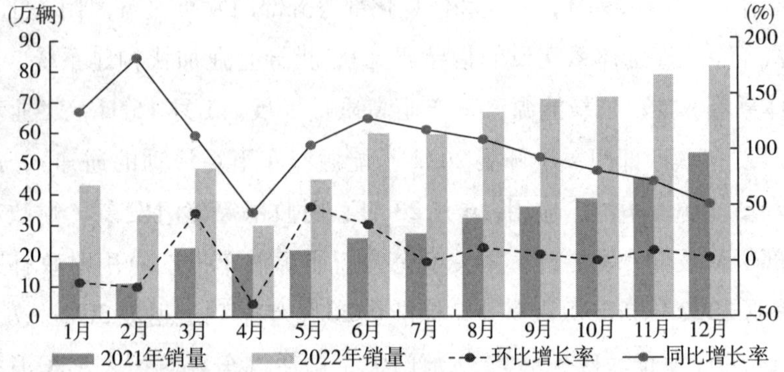


**图8-2　2021年和2022年1—12月中国新能源汽车销量和增长率**

数据来源：中国汽车工业协会。

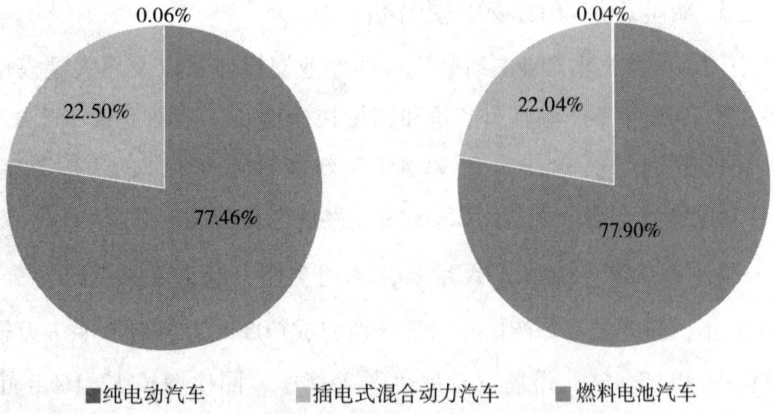


**图8-3　2022年中国不同类型新能源汽车产销情况**

数据来源：中国汽车工业协会。

注：左图是不同类型新能源汽车产量占比情况，右图是指销量占比情况。

### 2. 新能源汽车出口量月度波动明显，年度出口量不断创新高

2022年，中国新能源汽车出口量波动明显，出口新能源汽车67.9万辆，同比增长120%，如图8-4所示。3月和4月受国际物流不畅、国内供给能力较弱等影响，中国新能源汽车出口量迅速下降。6月，中国汽车工业受新冠疫情影响的供应链全面恢复，6—10月新能源汽车出口整体呈上升态势，9月在国内外新冠疫情形势不断变化等多因素影响下出口下降。在新冠疫情冲击下，11—12月新能源汽车出口

呈小幅下降趋势，但仍维持在较高水平。随着中国新能源汽车的国际竞争力不断提高以及海外市场的不断开拓，2022 年中国新能源汽车出口 67.9 万辆，超过 2021 年的新能源汽车出口量。

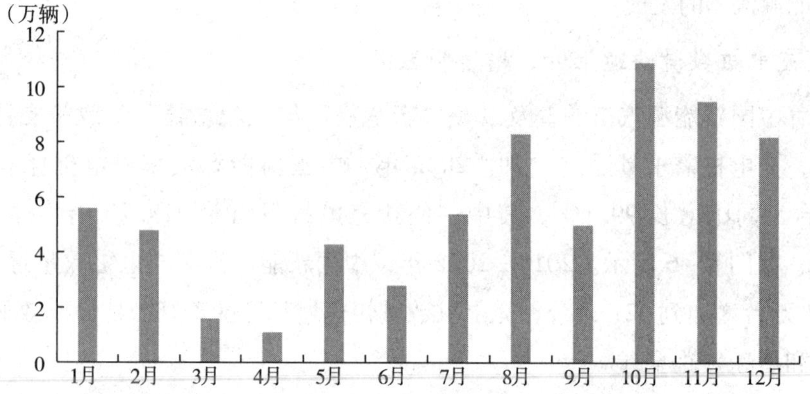


**图 8－4　2022 年 1—12 月新能源汽车出口量**

数据来源：中国汽车工业协会。

3. “双碳”目标进一步细化，新能源汽车渗透率持续上升

基于新能源汽车电池等相关技术的不断进步、日益增加的市场需求及“双碳”目标的进一步细化，2022 年新能源汽车渗透率首次突破 20%，达到 25.64%，较以往 5 年大幅增长，发展态势良好，如图 8－5 所示。

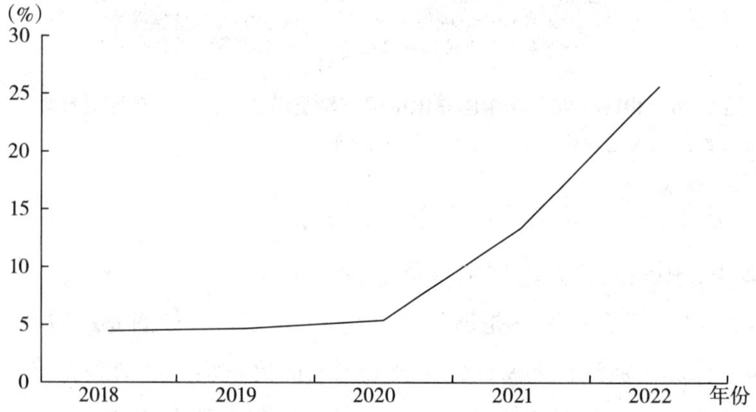


**图 8－5　2018—2022 年新能源汽车渗透率**

数据来源：中国汽车工业协会。

## （三）新能源汽车基础设施发展分析

绿色发展理念持续推进，消费者对绿色低碳汽车的需求大幅增加，在新能源汽

车数量呈现大幅上涨、技术逐渐走向成熟化和商业化的背景下，市场对充电桩等基础设施的需求不断提升。2022 年，新能源汽车充电桩数量增加至 521 万台，同比增长 99.1%，充电基础设施迅速增长。但新能源汽车基础设施发展存在的一些问题制约了新能源汽车的发展。

1. 充电桩数量快速上升，增速明显提升

随着中国新能源汽车的普及以及“新基建”与“稳增长”等政策支持与补贴的影响，充电桩需求量随之增加。2022 年，中国新能源汽车充电桩保有量达到 521 万台，同比增长 99.1%。其中，公共充电桩保有量 219.7 万台，同比增长 91.6%，如图 8-6 所示。2018—2022 年，中国新能源汽车充电桩数量逐年上升，由 77.7 万台增加到 521 万台，充电桩数量快速增长意味着基础建设成效显著，发展规模和增速领跑全球。

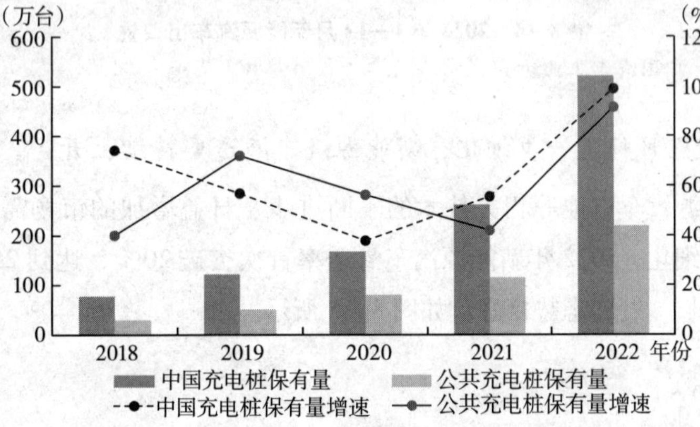


**图 8-6 2018—2022 年中国充电桩保有量及增速、公共充电桩保有量及增速**

数据来源：中国电动汽车充电基础设施促进联盟。

2. 充电桩集中度较高，地区分布不均匀

2022 年，中国公共充电桩主要集中在广东省，为 38.3 万台；第二是江苏省，公共充电桩 13.0 万台；第三是浙江省，为 12.6 万台，如图 8-7 所示。从区域上看，广东、江苏、浙江、上海、北京公共充电桩数量均位居前列，排名前十的地区建设占比达 71.3%。中国新能源汽车充电桩的密集设置多数在一、二线城市和东部省份，比如北、上、广、深等地区，原因是这些地区的气候更加适宜新能源汽车的运行，消费者对新能源汽车认可度较高，并且经济发展水平较高，用车需求较大。

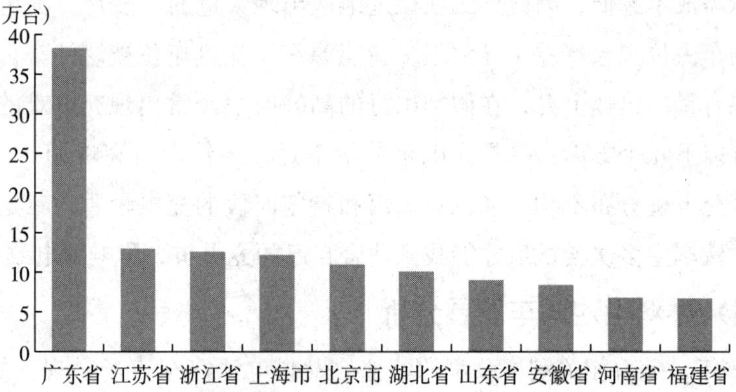


**图 8-7　2022 年公共充电桩累计保有量前十地区**

数据来源：中国电动汽车充电基础设施促进联盟。

3. 充电桩数量总体相对较少，车桩比失调现象较为严重

2022 年，车桩比为 2.7∶1，公共车桩比为 6.4∶1，平均每 6 ~ 7 辆车对应 1 个公共充电桩，如图 8-8 所示。2015 年，中国新能源汽车车桩比约为 7.9∶1，公共充电桩车桩比为 8.9∶1，比例严重失调。虽然近两年充电桩建设速度逐渐攀升，但依旧难赶新能源汽车的产销速度。

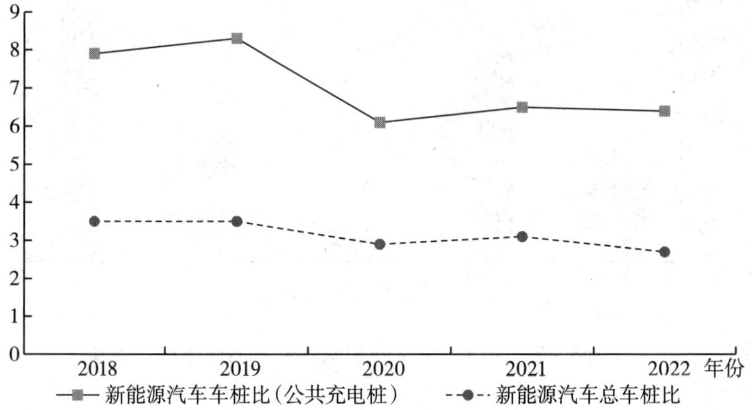


**图 8-8　2018—2022 年中国新能源汽车车桩比**

数据来源：中国电动汽车充电基础设施促进联盟。

4. 充电桩利用率和充电效率较低，制约纯电动汽车发展

2022 年，新能源汽车基础设施仍存在充电桩整体利用率较低的问题，充电桩平均利用率仅在 3% ~5%，这主要是由于充电桩标准不统一，导致不同品牌和厂家的新能源汽车与充电桩之间无法实现互联互通，兼容性问题突出；建设充电桩的位置

越偏僻所需成本越低，因此导致在偏远地区出现大量的“僵尸”充电桩常年无人问津；燃油车占位现象严重，导致很多新能源汽车充电车位被燃油车占用。随着新能源汽车保有量的迅速上升，在假期出行的高峰时段经常出现充电难的问题。究其原因主要有以下几个方面：一是充电桩数量不足，导致出行高峰期“一桩难求”；二是各地区充电桩分布不均，加剧了局部和特定时段的充电矛盾；三是充电桩兼容性较差，导致车主多次尝试后才能找到适合自己的充电桩，影响充电效率。

## （四）燃料电池汽车发展分析

2022 年，随着相关利好政策的落地，燃料电池汽车市场呈现良好的发展势头，燃料电池汽车产、销量均超过新冠疫情前水平。中国燃料电池汽车处于典型的政策推动阶段，市场规模较小，仍有较大增长空间，但成本较高仍是一个需要解决的问题。

### 1. 燃料电池汽车市场规模较小，产、销量不断恢复至新冠疫情前水平

2022 年，燃料电池汽车产量 3626 辆，同比增长 104.1%；燃料电池汽车销量 3367 辆，同比增长 122.9%，如图 8 - 9 所示。

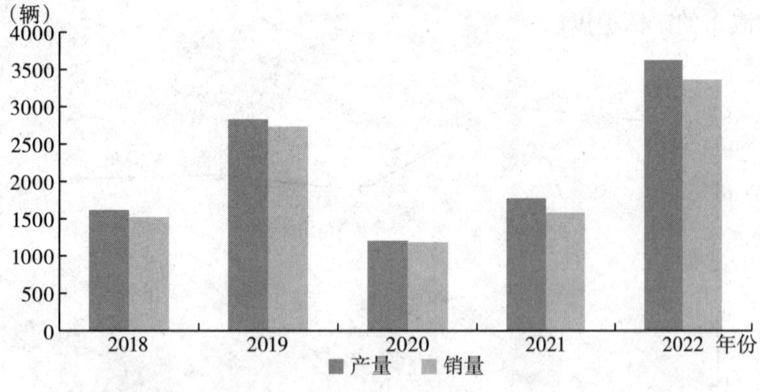


**图 8 - 9　2018—2022 年中国燃料电池汽车产、销量**

数据来源：中国汽车工业协会。

### 2. 加氢站数量不断增加，基础设施不断完善

2022 年，中国加氢站数量累计建成 310 座，较 2018 年增长超 11 倍，约占全球总数的三分之一，位居世界第一，如图 8 - 10 所示。随着中国燃料电池汽车累计销量增加，中国加氢站数量也在逐年增长。

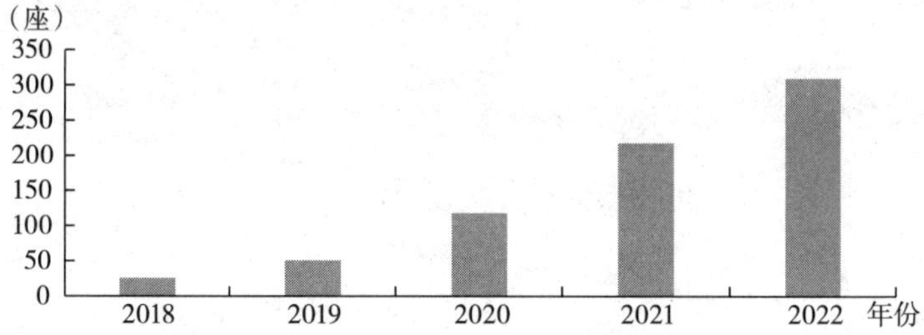


**图 8－10　2018—2022 年中国加氢站数量**

数据来源：国家能源局。

3. 燃料电池汽车处于政策推动阶段，技术及安全问题亟待解决

2022 年，中国燃料电池汽车累计销售 3000 辆，保有量接近 1 万辆，刷新历史纪录，未来两三年还会在政策激励下继续增长，行业正迎来发展的重要窗口期。虽然多地已经出台了利好政策，但燃料电池汽车产业的发展仍处于初期阶段，许多问题亟待解决。首先，一些核心零部件未实现国产化，燃料电池汽车的核心技术“质子交换膜”，被国外个别技术公司掌握，拒绝分享技术，技术上的“卡脖子”问题仍待解决，使燃料电池汽车产业商业化进程难以提速；其次，燃料电池汽车系统成本较高，导致燃料电池汽车销量较低；最后，燃料电池汽车需要一整套氢能源生产和运输网络作为支撑，而氢气本身的安全问题、加注氢燃料时的安全及操作过程中的安全问题都尚未有良好的解决方案。

4. 燃料电池汽车成本居高不下，推动商业化较难

根据公开的氢车订单价格整理，10.5 米级燃料电池客车中标单车的平均价格达到 183.78 万元，比纯电动公交车的价格高出近一倍。在车辆使用阶段，国内高压储氢容器、氢气压缩机和加氢机设备关键零部件主要依赖进口，国内燃料氢气普遍采用高压气态运输，氢气运输成本居高不下，加之氢气制取对杂质要求严格等多种因素制约，加氢站氢气加注价格普遍在 60～70 元/千克，个别地区甚至在 70～80 元/千克，均大大增加了燃料电池车辆的使用成本。尽管示范城市群政策中对加氢站运营、氢气价格给予一定补贴，但终端零售价格仍然达到 35 元/千克。以 10.5 米公交车为例，在百千米氢耗 7 千克情况下，燃料成本将达到 2.45 元/千克，远远高于同级别纯电动公交车。

第九篇

# 中国石油流通行业发展展望

展望2023年，面向国家“十四五”时期全面深化改革的更高要求和国家“双碳”目标的实施，中国石油流通行业政策将集中在推进低碳转型、强化双碳双控、进一步落实行业监管上；中国炼油能力和速度将持续高于世界平均水平，炼油行业发展趋势总体呈现产业形势倒逼炼油企业转型发展、炼油企业规模向大型化发展、炼油产业布局向世界级产业集群发展和持续绿色低碳发展；伴随新冠病毒感染“乙类乙管”政策的落地，国家防疫措施已实现实质性优化，中国消费和生产活动逐步恢复正常，成品油市场总体需求将呈现稳健增长趋势；受乌克兰危机的不确定性、国际供应链危机的缓解等因素影响，国内成品油价格大概率会在2022年底的基础上震荡上升；中国航空煤油、石油焦、船用燃料油市场环境良好，将会迎来进一步发展；成品油库存将同比增加，成品油油库将继续保持扩容态势、以智能化带动运营效率提高、油库建设向“双碳”目标靠拢、进一步完善监管等供应体系建设。科技创新将继续推动智慧港口建设，成品油物流调度决策将会更加智能精准且高效率运行；“油气氢电服”一体化综合交通能源服务站建设将提速、加油站非油业务将更多元化，规模化连锁经营特征将更明显、现代信息技术将广泛应用于智慧油站、加油站经营中用能的绿色、低碳化转型将更加积极；中国石油流通行业将以实现绿色、敏捷、高效、可持续的能源运营新范式为目标，将新一代信息与通信技术（Information and Communications Technology，ICT）贯穿全业务环节，围绕全产业链协同推进各项业务的数字化转型；新能源汽车购置补贴正式退出，将会促进新能源汽车销量释放，随着新能源汽车的认可度逐渐加强，新能源汽车渗透率将会继续上升。

## 一、2023年石油流通行业政策展望

2023年，在全球经济衰退的大环境下，中国经济韧性强、潜力大、活力足，各项政策效果持续显现，中国经济运行有望总体回升。面向国家“十四五”时期全面深化改革的更高要求和国家“双碳”目标的实施，在新能源汽车发展势头迅猛、可再生能源实现跨越式发展的背景下，石油石化行业监管加强、中国石油流通行业未来发展将面临诸多严峻挑战的同时，也存在着诸多的发展机遇。展望2023年，中国

石油流通行业政策将集中在推进低碳转型、强化双碳双控、进一步落实行业监管上。

## （一）积极推进低碳转型，完善新型能源体系建设

2022 年 10 月 16 日，习近平总书记在党的二十大开幕式发言：“积极稳妥推进碳达峰碳中和。实现碳达峰碳中和是一场广泛而深刻的经济社会系统性变革。立足中国能源资源禀赋，坚持先立后破，有计划分步骤实施碳达峰行动。完善能源消耗总量和强度调控，重点控制化石能源消费，逐步转向碳排放总量和强度‘双控’制度。推动能源清洁低碳高效利用，推进工业、建筑、交通等领域清洁低碳转型。深入推进能源革命，加强煤炭清洁高效利用，加大油气资源勘探开发和增储上产力度，加快规划建设新型能源体系，统筹水电开发和生态保护，积极安全有序发展核电，加强能源产供储销体系建设，确保能源安全。完善碳排放统计核算制度，健全碳排放权市场交易制度。提升生态系统碳汇能力。积极参与应对气候变化全球治理。”

能源体系的低碳化、清洁化转型是实现“双碳”目标的关键，加快规划建设新型能源体系也是深入推进能源革命的主要内容。在构建新型能源体系的过程中，传统化石能源在新型能源体系中的占比将逐步下降。预计 2023 年将出台政策推进石化行业产业升级和节能减排。传统化石能源既是能源，也是化工原料，预计 2023 年会有政策进一步落实化石能源的原料化属性。

2022 年 11 月 16 日，国家发展改革委、国家统计局、国家能源局联合印发《关于进一步做好新增可再生能源消费不纳入能源消费总量控制有关工作的通知》，落实《“十四五”节能减排综合工作方案》有关要求，完善能源消耗总量和强度调控，进一步做好新增可再生能源消费不纳入能源消费总量控制有关工作。这将推动新增可再生能源消费量作为促进经济社会高质量发展的重要支撑和保障，预计 2023 年将出台相关的具体落实措施，进一步完善新型能源体系建设。

## （二）进一步落实“双碳”目标，推动能效能耗双控向碳排放总量和强度双控转变

2022 年全国“两会”再次聚焦“双碳”目标，《政府工作报告》提出，推动能效能耗“双控”向碳排放总量和强度“双控”转变，完善减污降碳激励约束政策，加快形成绿色生产生活方式。“双碳”目标的实现是一个长期和艰巨的过程，要充分认识中国碳排放现状，把握全国一盘棋、把节约能源资源放在首位、政府和市场两手发力，以及统筹国内国际共同发展。传统能源退出要建立在新能源安全可靠替代的基础上，石化行业与新能源仍将在未来一段时间内共存。2023 年能效能耗双控向碳排放双控的转变，意味着新目标已瞄准“控制全社会碳排放量”。

2022 年 7 月 11 日，国家发展改革委产业司、工业和信息化部节能司联合召开重点领域节能降碳工作调度会，要求各地抓紧完成能效清单目录和改造方案，推进钢铁、炼油、石化化工等重点领域节能降碳，将阶段性目标设为：到 2025 年，通过实施节能降碳行动，将炼油行业和数据中心达到标杆水平的产能比例超过 30%，提高行业整体能效水平，碳排放强度明显下降，绿色低碳发展能力显著增强。2023 年预计将出台一系列政策进一步加快石油石化行业全面提升绿色低碳发展水平；为进一步落实"双碳"目标，将结合碳交易市场出台更多考核机制，实现价格型工具和数量型工具同向发力，驱动能源结构转型，助力中国"双碳"目标的达成；预计 2023 年将出台石油消费考核指标，使得石油能源消费控制对"双碳"目标更具针对性。

### （三）强化成品油行业监管，各省市进一步推进监管落地

按照国家发展改革委关于成品油行业专项整治工作要求和安排部署，预计 2023 年在中国成品油流通行业强化监管的基调下，国家会重点针对成品油流通行业的税收、安全规范经营、节能环保等方面出台更多监管细则，以便进一步规范成品油市场秩序、加强成品油市场监管、严厉打击违法违规经营成品油行为、维护消费者合法权益。柴油被列入《危险化学品目录》的新规于 2023 年 1 月 1 日起实施，对柴油运输、仓储、经营等各环节企业提出更高要求，强化柴油市场监督。在此带动下，2023 年成品油市场油品资源流通秩序将愈加清晰化。预计 2023 年中国各省、市、县会加大贯彻落实国家成品油行业监管政策的力度，常态化推进本地区成品油市场专项整顿，促进本地区成品油市场规范、有序。

## 二、2023 年炼油行业发展展望

2023 年，世界炼油能力总体将继续提升，中国炼油能力提升速度高于世界平均水平。随着新冠病毒感染"乙类乙管"，经济形势将有所好转，国内成品油市场需求有望逐步恢复，利好中国炼化行业；但是随着"双碳"目标持续推进，市场监管逐渐趋严、新能源行业的高速发展以及外部环境和市场不确定性等因素叠加交织使得中国炼油行业也面临着严峻的考验。由于世界成品油供应增加，供过于求状况加剧，特别是中国成品油需求增速放缓，倒逼炼油企业转型，需要从产业到机制进行创新发展，总的来说，中国炼油行业发展趋势可总结为以下四点。

一是产业形势倒逼炼油企业转型发展，炼油企业大型化、基地化、园区化、一体化趋势明显。近期，全球新建炼油厂大部分炼油能力在千万吨级别以上，中国的

产业政策规定新建炼油企业不得低于1500万吨/年，因此，中国新增炼油企业大部分按照2000万吨/年及以上，甚至4000万~6000万吨/年的规模发展。国内也正在抓紧建设浙江舟山、江苏连云港等“七大石化基地”，基地炼油规模均在2000万吨/年以上；世界炼油产业布局向大型化、炼化一体化、园区化发展，正在逐步形成美国休斯敦、荷兰鹿特丹、韩国蔚山、新加坡裕廊岛等超大型石化产业基地，建成大型石化园区，实现园区内企业的集约化。中国也正在形成渤海湾等三大炼油为龙头的世界级的产业集群。国家发展改革委在镇海石化、茂名石化等炼油基地的基础上，布局大连长兴岛等七大新增沿海石化基地和山东裕龙岛共八个特大型石化基地；由于世界能源市场变化、供需的压力，炼油企业正在由传统的以生产汽油、柴油和航空煤油为主的体系，转换成为以生产乙烯、PX为主，汽、煤、柴为辅的炼油、化工一体化的新型加工体系。面对炼油产能过剩、化工产能不足的结构性矛盾，中国炼油行业的主题是集上游炼油到下游化工产品生产于一体，应有效整合资源，实现炼油企业由燃料型向化工型转变。

二是新增民营炼厂技术水平超越式提高。新上炼油企业普遍采用国内外先进技术，走技术领先、结构优化、竞争力强的新产业路线。炼油企业不断拉伸产业链条，提高催化裂化、加氢裂化、催化重整等二次加工能力，提高原料的适应性；提高三苯、三烯装置比重，实现产业链的快速延伸和化工转型。

三是产业链持续延伸。新建大型炼油一体化项目汽柴油收率在40%左右，乙烯、PX、聚乙烯、聚丙烯、乙二醇、聚碳酸酯、MMA、丙烯腈、苯乙烯等化工原料及高端化工品占比超过40%。

四是持续绿色低碳发展。随着“双碳”政策的进一步实施，环保要求的不断提高，炼油企业全力推进达标减排污染治理，坚持走“以绿色的方式生产清洁能源”为理念的绿色低碳发展道路。在节能减排方面，增强能量系统优化，推行新型节能技术。油品升级方面，伴随环保要求的不断严格，国内油品质量升级步伐加快。炼油企业需要合理安排车用汽油、柴油调运置换，实现平稳过渡，确保油品供应。

### （一）炼油行业发展展望

展望2023年，炼油行业年检修规模将缩小，原油加工量将有所增长，但外部环境及市场的不确定性也将给炼油行业带来更加严峻的挑战，中国炼油行业发展仍存在不平衡、不充分等问题，行业产能过剩等矛盾还比较突出，行业产业布局将进一步优化，结构调整仍是主旋律，另外，炼厂智能化转型将进一步加快，最终帮助企业实现高效、绿色、安全、最优的管理目标。

### 1. 原油加工量呈增长趋势，外部环境及市场不确定性将对炼油业生产运行带来更加严峻的挑战

2022 年多数炼厂装置已经过检修，2023 年检修规模缩小，长时间大幅亏损的情况可能好转，个别 200 万吨/年及以下产能可能被淘汰也有利于整体开工水平的上升。从中国炼厂产能新增计划来看，预计 2023 年中国原油消费量整体呈现增长趋势，原油加工总量继续增长。

中国石油市场强监管政策仍将持续，表外资源继续减少。预计 2023 年国内原油产量继续呈现稳中有进的特征，总产量有望冲击 2.1 亿吨，符合国家“增储上产”的总体要求。

乌克兰危机导致的欧洲对俄罗斯的制裁难以快速消散，中国炼厂对传统加工油种的采买力度提升受限。随着中国炼油能力不断地扩展，炼化一体化项目的落地，也会减弱对进口原油的需求。预计 2023 年中国原油进口量约在 5.25 亿吨，年均增速约在 4.42%。

从进口来源国看，在地缘因素及战略合作关系的影响下，预计 2023 年沙特及俄罗斯仍将稳居中国进口原油来源国的前两位，而伊拉克及巴西等国的市场份额可能出现萎缩，另外，独立炼厂对马来西亚来源地的关注度仍维持高位。

### 2. 行业产能过剩等矛盾突出，产业布局进一步优化

中国炼油工业发展存在不平衡、不充分的问题，包括产能结构性过剩、油品与化工产品供需不匹配等，需要通过转型升级和改革来解决。

首先，面对炼油产能过剩、化工产能不足的结构性矛盾，中国炼化结构转型升级的首要方向是从燃料型炼油向燃料/化工型炼油转变，通过提升产品附加值来拓展燃料型炼厂的发展空间，以此推动产业转型升级。传统炼油企业逐步由燃料型向化工型转变，企业炼油装置从以炼油为主向炼油、乙烯、芳烃一体化转变，实现化工品的规模化生产以及石油原油的集约化利用，达到节省成本和提高效益的目的。

燃料型炼厂转型可通过新建乙烯裂解装置、芳烃联合装置等，多生产三烯、三苯等基础有机化工原料；也可对现有炼油装置挖潜增效，多产化工原料，例如，利用催化裂化多产丙烯，催化重整多产芳烃，以及加氢裂化向化工型转变，多产裂解原料和重整原料或者多产航煤等。新建大型炼油化工一体化企业已大幅压缩成品油产出，部分企业成品油收率甚至低于 40%，目的就是增加化工原料和化工产品产出。

其次，炼化生产向安全清洁绿色高效生产转型，是企业实现可持续发展的需要。随着全球环保要求提高，世界各国对石化产业的三废排放整治措施更加严格，“绿色发展”已经成为全球范围内石化产业的发展主格调，这就要求石化企业向资源节约、产品高端、生产清洁的绿色化生产方式转变。

中国密集出台了一系列安全环保法规，监管日趋严格，行业发展约束增大，中国炼化行业必须积极应对，合法合规经营，继续加大安全环保、节能降耗等方面的资金投入，如应用更先进的环保技术，提高企业环保指标等。

最后，一体化是炼化行业发展的必然趋势。炼化一体化，就是集上游炼化到下游产品生产、销售于一体，其核心是实现工厂流程和总体布局的整体化与最优化，其最大的优势就是能有效整合资源，提升企业的整体效益水平。在国内炼油产能过剩，竞争加剧的大格局下，未来中国炼化领域将朝着一体化、规模化、集群化的方向发展，截至2022年底，全世界有30多座规模超2000万吨/年的大型炼厂在运转生产，其中，亚洲和中东地区的炼厂占到三分之二，并且有的将规划建设项目，产能将超过3000万吨/年。而中国一体化程度低、受原料及成品油价格波动影响较大的小型燃料型炼厂将逐步被淘汰，行业整体集中度和竞争力将大幅提高。

3. 结构调整仍将是主旋律，炼化行业进入深度蜕变期

2022年，中国总炼油产能达到9.37亿吨，已经赶超全球炼油能力第一大国美国。随着众多炼化一体化大项目的建设投产，2023年中国炼油能力会继续增长。在此背景下，叠加产业绿色、低碳转型及高质量发展的要求，炼化行业产业结构调整仍需提速。由于全球炼油企业发展的区域布局不均衡、环保要求提高、成品油的标准逐渐趋同、国际危化品物流的发展，使大规模的成品油与化工品的流转成为更加经济的模式。纵观全球，世界正在形成以中国沿海、美国墨西哥湾、波斯湾沿岸、印度西海岸、新加坡裕廊岛为主的外向型出口基地。

未来中国炼化产业仍将稳步发展，但发展速度可能达不到过去10年的水平。因此，炼化行业将更注重产业绿色低碳转型，将产业发展与绿色低碳和技术进步紧密结合。同时，更重视产品结构调整，增加产业链稳定性的同时，不断向下游高附加值产品延伸，加强产业链中短缺产品研发，提高产业链的完整性。此外，随着油价长时间在高位徘徊，油品加工收益维持在较低水平，需要借助精细化管理提高效率，促使企业良性发展。

4. 炼化行业智慧化转型加快

2022年，国务院发布《关于支持山东深化新旧动能转换推动绿色低碳高质量发

展的意见》，支持化工企业走新型工业化道路，协同推进产业数字化和数字产业化，以制造业数字化、网络化、智能化发展为牵引，强化底层技术突破，汇聚海量数据，丰富产业应用场景，创新融合发展模式，促进数字技术全链条赋能实体经济，全面推动制造业数字化转型。

化工产业发展已经进入了“新时代”，信息化新技术、两化融合和深化互联网 + 应用等正在改变化工产品的市场格局和用户消费行为。市场竞争日趋激烈，化工生产、管控和营销的变革等“新变化”推动着化工企业开创“新征程”。实施化工企业数字化转型升级，促进生产经营和管控等领域的全产业链的全局与系统优化，不断提高化工企业生产经营效益，让资源、能源利用更加高效化，过程更加清洁化即低碳绿色化。

化工行业的信息化智能化发展与转型升级是从数字化工厂迈向智慧化工厂的过程，而数字化是基础，智能化是核心，智慧化是目标。化工企业的智能化建设包括物联网、大数据、人工智能等新技术，实现横向上从原料生产、运输、仓储到化工生产、成品仓储、物流、销售的整个供应链的协同优化，使生产和供应及时响应市场变化，实现智慧供应链。采用成熟的数字化、网络化、智能化和集成化的“四化”技术。围绕工程建设、生产管控、产品营销“三大”方面，“八大”核心业务（数字化交付、无缺陷开车、生产管控、设备运行、质量控制、能源供给、安全应急、产品营销），采取工程项目信息化综合系统、关键装置优化控制、计划调度操作一体化管控、能源优化减排、安全风险分级管控、生产绩效动态评估、产供销存一体化系统共“七大”关键措施，着力提升企业工程项目数字资产集成能力、生产管控与产供销存一体化的感知能力、预测能力、协同能力、分析优化能力及 IT 支撑能力共“六种”能力，为企业经营管理综合效益和竞争力提升提供坚实的保障，并能够最终帮助企业实现高效、绿色、安全、最优的管理目标。

## （二）主营炼厂发展展望

展望 2023 年，随着新冠病毒感染实施“乙类乙管”方案，成品油需求将逐渐回升，成品油市场资源供应将稳中有升，主营炼厂产能继续扩张，开工率也将进一步上升，带动国内整体资源供应量推涨。随着行业环境不断变化加之政策监管逐渐趋严，主营炼厂将进一步加快结构优化调整，持续推进“减油增化”，走炼油化工一体化发展道路。

### 1. 主营炼厂开工率将回升，成品油供应链增速加快

2022 年，国内多地新冠疫情反复，经济恢复受到限制，成品油市场需求低迷，

叠加乌克兰危机引发的一系列外部环境变化使得原油价格大幅攀升。综合多方因素，受制于内需不畅，成品油价格涨幅受限，炼厂盈利压力加大，因此2022年主营炼厂开工率有所下调。但随着国内新冠疫情防控形势逐渐向好，相关政策有一定松动，叠加航空、旅游需求释放，成本面压力将有所缓解，2023年成品油整体需求向好。这将支持国内原油价格保持坚挺，炼油利润向好，提振炼厂开工率逐步回升。综合来看，展望2023年，中国成品油市场资源供应将稳中有升，主营炼厂产能将继续扩张，炼厂检修规模将缩小，开工率也将进一步回升，带动国内整体资源供应量推涨。

2. 炼油能力将继续较快增长，结构继续优化

按照在建项目及规划，中国净增炼油能力将持续上升，升至世界首位。其中新增炼油能力主要来自主营炼厂的新增项目，如表9-1所示。

**表9-1　2023—2024年预计新增炼能情况**

| 企业名称 | 参与方 | 省份 | 新增能力/（万吨/年） | 投产时间 |
|---|---|---|---|---|
| 广东石化 | 中国石油 | 广东 | 2000 | 2022年 |
| 海南炼化 | 中国石化 | 海南 | 500 | 2022年 |
| 镇海炼化 | 中国石化 | 浙江 | 1100 | 2023年 |
| 中科炼化二期 | 中国石化 | 广东 | 1500 | 2024年 |
| 岳阳石化 | 中国石化 | 湖南 | 1500 | 2024年 |

资料来源：公开资料整理。

3. 持续推进“减油增化”，走炼油化工一体化发展道路

国有炼厂将继续加快调整升级的步伐。优化炼能结构，推动供给侧结构性改革，使得炼化产业真正走向“减油增化”的炼油化工一体化发展道路。中国石化就当下乙烯产能较为疲软的局面，制定了“油转特”“油转化”与新能源融合发展的战略目标，推动实现炼油业务在价值链、产业链中达到中高端定位。在其主要项目投产后，将有7家能够实现千万吨炼油及百万吨乙烯的超大型一体化炼厂。中国石油为改善产能布局，推进新厂广东石化的建设，采用扩建乙烯装置等方式对存量炼厂进行“减油增化”。中国海油核心炼化一体项目是惠州炼化和中海壳牌，具备超2000万吨炼油和200万吨乙烯的规模。展望2023年，主营炼厂将持续推进“减油增化”，逐步提升化工原料的消纳能力，提高差别化、高附加值产品比例，继续走炼油化工一体化发展道路。

## （三）独立炼厂发展展望

展望2023年，随着经济形势逐渐向好，市场逐渐活跃，独立炼厂排产趋于市场导向，生产经营将持续优化；独立炼厂炼油产能结构性过剩问题仍将存在，“减油

增化”仍是重点，其终端销售网络布局继续优化，渠道建设将得到强化；随着“双碳”目标持续推进，将逐渐驱动独立炼厂转向绿色炼油厂发展模式。

1. 独立炼厂排产趋于市场导向，生产经营持续优化

2022年国内成品油消费市场较低迷且供需不断波动，独立炼厂不断根据市场需求进行排产调整，炼厂开工率随市场供需持续波动。预计2023年，随着新冠病毒感染“乙类乙管”，国内成品油需求有望逐步恢复，独立炼厂将继续以市场导向为原则进行排产，开工率将有望提高；另外，独立炼厂将进一步从原料油采购、配置优化、石油产品调和、产品结构、工艺流程及加工方案等方面持续优化，通过炼厂整体优化的不断推进，使企业的生产调控实现智能化、模型化、集成化与可视化，促使生产经营更加具有灵活性。

2. 炼油产能结构性过剩问题仍将存在，减油增化仍是重点

在炼油产能不断释放与新能源替代发展步伐持续加快的背景下，2023年独立炼厂产能结构性过剩问题仍将存在，主要表现为成品油、基础石化产品过剩，而高端化工品产量短缺。独立炼厂也将进一步调整产能布局，提升高端油品产率。产能结构性过剩叠加基础油品利润空间狭窄促使“减油增化”仍是独立炼厂的发展重点，尤其是高端化工品的增产。随着独立炼厂一次加工能力（常减压）快速增长及产品质量升级的要求，相配套的二次加工、深度精制装置逐步完善，并普遍达到了国V标准，独立炼厂一直致力于向化工型炼厂进行转型，产业链逐步拉长，对原料的适应性更强，另外，随着原油“双权”进一步放开，独立炼厂原料采购更具主动权，2023年独立炼厂将继续推进从燃油型炼厂向化工型炼厂进行转型，并逐步向新材料、新能源领域延伸，着力生产更符合低碳社会发展的化工高端材料和绿色塑料等绿色化工产品，不断提升其自身竞争力。

3. 终端销售网络布局继续优化，渠道建设将得到强化

下游成品油终端零售是独立炼厂长期以来的薄弱环节，随着网约车业态的迅速发展，互联网加油平台模式进入成品油终端行业，与传统营销模式融合加快。以富海集团、海科集团为代表的部分独立炼厂企业已开始布局并持续优化自身成品油销售终端，销售网络建设将逐步完善，传统销售渠道将得到进一步强化。未来独立炼厂将不断提高产品质量，增强客户认可度，加强物联网、大数据、人工智能等新技术与传统营销模式的融合，加快推动“智能炼厂”“智慧油站”建设，积极对接终端市场，继续优化终端零售网点布局。

4.“双碳”目标持续推进，驱动独立炼厂绿色发展

在当前国内“双碳”目标持续推进，可再生能源快速发展，全球石油需求前景黯淡的背景下，炼化行业作为能耗高、碳排放量大的行业，未来需朝高效、低碳、循环方向不断升级。受新冠疫情和高油价影响，2022 年中国炼油利润显著下滑，山东独立炼厂在上半年出现较大亏损。与侧重生产化工品的炼厂相比，传统炼厂利润率更低，碳排放量则更高，而碳价又会进一步侵蚀炼厂利润。未来独立炼厂在生产过程中需要采取节能手段，降低“三废”排放，实现绿色发展，用绿色环保和质量优良作为企业的核心竞争力，在炼化一体化基础上推动降碳减排，实现绿色发展以及产业循环。

## 三、2023 年成品油市场需求与进出口展望

根据国家统计局公告，2022 年全国居民人均可支配收入实际增速已达到 2.9%，与经济增长基本同步。展望 2023 年，伴随新冠病毒感染“乙类乙管”政策的落地，国家防疫措施已实现实质性优化，中国消费和生产活动逐步恢复正常，经济增速逐季回归，全年 GDP 增速可达 5%，带来成品油市场总体需求呈现稳健增长趋势。在成品油主要油品市场中，汽车行业随着全国新冠疫情防控的放开得到快速增长，汽油需求也将得到平稳增加；受低碳相关政策影响，柴油需求将小幅下降；随着航空旅行和货物运输需求加大，国内新冠病毒感染实施“乙类乙管”政策，航煤需求将进一步增长，实现量价齐增。从分行业成品油市场来看，交通运输及仓储邮政业将呈现稳定上升趋势，农林牧渔业、建筑业、批发零售及餐饮业及生活消费等其他行业成品油需求或将呈现出平稳增长趋势，工业市场成品油需求则相对小幅收缩。成品油出口配额将继续收缩，进出口量将继续收窄。

### （一）成品油市场需求展望

2023 年，国内资源供需格局将进一步优化，整体成品油需求加大，主要表现在以下两个方面。

1. 经济恢复，成品油市场总体需求稳中有升

2022 年 12 月 15 日至 16 日中央经济工作会议召开，中国将继续实施积极的财政政策和稳健的货币政策，加大宏观调控政策力度，同时新冠疫情防控实施全面放开政策，对工业、建筑业、企业经营活动及居民生活影响持续减弱，展望 2023 年，中国经济将大幅增长，成品油市场的整体环境迎来利好。

2. 新能源替代及“双碳”目标带来压力

在“双碳”目标影响下，成品油出口力度或持续减弱。国内成品油大出大进的出口政策将逐步改变，通过国内市场自行调整资源供应格局将成为首选。新能源汽车在乘用车中的占比迅速提升，对汽油需求产生替代冲击，进而影响成品油的整体需求。不过，相较于2022年，2023年成品油需求将有明显改善，成品油表观消费量有望攀高，供需矛盾趋于缓解，预计2023年成品油表观消费量将达到36200万吨，同比增幅超过10%。

## （二）主要油品市场需求展望

国内全面优化新冠疫情防控措施，实施全面放开政策，各行各业也逐渐恢复正常，在政策方面的支撑下，预计2023年中国经济将平稳发展，同时也将会带来成品油需求的提升。展望2023年，随着新冠疫情防控政策放开，汽车行业的快速发展，私家车数量将增长，汽油需求也将平稳增加；受柴油纳入危化品管理影响，柴油需求将小幅下降；随着航空旅行和货物运输需求加大，国内新冠病毒感染实施“乙类乙管”政策，航煤需求将进一步增长，实现量价齐增。

1. 汽车市场发展良好，汽油需求将平稳增长

国务院联防联控机制综合组发布《关于对新型冠状病毒感染实施“乙类乙管”的总体方案》，自2023年1月8日起，对新冠病毒感染实施“乙类乙管”。预计2023年居民驾车出行也将逐渐增加，国民经济总体上保持恢复态势，民生保障有力，伴随着国家促进消费政策的拉动，刺激购买汽车等消费需求上涨，利好汽车行业发展。展望2023年，汽车市场发展良好，汽油需求将呈现平稳增长态势。虽然新能源汽车市场发展迅速，影响燃油汽车和汽油需求，但是新能源汽车销量占汽车销量不足20%，短期内难以撼动汽油需求的主导地位。根据弹性系数法，考虑新能源汽车替代影响，预计2023年汽油表观消费量约为17028万吨，与2022年相比增长约6.8%。

2. 受“双碳”及柴油纳入危化品管理影响，柴油需求将小幅下降

应急管理部等十部委发布公告，2023年1月1日起，柴油列入危化品类，柴油全部调整为危险化学品，柴油各个环节均将按照危险化学品进行安全管理。同时伴随着国家“双碳”战略的逐步实施，产能结构不断优化，运输结构不断调整，对柴油运输消费替代作用明显增强。展望2023年，柴油的生产、储存、使用、经营和运输，都需要按照危险化学品开展相关行政许可和安全管理，此外中国将更多使用清洁能源和新能源，因此柴油需求将呈小幅下降趋势。根据弹性系数法，预计2023年

柴油表观消费量约为14700万吨，与2022年相比减少约3.6%。

3. 随着航空旅行和货物运输需求加大，国内新冠病毒感染实施“乙类乙管”，航煤需求将进一步增长，实现量价齐增

航煤需求受新冠疫情影响较大，随着国内新冠病毒感染实施“乙类乙管”，取消入境后集中隔离政策以及客座率限制等国际客运航班数量管控措施，预计2023年，国际和国内航班将逐渐恢复正常。展望2023年，国际航空方面，预计从2023年初起，客流将开始明显恢复，考虑政策释放节奏、国内新冠疫情进展等，预计至2023年底，可恢复至接近新冠疫情前水平。国际货物运输方面，中国制造业具有比较优势，日用消费品、3C电子产品等在全球市场中更具有竞争力，出口需求有望稳步提升。国内航空方面，预计在经历2~3个月新冠病毒感染后，国内居民出行意愿显著增强，同时经济消费将实现强劲反弹，将会有更多人选择航空作为出行方式，2023年暑期或可恢复至新冠疫情前水平。国内货物运输方面，运输消费市场有望复苏，带动行业增速回暖，基于新冠疫情影响收敛、消费端和生产端复苏，预计2023年行业件量增速有望恢复。随着航空旅行和货物运输的需求加大，航煤需求将呈现逐步增长趋势，实现量价齐增。根据弹性系数法，预计2023年航煤表观消费量为2121万吨，与2022年相比增长约7.7%。

## （三）分行业成品油需求展望

展望2023年，交通运输及仓储邮政业将呈现稳定上升趋势，其他各行业成品油需求也将会产生一定程度的波动，其中，农林牧渔业、建筑业、批发零售及餐饮业及生活消费等其他行业成品油需求都或大或小呈现出平稳增长趋势，工业市场成品油需求则相对小幅收缩。

1. 交通运输及仓储邮政业成品油需求将呈现稳定上升趋势，占据成品油消费市场的领先位置

首先，在交通运输业上，展望2023年，第一季度受春运影响人们出行频次增加，行业客流将迎来明显好转，但1—2月受大面积新冠病毒感染影响恢复相对较慢，而第二季度伴随天气回暖、新冠疫情影响逐渐减弱，第三、第四季度有望伴随着国家政策的推动得到显著改善。从整体而言，随着年初新冠病毒感染“乙类乙管”政策的落地，预计2023年交运行业有望迎来大幅好转，同步带来成品油总需求将会呈现稳健增长趋势。但同时，新能源汽车市场快速扩大对汽油消费需求形成一定冲击，造成汽油消费量增速或将放缓。

其次，在仓储邮政业上，预计在2023年宏观经济和消费环境转暖背景下，仓储

邮政业基本面表现相对于2022年将有显著改善。展望2023年，第一季度受新冠感染影响短期内行业增长较为不明显，而后几个季度基于新冠疫情影响收敛，消费端和生产端逐渐得到复苏，带动该行业增速回暖，同步带动该行业成品油需求继续保持上升趋势。

根据相关预测方法，考虑到未来各细分部门均将向低碳能源转型，造成对成品油市场的替代影响，预计2023年交通运输及仓储邮政业成品油需求约为21128万吨。

2. 其他行业成品油总需求将保持平稳增长趋势，其中柴油和汽油市场波动最为明显

（1）农林牧渔业成品油需求将保持上升趋势，其中柴油占较大比重

习近平总书记在党的二十大报告中首次明确提出“全面推进乡村振兴、加快建设农业强国”，要为中国式现代化发展提供足够的物质支撑，必须着眼于强国必先强农，农强方能国强。展望2023年，第一季度1—2月人口大范围感染新冠病毒，农林牧渔业整体发展相对受限，而后几个季度在疫后需求修复的推动下，行业景气恢复程度加快。从整体而言，2023年农林牧渔业产业结构将不断优化，农业发展将更加均衡，拉动农林牧渔业总产值的持续增长，从而带动该行业成品油需求继续保持上升趋势，在总用能中，柴油受农业机械总动力增长拉动增幅较大。根据相关预测方法，预计2023年农林牧渔业成品油需求约为1850万吨。

（2）工业用成品油需求将呈现小幅下降趋势，其中柴油市场波动最为明显

近年来，随着工业结构持续优化升级，中国高载能工业增长步伐逐步放缓，各行各业加大节能提效。展望2023年，第一季度1—2月全国人口大面积感染新冠病毒，多数企业面临停工停产，而后几个季度受新冠疫情影响程度减弱，各大企业也渐渐恢复生产运营，因此预计工业在各季度的经济波动情况也会有明显不同。从整体而言，工业经济发展动力主要受以下两类因素支持，首先是国内投资规模扩大，其次是国内消费需求的释放，共同推动工业消费品的需求呈现增长态势。未来随着工业结构转型和绿氢等技术的应用，工业部门用能品种结构将显著变化，工业终端用能增速逐步放缓，工业终端用能结构更为清洁低碳，因此预计2023年工业用成品油需求将呈现小幅下降趋势，其中柴油市场波动最为明显。根据相关预测方法，预计2023年工业成品油需求约为1306万吨。

（3）建筑业成品油需求将保持平稳增长态势，其中汽油和柴油占比最大

随着中国建筑业不断追求高质量发展，未来必然会促进消费增长同时抑制能源消费。展望2023年，考虑新冠疫情防控政策放开，全国人口大面积感染的情况，

2023年第一季度1—2月建筑业相关企业发展相对受限，预计后几个季度则会发生明显好转；同时考虑政府为刺激经济复苏或继续出台相应政策，带动基建工程等相关行业开工率提升，对柴油需求形成支撑，预计2023年建筑业成品油需求将保持平稳向上趋势。根据相关预测方法，预计2023年建筑业成品油需求约为971万吨。

（4）批发零售及餐饮业成品油需求将保持平稳增长，其中汽油和柴油占据主要位置

展望2023年，第一季度1—2月全国人口大面积感染新冠病毒，批发零售及餐饮行业受影响程度相对较重，第二季度随着疫后需求修复的推动，恢复程度逐渐加快，第三、第四季度在国家新政策的利好支持下会继续快速增长。从整体而言，批发零售及餐饮业作为基础民生经济行业，预计2023年全年批发零售及餐饮业将实现快速增长，该行业成品油需求也将继续保持平稳增长，需求市场仍主要集中在汽油、柴油两部分。根据相关预测方法，预计2023年批发零售及餐饮业成品油需求约为528万吨。

（5）生活消费及其他行业成品油需求将继续保持增长，其中汽油占比最大

拉动内需是保证中国经济维持稳定增长态势的主要驱动力。展望2023年，受全国大范围人口感染新冠病毒的影响，第一季度1—2月的生活消费及其他行业发展程度受影响较大，而后几个季度消费场景会逐渐恢复，居民收入也在一定程度上出现恢复性增长，国家促消费新政策的陆续出台，共同助力生活消费及其他行业的进一步发展，同时也带动该行业成品油需求继续保持增长，其中汽油市场占比最大。根据相关预测方法，预计2023年生活消费及其他行业成品油需求约为8417万吨。

## （四）成品油国际贸易展望

依据中国的成品油进出口贸易规律，在出口方面以柴油、汽油和煤油为主，进口则以石脑油和LPG为主。展望2023年，乌克兰危机的不确定性、清洁能源的广泛使用、低碳环保要求的不断提高将对全球成品油贸易产生深远影响，全球成品油贸易或逐步萎缩，生物燃料贸易比重将大幅提高，中国对低碳环保要求不断严格，中国成品油国际贸易政策发生重要调整，中国成品油国际贸易“大进大出”格局将发生根本性变化。

1. 成品油进出口量继续收窄，国内汽油需求增加

2023年1月，中国第一批成品油出口配额下放共计1899万吨，同比上涨46.08%。在碳达峰碳中和目标以及能源转型大背景下，炼化行业正加快淘汰落后产能、优化产业结构布局。成品油出口缩减与当前中国炼化行业转型升级不无关系，

而出口缩减也将进一步倒逼行业优胜劣汰，预计2023年中国成品油供应基本稳定不变，供需差继续收窄，出口量将进一步减少。国内汽油、柴油产量随着需求复苏而增加，并且汽油、柴油净出口量呈下降趋势。主要是因为新冠疫情管控放开，人们出行频次增加，汽油需求恢复相对比柴油快。因此，汽油、柴油表观消费量均分别较2022年上涨，汽油需求增速相对比柴油大。

2. 成品油出口配额将继续收缩

展望2023年，受欧美国家对俄罗斯石油出口制裁持续影响，全球成品油贸易流向将发生进一步调整。在当前中国炼油产能过剩的背景下，出口端政策收紧已成为趋势，行业优胜劣汰将进一步加速，中国成品油优先保国内供应，成品油出口配额未来呈现缩减的趋势，旨在改善大量进口原油又大量出口成品油的“两头在外”的模式，同时出口政策收紧有利于炼能过剩背景下炼化行业加快淘汰落后产能，成品油市场环境将显著改善、发展更趋规范。

3. 柴油仍将是2023年国际石油市场的一个热点

展望2023年，首次下发的成品油出口配额同比大涨近五成，在“双碳”目标基本达成的背景下，出口政策收紧的程度或持续放缓甚至不乏进一步放宽的可能。此外国内炼油能力进一步提升，而随着新冠疫情管控全面放开，以及各地出台相关政策扶持各地经济恢复，工程基建项目或继续增加，柴油整体需求较2022年也将持续改善。预计2023年柴油出口或在国内资源供需局面不断调整中灵活调配。若出口配额进一步放宽，柴油出口总量或将适度增加。

## 四、2023年成品油价格与批发市场展望

考虑到新冠疫情政府政策的调整、国际供应链危机的缓解等因素，2023年国内成品油价格大概率会在2022年底的基础上震荡上升，成品油价格调整次数跌领先于涨，其中汽柴油价格年度合计增速将稳定在个位数，煤油量价齐升。因为新冠疫情管控放开，人们出行频次增加，汽油需求恢复相对比柴油快。国内汽油、柴油产量随着需求复苏而增加，并且汽油、柴油净出口量呈下降趋势，因此，汽油、柴油表观消费量均分别较2022年上涨，汽油需求增速相对比柴油大。供需均有增长预期，但在出口减少的情况下，国内柴油的紧张情况会持续好转，国内库存中低位运作，对价格有支撑但无拉涨能力，供需的作用小于原油。2023年中国成品油批发价格或将呈现阶段性波动趋势，批发市场竞争加剧，市场监管力度将进一步加强，未来的

成品油批发市场必然向多元化、差异化、竞争化、合规化方向发展。

## （一）成品油零售价格展望

美西方国家对俄罗斯海运石油出口设置每桶 60 美元的价格上限，供应链危机在 2023 年可能趋缓，油价有下行可能。但 OPEC + 希望油价稳定，2023 年会继续限制产量。2023 年全球石油库存预期将保持在低位，这将限制油价持续大幅下行。渣打银行认为存在一种暗淡的市场可能性，随着经济衰退导致需求下降，油价将大幅下跌。同时考虑乌克兰危机仍将持续，将消除能源成本中与冲突相关的风险溢价，导致价格进一步下跌，最终布伦特原油价格可能暴跌至每桶仅 40 美元。高盛的经济学家认为美国 2023 年陷入衰退的可能性为 35%，这一估计远低于《华尔街日报》调查显示的中位值 65%。2023 年美元加息可能会持续但趋缓，会对抑制油价的下跌有显著影响。EIA 预计 2023 年布伦特原油的平均价格为每桶 95.33 美元。乌克兰危机、国际经济、中东问题、伊核谈判、中美关系都将影响油价波动空间。受国际油价波动的影响，在中国政府各项政策、措施以及经济发展周期的共同作用下，包括国务院联防联控机制发布《关于进一步优化落实新冠肺炎疫情防控措施的通知》，预计 2023 年国内成品油价格大概率会在 2022 年底的基础上震荡上升，成品油价格调整次数，跌领先于涨，其中汽油、柴油价格年度合计增速将稳定在个位数，煤油量价齐升。成品油零售价格具体展望如下。

1. 国际原油价格宽幅震荡，全年将在 70 ~ 90 美元/桶波动

预计 2023 年国际原油价格宽幅震荡。从供需面上看：2023 年世界经济将进一步衰退，新冠病毒虽然不断变异，但随着疫苗和治疗新冠药物发挥作用，全球新冠疫情逐渐减弱，且各国经济活动已经重启。各大机构已经下调 2023 年全球原油需求。但欧佩克发布的《2022 年世界石油展望》报告预计，发达国家未来的需求会有所下滑，而发展中国家随着人口增长和经济繁荣发展，需求将会增加，比此前预期的更为强劲，并将 2023 年世界石油预计需求量上调至 1.03 亿桶/天，比 2022 年增加了 270 万桶/天，较 2021 年的预测上调了 140 万桶/天。IEA 和 EIA 却有不同看法，在其最新一期报告中均对 2023 年原油需求进行下调，其中 IEA 将 2023 年增长预期下调 4 万桶/天至 160 万桶/天，EIA 下调 32 万桶/天至 116 万桶/天。主要机构对市场需求的一致性悲观预期，压制了油价上行动力。同时，受气候政策的影响，国际煤炭、石油和天然气项目投资在减少，OPEC + 控量保价，抑制油价过度下行。从供应链上看：欧美与俄罗斯之间制裁与反制裁措施不断升级，欧洲与俄罗斯之间的油气供应链被割裂，设置了俄罗斯海运石油出口每桶 60 美元的价格上限的阀门，

同时，西方主要国家纷纷出台政策，建立各自新的供应链，这些都会引起未来油价的宽幅波动。从极端事件上看，极端气候事件更频繁和严重，将会引起季节性原油价格波动，波及成品油价格。从库存上看：对俄制裁或将导致2023年全球石油库存持续下滑，这将限制油价大幅下跌。从金融上看：2023年美元加息持续但趋缓，在全球范围内关于放慢紧缩步伐的呼声也越来越高，会对抑制油价的下跌有很大影响。从地缘政治上看：俄罗斯与西方矛盾、中东问题、伊核谈判、中美关系都将引起油价大幅波动。在综合各种预测的基础上，依据原油基本面分析，笔者认为，2023年国际油价将宽幅震荡，全年油价可能在70～90美元/桶波动。

2. 国内成品油价格会在2022年底的基础上震荡上行

国内成品油零售价格受国际油价波动的影响较大。2023年国内成品油价格总体上将呈现前低后高的趋势。随着炼化一体化项目相继投产、炼厂扩容，成品油市场供应增加，国务院联防联控机制发布《关于进一步优化落实新冠肺炎疫情防控措施的通知》，中国经济增长的动力将逐步加大，中国经济的增长将刺激成品油的需求增长，驱动价格上行。成品油价格调整次数涨领先于跌。其中汽油、柴油价格年度合计增速将保持个位数，随着中国的经济、社会、生活将恢复正常化，煤油价格增速或上升至两位数。

3. 汽、柴、航油生产成本增加，成品油零售价格将稳定保持小幅增长

国家宏观层面上在整个油气体制改革里态度鲜明，一直都强调要严格控制成品油出口。中国的出发点就是要控制“大进大出”——大量进口原油又大量出口成品油这种“两头在外”的模式。另外，现在“双碳”目标也是国家非常重要的战略考量，政策收紧也利于“双碳”目标的实现。2021年5月，财政部、海关总署、税务总局联合发文，将进口环节的轻循环油、混合芳烃、稀释沥青等调油组分纳入消费税征收目录。这些资源此前主要用于调和低价未税的汽油、柴油产品，不合规低价资源减少，促使中国汽油生产成本增加，汽油零售价格将保持稳定高位。并且，依照《危险化学品安全管理条例》（国务院令第591号）有关规定，应急管理部会同工业和信息化部、公安部、生态环境部、交通运输部、农业农村部、卫生健康委、市场监管总局、铁路局、民航局决定调整《危险化学品目录（2015版）》，将“1674柴油［闭杯闪点≤60℃］”调整为“1674柴油”。应急管理部将配套补充完善“危险化学品分类信息表”。自2023年1月1日起施行，将柴油列入危化品。近年来柴油价格高于汽油价格有以下主要原因：第一，对柴油和其他馏分燃料油的需求相对较高，特别是在欧洲、中国、印度和美国。第二，中国向污染较少、硫含量较低

的柴油燃料过渡影响了柴油的生产和分销成本。预计2023年中国柴油生产成本增加，促使柴油零售价格将保持稳定高位。2023年除航煤的生产成本增加的因素之外，在对疫情的新的处理方式下，以及取消出入境限制等一系列利好因素的影响下，煤油将呈现量价齐升的趋势。

4. 清洁能源对油品替代将持续加大，成品油价格将在稳定中波动

巴黎协定确定的全球绿色低碳转型大趋势不可逆转，世界对清洁能源的需求促使未来锚定美元的对象可能由传统的化石能源油气扩展到战略性矿产资源，与清洁能源相关的战略性矿产资源的金融属性逐渐提升，未来与清洁能源相关的战略性矿产资源或将成为地缘政治博弈的又一重心，从而影响清洁能源的安全和价格的稳定性。能源转型必须建立在能源安全的基础上，必须以确保能源供应和价格稳定的方式进行清洁能源的转型。预计清洁能源对油品替代将持续加大，但成品油零售价格将在稳定中波动。2023年中国逐渐加强清洁能源和可再生能源的开发利用，推动能源生产和消费革命，新能源汽车的稳步发展，可再生能源的清洁能源替代作用逐渐显现。油气公司或将围绕能源效率提升、甲烷气体逸散、生产设施改造升级、广泛发展多元化清洁能源产品［包括碳捕获利用与封存（CCUS）、氢能、电动汽车充电、高端化工品、新材料、可再生电力等］加速向社会碳中和愿景迈进。成品油消费总量增速趋缓，但成本会增加，成品油下跌和上升的驱动力对冲，成品油价格将在稳定中波动。同时，“双碳”早期，具有较高波动性和间歇性的新能源，将带来更多削峰填谷的需求，新能源时空分布不均、波动性大的短板，未来需要通过储能+智能物联网技术解决，实现风、光、氢、水多能互补。稳定性、经济性有待进一步完善。因此，未来一段时期内终端成品油的需求将依然旺盛，成品油价格虽有波动但会稳定在一定区间内。追求“碳中和”推进能源转型，天然气作为绿色过渡能源，供需缺口也将增大，天然气价格波动，虽会引起成品油零售价格波动，但难以撼动成品油价格在一定区间内的稳定性。

## （二）成品油批发市场展望

展望2023年，中国成品油批发价格或将呈现阶段性波动趋势，批发市场竞争加剧，市场监管力度将进一步加大，未来的成品油批发市场必然向多元化、差异化、竞争化、合规化方向发展。对中国成品油批发市场展望分析如下。

1. 受国际油价和国内供需端双重影响，中国成品油批发价格将呈现阶段性波动趋势

原油作为成品油行业的上游端口，国际油价是影响成品油批发价格走势的重要

因素之一。欧美考虑对俄罗斯原油出口价格设置上限，但预计不会对俄罗斯原油产量和出口量造成太大影响，OPEC+受到定价权带来的高利润影响，减产挺价意愿显著，但不会发生大规模减产，仍然以维持稳定为主，原油供应会出现稳中有增。而欧美持续加息，将导致经济的负面影响逐渐显现，原油需求量会出现较大幅度下降，令油价承压减弱。2023年国际油价重心或将上移，中国现行的成品油定价机制决定了国内成品油批发价格将随着国际油价变动。

随着主营炼厂和独立炼厂的新增产能陆续投产，各大炼厂炼油能力提升，成品油供应量将继续增加。国家助力“双碳”的政策不断实施，新能源汽车汽油替代量将进一步增长，炼化行业的“炼化一体化”转型升级，受新冠疫情反复影响，汽油消费量受到打压，终端利润缩减的情况下，采购意愿大幅下降，油品需求将继续放缓。因此，从国际原油价格及国内成品油批发市场供需端来看，2023年中国成品油批发市场价格或将阶段性波动。

2.“双碳”目标下大炼化已成发展趋势，成品油批发市场竞争更加激烈

“双碳”目标下，国家加速推动炼化行业转型升级，“减油增化”已成为未来炼厂发展趋势，对成品油市场的影响也逐渐显现。主营炼厂多年来一直以“减油增化”为突破口，加快炼厂转型升级。在民营炼厂中，由于原有进口配额政策红利的影响，成品油供应量逐年增加，虽然民营炼厂正在加速转型升级，成品油出口配额也对民营炼厂开放，但是仍然无法避免出现成品油供应过剩的局面。“双碳”目标下，控制成品油供应量和炼化行业转型升级都使成品油批发市场即将迎来大规模洗牌，竞争将更加激烈。

3. 地方政府相继出台成品油流通行业政策，成品油批发市场将持续完善事中事后监管方式

在国家发展改革委、国家能源局印发的《关于完善能源绿色低碳转型体制机制和政策措施的意见》下，为深化成品油行业“放管服”改革，优化成品油营商环境，加强成品油流通监管，提高成品油市场管理水平，保障成品油行业健康有序发展，激发市场活力，贵州省、江西省等省份出台了《成品油流通管理方法》及《成品油市场专项整治方案》。为力争建立公正透明、宽进严管的行业准则，提高市场主体办事的便利度和可预期性，未来将有更多省份出台《成品油流通市场专项整治方案》。随着改革推进，成品油批发市场仍将继续涌现大量市场主体，市场竞争将日趋激烈，而传统监管将难以为继，持续完善事中事后监管方式将成为政府未来重要的成品油批发市场管理工作。

## 五、2023 年航煤、石油焦与燃料油发展展望

预计 2023 年世界经济逐步恢复，中国受新冠疫情的影响逐步减弱，在中国经济面对压力之时，中央经济工作会议释放一系列清晰信号，强调要保持经济平稳运行，支持民营经济和民营企业发展壮大，要求各级领导干部要为民营企业解难题、办实事，构建亲清政商关系等，这有利于提振市场信心，使中国经济尽快恢复活力，2023 年下半年预计经济形势将得到较强改善，中国航空煤油、石油焦、船用燃料油市场环境良好，会迎来进一步发展。

在航空煤油方面，预计 2023 年，随着新冠疫情影响的逐步减弱，航空业稳步恢复，需求端增长拉动，预测航空煤油价格将被牵动上升，同时在“双碳”目标和相关政府政策的推动下，生物质航空煤油将会得到更大的发展空间。石油焦方面，预计 2023 年国内石油焦产量较为稳定或有小幅增长，因受 2022 年市场交易形势影响，相关产业厂商预期以稳效益为主，对石油焦需求预计变化不大，负极材料受新能源产业的带动，将会成为石油焦，尤其是低硫焦需求新的增长点，2023 年初，石油焦价格预计会延续 2022 年下半年的态势进一步下降，随着 2023 年下半年经济形势的好转，预计石油焦价格会再度上升。低硫船燃方面，预计 2023 年国产低硫船燃资源需求趋于稳定，国内低硫船用燃料油产量将会继续增加。国产低硫保税船燃产量将继续增加，进口保税船燃料油产量将出现下降，保税船供油市场资源自给率将大幅提升。智能船舶将会成为船舶工业发展的新趋势，船舶燃料油消费在燃料油中所占份额将不断扩大。

### （一）航煤发展展望

展望 2023 年，新冠疫情影响消除后，中国航空煤油需求将会随航空行业稳步恢复并得到有效上涨，航空煤油需求预计将随着境内外航班数的回升恢复至 2021 年水平以上，有效缓解供需缺口；由于受国际原油价格影响，叠加航空煤油需求端爆发增长拉动，航空煤油价格将被紧密牵动上升；“双碳”目标下，减排压力增大，在国际碳中和大背景与技术突破实现规模化发展趋势下，中国生物航煤将迎来更大发展空间，新增产能有效释放。

#### 1. 中国航空煤油供需缺口将得到改善

2022 年中国航空国内航线需求恢复较好，但国际航线供求持续低位，均远不及 2019 年。随着中国新冠疫情政策持续优化，《关于进一步优化落实新冠肺炎疫情防

控措施的通知》的发布、C919大飞机正式交付东方航空、《扩大内需战略规划纲要（2022—2035年）》的发布将释放航空消费潜力，持续利好国内民航运输和航空产业链，虽然客流回升尚需爬坡，航空业短时间内业绩仍承压，无法完全修复，但2023年中国经济消费将实现强劲反弹，中长期航空客运需求终将会逐步恢复增长，执行航班数会逐步贴合计划总数，从而带动2023年中国航空煤油需求的增长。随着国务院联防联控机制印发《关于对新型冠状病毒感染实施“乙类乙管”的总体方案》，取消入境后全员核酸检测和集中隔离，出入境旅游和国际客运航班数量将被大幅拉动，2023年中国航空煤油需求将得到更大上涨趋势。

2. 航空物流需求恢复，航空煤油量价齐升

乌克兰危机令原本供应偏紧的石油市场进一步失衡，国际油价快速上行。航空煤油作为原油的下游产品，其价格与世界原油价格同频共振。航空煤油进口到岸完税价格较2021年有较大涨幅，随着国际碳中和潮流的持续，在清洁低碳发展要求下，2023年航空煤油的价格还将存在一定程度的上涨趋势，叠加新冠疫情影响消除，境内外航班将快速回升至新冠疫情前水平，拉动航空煤油需求增长，供需缺口弥补将进一步拉动扩大航空煤油价格上升幅度。

3. 生物航煤发展空间将得到进一步有效扩充

在绿色发展背景下，作为零碳能源的生物质能源迎来重大发展机遇期。全球已有美国、日本、英国等22个国家和地区颁布了可持续航空燃料（SAF）相关法案，2022年5月，中国石化生物航空煤油产品通过认证与飞行试验，生物航空煤油将快速实现规模化发展。《“十四五”可再生能源发展规划》政策中明确提到支持生物柴油、生物航空煤油等产业的发展和市场应用推广，航空燃料的绿色转型越发紧迫。中国自主研发生物航空煤油首批规模化生产以来，国际货运航线首次开启可持续燃料绿色航空，2023年生物航空煤油将会得到进一步发展。部分公司积极布局投资生物航煤项目，逐步从2023年起实施投产，随后生物航煤产能会得到有效释放。同时，生物航煤的价格亟待进行技术性下降，这样才能进一步推动航空公司在面临盈利压力的环境下增加对生物航煤的需求。

## （二）石油焦发展展望

2022年全年石油焦市场处于较强势局面。供应方面，新投产的炼厂部分选择延迟焦化装置，但长期来看，渣油加氢进展加速，延迟焦化装置淘汰数量增速加快，预计2023年国内石油焦产量较为稳定，或有小幅增长。需求方面，受2022年市场交易形势影响，预焙阳极、电解铝厂商预期以稳效益为主，对石油焦需求预计变化

不大，负极材料受新能源产业的带动，将会成为石油焦，尤其是低硫焦需求新的增长点。价格方面，延续2022年下半年的态势，预计2023年初石油焦价格进一步下降；2023年下半年随着经济情况有所好转，预计石油焦市场将再次迎来强势局面。

1. 产能短期稳定且略有增长，长期预计呈下降趋势

炼化装置方面，汽油、柴油相关装置投建较少，老装置技改偏向减产汽油、柴油。催化裂化、延迟焦化作为基础的汽油、柴油装置投产规模将继续降低，在新建一体化炼厂中规模也较小，部分炼厂迟迟未动工建设的催化裂化装置可能不再建设，焦化装置得益于石油焦下游的高速发展，存续时间相对会延长，但也即将从规模增长转入下滑。

2. 进口石油焦量存在上升的可能性，尤其是低硫焦

下游需求的上升，加之欧洲能源危机，电解铝减产、停产仍有继续的现象，最快复产预计在2023年第四季度，欧洲部分货源比如俄罗斯、西班牙、德国等国家的货源或将继续流入中国市场。在趋利的市场中，国内炼厂的石油焦品质受原油质量影响较大，市场对高硫焦货源的容纳已经趋于饱和；但新能源产业的发展会带动负极材料的需求快速上升，从而加大对低硫焦的需求。综上，进口石油焦量存在上升的可能性，尤其是低硫焦。

3. 价格预计总体处于高位，但波动仍将持续

配合国内下游需求的扩张，预配阳极、电解铝及负极材料均有新增产能的投产预期，延迟焦化装置产能整体变化不大，因此预计中国国内石油焦价格仍处在较高位。延续2022年下半年趋势，预计2023年初国内石油焦价格仍有小幅下降，但2023年下半年经济状况预期良好，去库存进程逐步完成，预计石油焦价格会再次迎来高位。同时，经济预期的不稳定情况依旧存在，石油焦价格受整体经济环境和贸易商对市场预期的影响，价格仍会频繁波动。

## （三）燃料油发展展望

展望2023年，国产低硫船燃资源需求趋于稳定，国内低硫船用燃料油产量将会继续增加。国产低硫保税船燃产量将继续增加，进口保税船用燃料油产量将出现下降，保税船供油市场资源自给率将大幅提升。智能船舶将会成为船舶工业发展的新趋势，船舶燃料油消费在燃料油中所占份额不断扩大。

1. 低硫船燃产量继续增加，进口需求呈现下降趋势

在国内国外双循环经济政策的指导下，国产低硫船燃资源有力地维持了市场资

源的稳定供应，保障了中国外贸船舶的用油需求。中国船供油市场的供应主体也趋于稳定，主要以中国石化燃料油、中国船燃、中海燃供、中国石油燃料油、中长燃等企业为主，市场份额将继续增加。进入2023年，中国低硫船燃的生产资源优势将继续凸显，从传统的资源进口国向资源自给国转型。展望2023年，国内低硫船用燃料油产量将会继续增加，从而提高国内低硫保税船燃供应水平。保税船燃进口需求将持续下降，而炼厂深加工用进口燃料油则维持平稳态势，燃料油进口依存度或仍有小幅下滑可能。

2. 国产低硫保税船燃产量继续增加，进口低硫保税船燃产量出现下滑

随着保税船供油市场逐渐成熟，2023年国产低硫保税船燃产量将继续增加，进口保税船燃料油产量将出现一定萎缩。中国保税船供油市场资源自给率将大幅提升，燃料油进口依存度将下滑。

2023年中国保税船供燃料油市场供应格局将持续优化，由于中国保税船供燃料油市场自主供应能力在不断提高，相对应的进口依存度也将不断下降，在延续国产资源、进口资源和混兑调和资源三位一体的供应模式下，进口资源占比会进一步下降。同时由于2023年新冠疫情防控的逐步放开，燃料油消费也会从停滞状态逐步恢复。中国区域港口的船舶数量到港数量，国际航行船舶数量将增加。这些因素都将导致保税燃料油进口量的增加。同时随着保税船供油企业数量的增加，2023年在资源端的竞争将更加激烈，企业间竞争继续增强。

3. 海上船加油消费总量继续增加，智能船舶成为船舶工业发展新趋势

随着智能船舶技术的研究与探索，船舶的智能功能从局部应用向全船应用拓展，智能水平由辅助决策向自主操作发展。智能船舶将成为船舶工业发展新趋势。船舶燃料油消费总量将继续增加，在燃料油中所占份额不断扩大。船供油市场竞争激烈、流动性大，未来竞争重点将转向服务品质。

## 六、2023年成品油仓储与物流发展展望

展望2023年，成品油库存将同比增加，库存水平将高于2022年，且预计冬季汽油库存增加最为明显。石化产业和互联网的深度融合为企业转型提供了发展机遇，中国成品油油库将继续保持扩容态势，以智能化带动运营效率提高，油库建设向“双碳”目标靠拢，进一步完善监管等供应体系建设。2023年，科技创新将继续推动智慧港口建设，搭建基于智慧港口理念的进口原油全程物流服务体系，实现基于

智慧港口的进口原油全程物流方案，持续推动中国港口智能一体化的快速全面发展。2023年航运企业将会在智能航运领域继续进行尝试，成品油物流调度决策将更加智能精准、高效率运行将会加速实现，智慧物流体系将会进一步发展，成品油物流网络科学合理低成本运作方式将加速实现。

## （一）成品油仓储及油库发展展望

2023年成品油库存水平将高于2022年，成品油库容也将随油库扩张而逐渐增加，成品油油库建设将进一步扩容，传统油库将加速向智能化油库转型升级。中国将持续探索节能减排的绿色油库建设，进一步加强保税油库业务模式创新。

1. 成品油库存持续增加，成品油库容量在新冠疫情防控放开后将逐步提升

预计2023年成品油库存同比增加，2022年12月起成品油会进行快速增加库存，2023年成品油库存水平将高于2022年，且预计冬季汽油库存增加最为明显。随着中国新冠疫情政策的放开和成品油市场进入平稳发展，中国成品油库容预计将按计划逐步扩大，有规律地呈现出重大节假日库容量上升，恶劣天气影响时库容量下降的特征。近年来，中国海油、中外合资企业等新进入市场的企业在不断新建、收购成品油库，扩容态势迅猛，同时国家成品油储备新工程项目建设也在不断推进，2023年成品油库容预计随油库数量的增加而增加。成品油库容也将随油库扩张而逐渐增加。

2. 成品油库不断扩张，油库将向智能化、自动化建设趋势转型

随着中国社会经济的复苏，中国油库建设方面将仍维持油库稳步扩张的发展态势，保持以中国石油、中国石化两大公司为主，社会经营单位为辅的格局。2022年，国内成品油库规模保持稳定增长，成品油库建设项目在不断推进，中国海油、中外合资企业等新进入市场的企业在不断新建、收购成品油库。同时，新冠疫情防控政策的不断优化激发了成品油市场活力，吸引了更多石化行业市场参与者，预计2023年成品油库建设将进一步扩容，驱动仓储能力提升，提高油品周转效率，为批零业务发展筑基。

21世纪初，国外石油公司就已经针对油库进行了整体升级改造，通过新型自动化系统和数据管理系统的应用推动了油库运营效率的提升。近年来，国内也逐步重视油库的自动化转型，加大了对智能化油库的探索。2022年，部分油库利用自动化控制系统的数据交互优势，减少了人员岗位和劳动强度。预计在当前国家大力推动“互联网+”模式的大背景下，2023年传统油库将加速向智能化油库转型升级。

3. “双碳”背景下，“双碳”油库等绿色油库将响应国家战略快速兴起

2022 年，以中国石化为首的国内油气公司注重建设绿色低碳油库，发油流程、运输环节均实现了绿色化，强调安全、环保重大风险全流程监控，提升了安全系数、提高了工作实效，实现为社会提供更加清洁能源的目标，引领中国同类油库建设。在国家加速迈向“双碳”的大背景下，预计 2023 年将持续探索节能减排的绿色油库建设，践行环保理念，打造更多“双碳”油库，助力中国“双碳”目标的实现。

4. “一库多供”监管模式取得显著成效，油库将进一步加强模式创新

自舟山保税燃料油“一库多供”业务模式开展后，保税燃料油供应体系建设取得重大突破，供油效率、服务效果明显提升，极大减少了仓储及二次入库、出库成本，减少了供油企业所需时间成本，提高了经营效率。保税油库“一库多供”模式经过几年的发展已取得长足的进步，预计 2023 年将进一步加强保税油库业务模式创新，发挥好油库功能整合的作用，全面提升油库运营经济效益。

## （二）成品油码头及港口发展展望

2022 年，中国沿海港口基本发布了智慧港口建设计划。展望 2023 年，科技创新将继续推动智慧港口建设，且在绿色低碳大潮之下，中国不少码头将推进绿色低碳转型，助力绿色环保运营，提升全球竞争力和影响力。

1. 科技创新推动港口智能一体化发展

港口是基础性、枢纽性设施，是经济发展的重要支撑。近年来，中国各地各港口着力推进科技创新与港口建设深度融合，一个个智能升级的小环节，带来了港口建设的大变化，不断推动港口生产调度降本、提质、降耗、增效，让港口更智能。然而，传统港口进口原油运输模式中各服务商之间结构松散，存在难以实现服务的集成供应、高度衔接、全程覆盖等问题。

未来，5G、人工智能、云计算、大数据、物联网、区块链、北斗系统等新一代信息创新技术将与港口各领域深度融合、与港口建设优化整合，将有望搭建起一套基于智慧港口理念的进口原油全程物流服务体系，实现基于智慧港口的进口原油全程物流方案，强化运输过程的安全管控，降低客户物流成本，提升用户服务体验，从而持续推动中国港口智能一体化的快速全面发展。

2. 低碳转型助力码头绿色环保运营

码头的绿色低碳转型将有助于减少空气污染物排放，助力绿色环保运营，实现“双碳”目标。从 100% 绿电供能到污染源动态监控，码头转型建设的绿色化程度越

来越高，这也使得天津港码头成为全球首个“零碳”码头。

中国多个省份已针对船舶和港口的污染防治出台相关政策，绿色化、低碳化发展势在必行。2022 年 12 月，生态环境部印发《关于推进原油成品油码头和油船挥发性有机物治理工作的通知》，提到港口万吨级及以上原油和成品油装船码头泊位及直接相连的配套储罐，要开展油气回收设施建设或升级改造，完成绿色低碳转型。预计未来，中国的绿色低碳码头建设将继续高速发展，对环保的质量要求也越发严格，在符合中国生态文明、“双碳”发展理念的情形下，诸多落后的工艺和产能将逐步进行更新替换转型。

## （三）成品油运输发展展望

近年来，中国成品油物流发展虽然受到新冠疫情一定程度的影响，但整体呈现向好的发展趋势。预测 2023 年随着经济的恢复，成品油物流行业会进一步发展，管理水平也会进一步提高，主要体现在海上运输更加智能化和智慧物流体系更加完善。

1. 航运产业智能化持续升级、成品油物流运行效率继续提高

航运产业智能化将进一步升级。预计 2023 年航运企业将会在智能航运领域继续进行尝试。未来伴随着物联网、大数据、5G 等先进技术日趋成熟，其与传统航运在安全监管、运行服务、船舶、港口等方面的深度融合运用存在广阔的想象空间，航运产业将会得到进一步的发展。

成品油物流调度决策将会更加智能精准、高效率运行加速实现。2023 年中国将会在智能预测、精准调运、仿真推演、智能分析等方面进一步发展，加速实现物流业务战略、计划、执行各层面智慧化决策与运行。以供应链成品油整体库存经营为立足点，综合考虑炼厂、油库、管道、在途、加油站库存，在保供和保炼厂后路的前提下，对整体库存的科学运作将会加速实现，成品油库存的精益化管理水平也将会提高，成品油供应链的整体效益也将随之提高。

2. 智慧物流体系建设更加完善、成品油物流运行成本持续降低

成品油产、运、销、储智能联动一体化加速实现。2023 年智慧物流体系将会进一步发展，可能会实现以成品油物流为纽带的产、运、销、储一体的成品油物流生态，与上游炼厂生产实现“产运”联动以灵活调整炼厂生产及资源流向，与下游成品油终端销售实现“运销储”联动，自主感知市场终端销售变化，实现资源的优化配置、精准配送，促进一体化协同化发展。

成品油物流网络科学合理低成本运作方式加速实现。2023 年智慧物流管理平台将会进一步完善，其具备的物流网络节点优化、快速感知、流量流向动态调整、业

务方案智慧决策、调度智能运行、业务风险提前预警、精细精准综合分析等功能都会得到进一步优化，从而捕捉成品油物流网络中的所有成本节点及协同最佳运作模式将会更加精确，成品油物流运行成本将会持续降低。

3. 车辆运输模式进一步优化、成品油物流运行更加高效

成品油物流配送车辆运输系统将会进一步完善。预计 2023 年，中国将会加快成品油在传统车辆运输中的配送和整合，通过整合有效降低成品油在物流车辆运输中的成本，从而缩短流通时间和业务处理时间，直接降低成本。同时，也将会科学地优化组织，改进主动配送和联合配送，优化配送线路。通过服务水平的不断提高，增强成品油物流配送市场竞争力和可持续发展竞争力，确保业务配置的优化效果。

此外，中国也将加强成品油管道建设，改善车辆运输配送成本高的现状，有效实现准时配送，减少安全库存。根据不同情况选择最佳的车辆运输路线和工具，科学规范成品油车辆运输，促进油罐车的科学利用，加强现代物流配送和车辆管理，合理降低配送成本，完善车辆运输组织。

## 七、2023 年加油站建设与经营展望

“双碳”目标推动加快形成绿色低碳交通运输方式，对加油站的基础设施建设与经营管理方式提出新的要求。加油站作为油气销售终端，“双碳”目标下也呈现一些新发展趋势：“油气氢电服”一体化综合交通能源服务站建设将提速；成品油零售将秉持效益优先，坚持质量发展；加油站非油业务将更多元化，规模化连锁经营特征将更明显发展；5G、物联网、大数据、云计算、人工智能等现代信息技术将广泛应用于智慧油站；加油站经营中用能的绿色、低碳化转型将更加积极。

### （一）“油气氢电服”综合交通能源服务站建设将提速

《2030 年前碳达峰行动方案》提出中国新增清洁能源动力的交通工具比例在 2030 年约达到 40%。2022 年国家发展改革委、国家能源局发布《关于完善能源绿色低碳转型体制机制和政策措施的意见》，指出鼓励建立油气电氢一体化综合交通能源服务站。对于油品业务，降低汽油、柴油中多环芳烃、苯、硫等含量，以减少燃烧释放的氮氧化物、颗粒物等污染物；对于天然气业务，注重增量提效，为“油改气”车辆提供 LNG、CNG 等能源保障。油气公司将加速与汽车品牌、电池行业龙头公司合作，加快布局充换电业务，尤其是独立的充换电站投资建设。中国汽车工程学会预测到 2025 年全国将建成加氢站超过 1000 座，氢燃料电池汽车保有量达 10

万辆，氢能产业化、商业化进程加快。中国汽车工业协会预测，2023 年新能源汽车销量有望达到 900 万辆，增长 35%，市场渗透率将达到 32.6%，为石油公司加速发展充换电、氢能业务提供了需求基础。加油站也逐渐重视开展非油业务，提供零售、咖啡、汽修、养护等多项服务，以打造“人·车·生活”高价值生态圈。

### （二）成品油零售将秉持效益优先，高质量发展

2023 年，随着国民经济和社会发展加快恢复，旅游消费水平大幅增加，传统燃油车购置税优惠政策及地方相关促进汽车消费政策的延续，都将拉动成品油消费增加。成品油零售企业将秉持效益优先，坚持高质量发展。加油站数量的增加将维持低位，石油公司将重点发展高效市场，重视战略区域优质站点的开发，继续关停经济效益不佳的加油站。加油站经营中，将更加重视差异化及精准化营销。从注重扩大规模的粗放式管理转变为精细化管理，推动加油站的高质量发展。

### （三）加油站非油业务呈多元化、规模化、连锁化发展

随着居民消费水平提高，加油站非油业务呈多元化发展趋势。传统加油站业务以油品销售为主，非油业务仅是附属业务，且非油业务以便利店零售为主。通常车主利用等待加油的时间在加油站便利店购买零食、汽车用品等。如今，在成品油市场竞争日趋激烈的背景下，非油业务已成为油公司新的业绩增长点，零售业务逐渐由传统“线下”向“线上+线下”“预售+自提”“社团+社群+社交”等模式发展。消费者既可通过平台外卖下单购买商品，也可以采用网上下单、线下自提方式购买商品，在加油的同时减少选购商品时间。此外，规模化、连锁化也成为加油站发展新趋势。2020 年商务部发布《关于促进石油成品油流通高质量发展的意见》，提出引导社会“小散”加油站通过特许加盟、托管经营、租赁经营等方式与主渠道企业合作。加油站通过统一管理标准、统一服务质量、统一营销策略，对经济活动开展标准化、信息化、数字化管理，以降低流通费用、实现规模经济。

### （四）加油站信息化、智能化转型将进一步加快

智能化、信息化已成为加油站产业发展潮流。“智慧油站”能够打通成品油上下游行业。利用物联网、大数据、云计算、人工智能等技术对传统加油站进行数字化转型升级，提升客户消费体验，实现加油站的“连接、进化、智能”特性。对于加油过程，智能油站自动计量、结算、扣款、开票的特点将大幅缩减加油时间。对于油品销售过程，可通过大数据画像技术、客户邀请技术，精细化导流吸引新客户；通过定级、积分体系提高车主的忠诚度和召回率。对于油品供应过程，可采用物联网手段智能化管理装卸、运输、存储及销售。对于非油品销售过程，可通过定制产

品、智能补货、可视化陈列等手段提高商品更新速度。加油站信息化、智能化发展有助于加油站针对性提质提效、降低成本。

### （五）加油站用能的绿色、低碳转型将更加积极

探索加油站经营过程中的绿色、低碳转型，是加油站为实现“双碳”目标应做的努力。从加油站的用能来看，加油站可通过在建筑屋顶上部署光伏组件发电，有条件的还可建设小型风力发电系统，除完全满足自身用电需求以外，还可向社会提供部分绿电。另外，可通过智能监控技术，实时监测加油站现场设备运行能耗数据，使用节能灯管、智能灯控设备，可有效降低加油站的用电消耗。同时，还可以通过油气回收、污水回收处理、数字化办公，减少纸张用量等多种途径实现碳减排。通过绿色电力、节能减排等绿色运营方式，实现加油站运行的“零排放”，助力打造碳中和加油站。预计 2023 年，中国将会出现更多的碳中和加油站。

## 八、2023 年数字化转型与新能源汽车发展展望

在国内外宏观环境之下，石油流通行业面临着安全、绿色、可持续发展等方面的严峻挑战，数字化转型的急迫性日益增强。展望 2023 年，石油流通行业将以实现绿色、敏捷、高效、可持续的能源运营新范式为目标，将新一代 ICT 技术贯穿全业务环节，围绕全产业链协同推进各项业务的数字化。石油流通行业将在炼油化工、管道储运、产品销售等环节深度赋能数字化技术，不断加强清洁低碳生产、碳捕捉及储存等新技术，重塑石油流通行业发展方向。2023 年，新能源汽车购置补贴将正式退出，随着新能源汽车的认可度逐渐加强，新能源汽车渗透率将会继续上升，新能源汽车基础设施将随着新能源汽车销量的增加持续推进建设，燃料电池汽车市场规模将持续增加。

### （一）石油流通行业数字化转型发展展望

展望 2023 年，石油流通行业仍需进一步融合数字技术，通过释放数字生产力，提振储量和产量、提质增效、减少碳排放。全面实现“数字化转型、智能化发展”目标的关键点在于，要充分利用以“云”和“人工智能”为核心的数字化技术，建立云—边—端协同的智能生产系统，为石油流通行业发展提供源源不断的数字新动力。随着云计算、大数据、物联网、人工智能等新一代信息技术迅猛发展，新时代企业技术改造主攻方向正在加速向数字化、智能化、绿色化聚焦。

#### 1. 炼油化工将完善大数据分析平台，企业生产计划将得到完善

炼化装置工艺技术复杂、因果关系变量不稳定影响生产装置稳定运行，各环节

对连续性生产的高要求决定着工厂需要实时掌握原料性质和变化。企业将借助数字技术，重构炼化一体化模型，合理规划企业生产计划，迭代优化生产过程，实时掌控和调节各环节物料投放和再利用。以“产线数字化、工厂智能化、运营信息化、园区智慧化”等为主线，加快新一代信息技术在化工园区和化工企业落地应用。通过建立企业级大数据分析平台，炼化企业可全局规划生产，同时将应急管理由事后处置升级为事前预测预警。炼厂设备维护同样面临技术迭代、产能升级、新旧设备更新换代的挑战。企业将增强资产设备绩效管理，降低设备运维成本，提高设备运行周期。通过数字技术，企业可以对设备进行全生命周期智能管理，诊断与优化运行状态，延长设备寿命，提高装置自动化控制率、数据采集率、监控报警点覆盖率等。按照产业链进行设计和布局，遵循公用工程及辅助配套设施减量、再利用的循环经济理念，实现原料产品项目、公用工程物流、环境保护生态、安全消防应急、智能智慧数据、管理服务科创“六个一体化”发展，加快向信息化和工业化“两化融合”的智慧园区迈进。炼油企业和化工产业园集成覆盖园区环保、安监、应急、封闭化、安防、公共服务、消防等各个管理方向，纵向贯通园区、企业各类管控需求的综合型智慧化管理系统，在企业运营、园区治理、数据挖掘等方面取得显著成效。企业结合实时数据库和数据中心的数据收集、梳理、运用功能，建立统一的数据中心，保障系统的互联互通、数据融合和应用。同时，可利用物联网技术、互联网技术、学科专业技术、视觉识别技术等，建设集成智慧运营、智慧物流、环保、智慧安监、智慧应急、智慧安防、智慧能源、公共服务、智慧消防、三维地图等业务的管理平台。

炼化企业把信息化、智能化、数字化工作放在战略层面，“以安全本质化和价值最大化为目的，以装备本体智能化、运行控制智能化、运营方案智能化构建智能化企业；从经营运营数据系、经营管理数据系、公司管理数据系构建透明化、数字化企业”体系，实现线上运营、数智石化。

炼化企业形成了设备诊断、生产优化、价格预测、经营风控、期现盈利等各类模型，通过自控率提升、黑屏操作、设备故障诊断以及分级预警提升安全本质化；提升装卸车效率、化验效率等运营效率；通过自动位置控制系统（APC）、装置模拟优化、在线复配优化、燃料系统优化等提高经济效益。开发了贯穿安全、环保、能源、生产运营、设备、安防、应急、电子商务、物流服务等多个管理维度的智慧企业管控平台。

### 2. 管道储运企业将搭建安全的数据共享网络，油气管道及站点安全性将得到有效保障，运输效率将大幅提高

随着油气管道规模扩大、主干线并网运行、基础设施第三方开放、油气托运商机制建立、市场化进程推进，数据共享将成为搭建“全国一张网”的基础。管网运营企业将搭建安全的数据共享网络，智能监控管道负荷压力等运行状态，确保全天候机器人智能巡检，保障油气管道及站点安全性，提高运输效率。除管道运输外，油气运输还包括水运、陆运等物流环节。油气水路运输将借助数字化手段尽快实时监测船上设备状态、追踪污染排放、消除安全隐患、保障船只人员安全、减少对海洋生态的影响。面对跨区域长距离的运输，油气陆运将统筹生产及终端用户管理，消除资源错配和盲区，智能分析运力，提高物流运输效率。同时，企业将加强数据收集、集成处理及共享能力，实时监控路途车辆状态，保障运输安全。企业还将实时监控和管理运输途中的污染排放，以满足越来越严格的排放标准。

### 3. 产品销售及运营终端将继续深耕数字化技术，提高产销协作水平和衔接效率，满足客户个性化需求

油气行业产品具有品种丰富、产业链长、参与主体多元化、用户需求多样化等特征。用户端信息庞杂、互通性差，现有的碎片化消费端信息难以支持企业管理层进行全面的战略数据洞察，区域化零散数据资产难以实现价值倍增。石油石化企业在产品销售领域存在企业级和个人消费两种不同的业务形态，针对企业级市场，将运用数字技术提高产销协作水平和衔接效率，采用“一户一策”等营销措施，满足客户个性化需求；针对个人用户，由于终端消费者对油品零售场景日益挑剔，油品销售企业将积极推进以灵活部署的模式推进新零售。随着油气改革，市场逐步开放，准入制度完善，高效智能地进行数据管理及洞察将成为企业销售环节成功与否的关键。油品销售企业将加强大数据分析，构建全渠道融合的新零售模式，创新营销方式，推进平台经济，打造全渠道融合的“人·车·生活”生态圈，为客户提供灵活性更高、经济性更好的综合服务。

多数企业搭建智慧化数字底座，基于三维 GIS 地图的新型模式，建立了企业智慧大脑——智慧城市智能运行中心（Intelligent Operations Center，IOC），实现了企业监管的可视、可控、可管。基于人工智能技术，IOC 赋能传统摄像头智能化，可以进行人员聚集、烟火检测等潜在危险的识别与预警；基于物联网技术，可以实现智慧车辆管理、智慧消防管理的新模式，增强监管预警、指挥调度、决策处理的高效化；基于大数据技术，建设大数据实时分析系统，以提高该环节管理效率。

## （二）新能源汽车发展展望

展望2023年，新能源汽车相关利好政策将继续出台，新车型产品将陆续推出，同时在双积分的压力影响下，新能源汽车产量将继续保持高速增长趋势；销量在电池技术创新等诸多利好因素影响下将继续增加，消费者对新能源汽车的认可度越来越高，新能源汽车渗透率仍将快速增加；新能源汽车的继续增加将带动下游充电基础设施建设继续加快。具体分析如下。

1. 新能源汽车产销量继续增加，渗透率仍将保持加速上扬趋势

2023年，新能源汽车企业将继续推出各具特色的新车型产品，将使新能源汽车产量增长明显，预计新能源汽车产量将继续保持高速增长。随着电池技术不断创新以及充换电基础设施加快建设，据中汽协预测，2023年新能源汽车销量将持续增加，有望超过900万辆，增长35%。随着产品研发能力逐步增强，续航里程和安全问题基本得到解决，充电等配套设施日臻完善，新能源汽车已经得到更多消费者认可，增换购新能源汽车的消费者比例越来越高，新能源汽车渗透率仍将保持加速上扬趋势，有望超过30%。

2. 新能源汽车补贴政策终止，免征车辆购置税继续拉动市场

2023年，新能源汽车国家补贴将正式退出，变相给企业造成一定成本压力，企业将普遍会有提价的可能，这或将不利于销售的开展。但2022年9月28日，财政部等部门发布《关于延续新能源汽车免征车辆购置税政策的公告》，对购置日期在2023年1月1日至2023年12月31日的新能源汽车，免征车辆购置税，进一步增强了行业企业发展新能源汽车的信心，为市场提供了缓冲期，有利于推动新能源汽车消费市场稳定发展，预测市场化发展轨道将开启。

3. 基础设施持续推进建设，燃料电池汽车市场规模将继续增长

2023年，随着新能源汽车的持续增加，充电桩市场需求将进一步扩张，充电运营市场整体规模基础优势将不断凸显，地区集中度进将进一步加深，考虑到合理的车桩布局与新能源汽车的增长相抵消，车桩比难以大幅波动；随着中国燃料电池汽车示范应用城市群政策不断推进，预计2023年，燃料电池汽车的产销量将继续增长，市场规模将不断扩大，而加氢站作为产业的重要基础设施，其数量也会随之上升，国家对氢能源给予的高度关注与大力支持，或将使燃料电池汽车的技术、安全以及成本问题有所缓解，但在短期内仍难以得到彻底解决。

# 第十篇

# 专　题

# 专题一　新冠疫情冲击下中国炼化行业产能过剩问题及化解路径

郭风[1]，王佳程[2]

[1. 中国石油大学（北京）经济管理学院；
2. 长庆油田分公司第三采油厂虎狼峁采油作业区]

## 一、引言

石油化工产业作为基础性、支柱性产业，对于国家产业乃至治理制度的稳定具有重要作用。中国石化化工行业在很大程度上受到新冠疫情的影响，主要表现在短期内原料和产品运输受限、下游需求得不到释放，对石化化工装置开工率和产品价格的影响较大。受新冠疫情影响，国内成品油消费增速放缓，物流运输受阻严重，炼厂油品销售压力巨大。油品消费疲软导致炼油企业成品油库存上升，且库存消化很慢，销量主要是保障性用油销售，无实质性好转，中国石油、中国石化两大公司终端加油站销量已降至历史最低。国内成品油销售承压明显，库存高企，导致炼厂开工率降幅明显。总体上看，受新冠疫情影响，国内成品油市场需求锐减，市场竞争激烈，加之国际油价急剧下跌带来的原料库存成本增加和产品价格大幅下跌影响，炼厂利润大幅下降。随着新冠疫情得到控制，交通运输、工程建设等行业逐步复工复产，成品油需求将逐步提升，成品油销售利润将有望得到增长。然而，长期来看，由于前期油品库存压力较大，加之国内炼油产能过剩，即使成品油消费恢复正常需求也仍将面临日趋激烈的竞争形势，都将进一步降低炼油企业的整体利润水平，因此分析中国炼油行业产能过剩问题，探究产能过剩化解路径刻不容缓。

## 二、中国炼化行业发展现状分析

### （一）炼化产业基本概况

炼化即石油炼化，是指对成品油等石油燃料的炼制生产环节。包括一些化工原料的产出，过程是以原油为原料进行常减压，得到石脑油、蜡油、干气液化气等产品，进而通过催化裂化石脑油等得到汽油、柴油、各族烃类，以备下游生产合成纤维、合成橡胶、塑料等使用。中国炼化的产品主要是燃料油，化工产品相对较少。随着炼化市场不断发展及转型升级的倡导，炼化产业也在不断提升化工产品的产出能力。中国石油和化学工业联合会2月16日发布的数据显示，中国已成为世界第一炼油大国，石化产业高质量发展实现新跨越。随着中国石化产业高质量发展，尤其是不断有新的炼化一体化装置建成投产，中国石化产业的规模集中度、石化基地的集群化程度、行业整体技术水平和核心竞争力都实现了新的跨越。当前，中国千万吨级以上炼厂已增加到32家，炼油总产能达到9.37亿吨/年，首次跃居世界第一。2022年上半年，中国炼油装置的产能利用率只有71%左右，远低于全球90%的平均水平。中国炼油产能相对国内成品油市场过剩的事实客观存在。炼油能力超标的情况下，化工产品相对较少，尤其是高端化工产品还依赖进口。在提高柴汽比、航煤制取效率方面也取得了一定成绩，但是总的来说中国炼化产品还是低质化，落后的低质量的炼油产能不能得到淘汰，制约着整个产业的资源配置及经营效率，阻碍着整个产业的转型升级及持续健康发展。

### （二）炼化企业及其地域分布

中国炼化企业主要由中国石油、中国石化、中国海油，规模较小、分布较散乱的地方石油炼化以及外资企业和煤基油品企业组成。从地域分布来看，主要炼油能力集中在华东，占比为46%，占据了中国炼油的半壁江山，东南地区次之，华北、西北共占据四分之一，华中和西南地区炼油能力相对薄弱。中国炼油能力由最初的年产17万吨，到2022年已经达到年产9.37亿吨，炼油量超过美国，居世界第一。未来30年内炼油能力还将继续扩张，“三桶油”整体向建设炼化一体化项目靠拢，2018年，中国石油在云南石化新增的1300万吨级的项目、大连石化长兴岛新增的每年1500万吨级的炼化项目、中俄东方石化新增的每年1600万吨级的项目以及广东石化每年2000万吨级重油加工项目等已投产或已在规划中。民营炼化企业也在不断发力，民营企业近年来获得了原油进口权和成品油出口权，催生了中国炼化产业的投资热。民营炼化企业抓住进口放开和原油价格低、利润开始向好的机会，开始扩展投资建设大型炼化装置。

### （三）炼化市场及经营情况

从产品市场来看，占主要地位的是国营的中国石油、中国石化、中国海油，中国石油、中国石化、中国海油由专门负责销售的公司进行产品的零售批发；而占次要地位的则是“三分天下有其一”的地方炼厂，地方炼厂是自产自销的模式。中国炼化产品主要还是在国内销售，出口的较少。截至2022年底，石油和化工行业规模以上企业28760家，累计实现营业收入16.56万亿元，同比增长14.4%，创历史新高，实现利润总额1.13万亿元，同比下降2.8%，基本保持历史高位。与全国规模工业比，收入增速高出8.5个百分点，利润降幅低1.2个百分点，占工业的比重分别为12%和13.4%，比2021年均有所提升。2022年，全行业营收利润率为6.8%，同比下降1.2个百分点，比全国规模工业高出0.7个百分点；亏损企业亏损额同比上升71.8%；全行业亏损面19.4%，同比上升3.9个百分点。分板块看：油气开采业累计实现收入和利润分别为1.49万亿元和3552.5亿元，同比分别增长32.9%和114.7%。炼油业累计实现收入和利润分别为5.19万亿元和229.2亿元，同比分别增长18.6%和下降87.6%。化工行业累计实现收入和利润分别为9.56万亿元和7289.2亿元，同比分别增长10.1%和下降8.1%。中国炼油能力在结构调整中维持较快增长，略高于“十三五”期间的年均增速；2022年，中国炼油能力持续较快增长，净增炼油能力2700万吨/年，总能力升至9.37亿吨/年。从地区布局看，2021年，华东、东北、华南三大炼油集中地区合计炼油能力为6.72亿吨/年，较2020年提高0.22亿吨/年，占全国总能力的73.7%，较2020年提高0.4个百分点。

## 三、炼化行业产能过剩影响因素分析

### （一）地方企业不合规经营，盈利空间缩小

随着原油进口权和进口原油使用权的放开，国内成品油市场格局发生变化，行业竞争和经营压力加大。在临近繁荣的末期，由于企业家普遍对市场产生的预期过于乐观，高估了未来收益，因此加大了投资及生产成本。然而事实上，已经逐渐出现劳动力等要素短缺的情况，此时的成本加大，资本边际效率严重下降，无法控制，利润开始下降。如果企业家还是过分投资，投机分子购买过多，那只会造成资本边际效率的崩溃。继而企业家对未来失去信心，投资减少、生产不足及失业严重问题接踵而至，直到资本边际效率慢慢增加，经济恢复，如此循环往复。在经济发展繁荣的末期，企业家预期过好，投资更多，因此经济周期的衰退期也就会更容易产生产能过剩问题。对于炼化产业这种资本密集度大的产业来说，投资初期投入过大，市场退出又不易，更容易受经济周期的影响，产生产能过剩问题。

### （二）民营炼化由下游化工向上游炼油发展

对于中国炼化产业来说，在中国经济快速发展的初期，中国经济处于计划经济

阶段时，百废待兴，政府一方面支持产业快速发展，另一方面刺激人们有效需求的增长，这时对于中国经济正常的发展来说都是有利的，在中国经济逐步向市场经济转型的时期，政府过多的干预，扰乱了市场正常运行的规律，政府在扶持产业的过程中会造成市场不能实行正常的优胜劣汰，以至于没有竞争力的企业能低门槛进入，效率低且落后的产能不能被及时淘汰。如诺斯悖论说到，国家对于产权的保护有非常重要的作用但是政府干预过多则会造成经济的衰退没落。炼化企业对于地方政府来说都是纳税大户，让地方政府出手治理这些小型炼化企业无异于自断财路；让地方政府舍弃一些落后产能、关停小型违章炼厂对它们来说极为困难，甚至有可能会出现地方政府包庇污染严重、违规生产的炼厂的情况。与此同时，政府还有更多的动力减少企业审批到土地的成本以及银行贷款的阻力。政府再通过支持国有企业，加大对国有企业的投资和补贴，放宽各种规模企业的审批条件，降低其进入门槛，都无疑导致了市场被低质量产品充斥的后果，形成一种产能过剩的状态。

### （三）成品油需求放缓，企业投资冲动不减

车用和船用油品质量在升级提速。在汽车用油方面，全球油品标准升级的速度在加快，越来越多的国家将汽柴油中的硫含量降至 10μg/g 定为一种标准。在 2017 年，中国成品油质量已经全面升级至国Ⅴ标准。在船用油方面，根据国际海事组织（IMO）规定，自 2020 年起将在全球范围内实施 0.5% 的硫含量限制。燃料替代的进程也在加快。近年来，国内新能源汽车占汽车整体销售量比重不断增加，截至 2022 年，这一比重已经达到 25.6%，预计到 2025 年将迅速提高至 35% 以上。在大的经济总体背景下，经济转型放缓，新能源汽车发展迅猛，并将在未来几年延续抢占成品油市场，减缓成品油需求的增长速度。而在这样炼化市场需求放缓的大环境下，中国的炼油投资却由前两年的减少和略增转变为较快增长，产能过剩形势十分严峻。

### （四）炼化企业规模化程度低

中国炼厂数量非常多，尤其是小炼厂众多。由于美国部分炼厂关停，淘汰低产能炼厂，中国炼油能力赶超美国，成为世界第一。2015 年，中国炼厂平均产能规模为 320 万吨/年，规模低于 200 万吨/年的落后产能达 1 亿多吨；2017 年，中国炼厂平均规模增长到 413 万吨/年，与世界炼厂平均规模 754 万吨/年相差近一倍。对于国营或者民营的企业新投资的炼化项目来说，整体趋势是趋向于炼化一体化、大型基地化，但是总的来说，炼化一体化程度相当薄弱。2017 年，中国炼厂千万吨级以上产能的仅 25 家，其加工能力占全国加工能力的 44%。其中炼化一体化的只有 14

家，仅占全国总加工能力的24%。总体上产业链低、炼化一体化程度低，规模效益很难实现，且原油资源有限，炼油企业不能规模化生产会造成原料不能深度加工的浪费、环境污染严重、生产率低及能源消耗大等影响。粗犷的发展方式导致炼化产业整体科技水平很难提升，更新升级极为困难。如此众多技术落后的小规模产能的存在，不仅挤占了新增先进技术装备进入投产的空间，引起更深层的结构性产能过剩，还给政府大力提倡的绿色环保、清污减排造成严重阻碍。

## 四、化解炼化行业产能过剩的对策

### （一）严格执行产业政策，控制炼油总规模

到2025年，石化化工行业基本形成自主创新能力强、结构布局合理、绿色安全低碳的高质量发展格局，高端产品保障能力大幅提高，核心竞争能力明显增强，高水平自立自强迈出坚实步伐。强化分类施策，科学调控产业规模。有序推进炼化项目“降油增化”，延长石油化工产业链，推动产业结构调整。推动石化化工行业转型升级，要求石油加工产业从生产燃料产品转化为高端化学品和新材料，实施降油增化。今后中国需要正确引导独立炼厂建设，推动独立炼厂良性发展。为了能够正确引导地方炼厂的良性发展，应建立“全国炼油企业清单”，保护优质产能，严控炼油新增产能，合理把控项目实施节奏，进一步完善《石化产业规划布局方案》，未纳入该方案的新建炼油项目一律不得建设，实行控制炼油总量，未经主管部门核准不得再新建和改扩建炼油能力。

### （二）严格控制炼化产业建设投资

炼化产业产能整体过剩，国家应严格控制炼化企业投资，把控炼化企业项目建设进程，防止由于低油价导致的炼化企业投资过热，低质量高投资的重复建设问题。炼化产业投资项目的实施预投产存在延迟期，而市场形势瞬息万变，对于炼化产业这样的重石油化工产业，一旦投产，其固定资产很难撤出与变动，对于炼化产业的投资应当将眼光放长远，对市场需求的预期结合市场各方面需求及未来的形势变化，包括国际油价、原油供给、能源需求结构的变化等综合考虑这些对于炼化市场需求的影响因素。考虑项目投产的几年乃至项目投产之后未来5至10年的发展及市场供需情况，谨慎合理规划一个长期的企业产能周期，杜绝只看到眼前利益而盲目投资。政府在批准企业进入市场时，应当看到企业的发展潜力及适应能力，在需求量大的年份，企业能提供相应的产量，在经济不景气时期，企业也能适应环境调整战略，

顺利转型；政府还应当发挥对市场的预期作用，而不是起干预其投资风向作用，政府应该减少投资并控制炼油产能过剩，并且预防化工产能的产能过剩。

### （三）严格执行税收、安全、环保政策，淘汰落后产能

炼油工业是化工行业的最前端，其规模也决定了化工行业的整体规模水平。原油一次加工能力在2025年控制在10亿吨，预示着中国炼油一次加工的最大产能是10亿吨，也意味着中国油品及炼油副产品将面临供应的天花板。要严格执行节能、环保、质量、安全技术等相关法律法规和《产业结构调整指导目录》等政策，对能效水平在基准值以下，且无法通过节能改造达到基准值以上的煤化工产能，加快淘汰退出。对违反产业政策，正在新建、改扩建的炼油项目，依法依规责令停工停建；对缺少开工生产手续的炼厂，责令停产，依法对其违法违规行为进行处罚，补齐相关手续后方可继续开工生产；对未按期完成成品油质量升级的炼厂，依法依规责令停产，完成升级后方可继续开工生产；此外，在安全、环保、节能、质量、税收等方面受到行政处罚的，依据有关法律法规，由地方人民政府或做出行政处罚部门之外的其他部门，根据情节严重程度，采取罚款、限制生产、停产整治、停业关闭、吊销营业执照等措施，并责令其限期完成整改。

### （四）实施跨地区产能优化转移

从炼化产业产能利用率测度结果来看，产业布局存在一定的不合理，在内蒙古、上海、广东、广西等地产能严重过剩的情况下，在产能利用率在90%以上的江西、山西等地存在产能不足情况。总体来看，中国炼化产能主要集中在华东和东南沿海地区，西北华南地区产能相对较少，总体来说东部地区产能过剩较为严重。引导产能过剩地区将产能迁移至需求量大产能不足地区，并实施等额或者差额置换产能，将有效降低东部地区产能过剩，优化产能布局，调整区域间供需平衡。需要建立区域间跨省份交易置换平台，将过剩地区高质量的先进炼化产能通过转移设备、转移技术及销售产品的形式转移至市场条件相对落后、有较大需求潜力的地区；将东部高质量产能转移至中西部地区，并拉动西部地区需求增长。引导产能向资源型、沿海外贸型城市转移，建立依托新疆克拉玛依、黑龙江大庆油田的大型炼化基地，利用资源禀赋实现区域原料互补供应，完成区域内资源优化；建立诸如杭州湾、渤海湾堪比世界级的炼化基地，聚拢小而散乱的炼化企业，鼓励企业跨地区优化重组，明确并实施相应跨地区地方税收关系，以确保重组顺利实施，增加炼化产业规模化程度，提升生产效率。

## 五、结论

中国石油和化工行业正处于产业变革的历史交汇点，面对着资源环境约束加剧、要素成本上升、结构性矛盾日益突出的挑战。中国石油和化工行业要走好创业信心棋，形成拼搏向上定力，确定好自身经营定位和将来市场发展潜力；要走好战略管理棋，提升战略管控能力，努力提升企业的战略管理水平；要走好转型发展棋，激发内生动力，加快产业升级转型和产品创新步伐，推动产业布局向产业链高端发展、向战略性新兴产业发展。

# 专题二　“双碳”背景下炼化企业“油转化”发展研究

胡启迪[1]
[1. 中国石油大学（北京）经济管理学院]

## 一、炼油化工行业碳减排压力巨大

“双碳”目标下，中国资源环境和碳排放约束日益趋紧，炼化行业面临全面降低产业链碳排放量的巨大压力。北京大学能源研究院气候变化与能源转型项目发布的《中国石化行业碳达峰碳减排路径研究报告》显示，2021 年石化行业能源消耗总量约为 1.95 亿吨标准煤，二氧化碳排放总量约为 4.45 亿吨，占我国 2021 年二氧化碳排放总量的 4%。《中共中央　国务院关于完整准确全面贯彻新发展理念做好碳达峰碳中和工作的意见》《国务院关于印发 2030 年前碳达峰行动方案的通知》《关于完善能源绿色低碳转型体制机制和政策措施的意见》《高耗能行业重点领域节能降碳改造升级实施指南（2022 年版）》等一系列国家文件都对炼油化工行业科学有序节能减碳、推动绿色低碳转型提出要求。

为加快规划建设新型能源体系，面对绿色低碳转型的行业趋势，“油转化”技术成为炼化企业转型发展的共识。加强技术创新，突破高端材料技术瓶颈，包括重油加工转化技术、塑料循环利用技术，实现化工高端化发展，提升炼化一体化水平，多产低碳烯烃和化工原料，优化烯烃产业链结构。

## 二、国际“油转化”技术

欧美地区越来越多的炼厂已开始从传统的炼油业务转型，将业务重点集中到生产更加清洁的生物柴油、可持续的航空燃料以及聚合物和化工原料等高附加值产品，通过“油转化”来提高生产效益，同时降低碳排放。

埃克森美孚拥有较为先进的原油直接制取乙烯的技术，相比传统工艺，省去了中间石脑油裂解环节。2014 年在新加坡裕廊岛建成了全球首套商业化装置，主要工艺改进是在裂解炉对流段和辐射段间增加一个闪蒸罐，轻质原油通过对流段预热后与稀释蒸汽一起进入气液组分分离，其中气态组分（质量分数为 76%）进入辐射段进行裂解，液态组分（质量分数为 24%）被送至邻近的炼厂或直接销售。这种技术省略了石脑油裂解环节，生产流程更短、收率更高，单位产品能耗和碳排放也更低。

沙特阿美的工艺过程是沙特原油直接进入加氢裂化装置，脱硫并将高沸点组分转化为低沸点组分，再经过分离，轻组分进入蒸汽裂解装置，重组分进入沙特阿美自主研发的催化裂化装置中，最大限度生产烯烃，此种工艺能使得化学品收率达 45%。此后，为了得到更高的化学品转化率并将该技术推向商业化，2018 年沙特阿美与西比埃、雪佛龙鲁姆斯签署联合开发协议，把几家公司的乙烯裂解技术、加氢处理技术和原油制化学品技术结合起来，原油制化学品的比例可以达到 70% ~ 80%；沙特阿美还与美国 Siluria 公司合作，运用甲烷氧化偶联制烯烃技术，使乙烯产量提高 10% 以上。

## 三、国内“油转化”现状

炼油生产是一个高耗能过程，规模小、工艺落后的装置会导致高强度的碳排放，不仅会影响环境，还会影响企业效益。为了加速淘汰落后产能，提高生产效率，2015 年，国家发展改革委提出了发展七大石化产业基地的规划；2017 年以来，恒力石化、浙江石化等一大批民营炼化一体化项目获批；2019 年，国有石油公司也开始建设炼化一体化项目，这些炼化一体化项目的建设、投产为中国炼油化工行业带来了新的技术、人才，注入了新的活力。加之“双碳”目标的驱动，成品油需求必将出现达峰后下降的情况，但化工品需求在未来较长时间内将会保持强劲增长。近几年，不论是国有石油公司，还是民营企业都在通过炼化一体化项目调整炼油产品结构。

国内“油转化”的技术路线大致分为三类：一是尽可能多生产乙烯路线，将重质石脑油、柴油等原料裂解制取乙烯，具有代表性的是裕龙岛炼化一体化项目，但裂解重质原料相比轻质原料消耗了更多的水、电、碱等辅料，成本较高，且易导致芳烃过剩加剧；二是补齐芳烃下游 PTA（对苯二甲酸乙二醇酯）—聚酯产业链，恒力石化采用了这种工艺，配备较为合理，芳烃的利用问题能得到较好解决；三是加氢的路线，渣油加氢处理后配合催化裂化，降低石油焦的产量，后续可能会额外补充氢气，扩大加氢裂化的规模。通过“油转化”，随着一批规模较大、能耗较低、产品高端化、生产清洁化的装置上马，炼化企业能提高化学品收率，降低能耗和碳排放，增强核心竞争力，实现企业发展和绿色转型的“双赢”。

炼化企业在转型过程中，尽管一体化促使化学品产量不断提高，但化学品的转化率仍然比较有限，不到50%，还是相对复杂的炼化一体化，仍无法解决产品同质化严重、高端化短缺的结构不平衡问题，仍属炼油向化工转型的初级阶段。2022年，中国乙烯产量2898万吨，进口量200多万吨，但下游产品聚乙烯进口量为1350万吨，乙二醇进口量为751万吨，仍处于较高水平，高端化工品产量不足。烯烃的盈利能力高于芳烃，很多炼化企业尽可能生产烯烃，并不严格遵守“宜烯则烯、宜芳则芳”的原则，使得原料利用率较低。由于炼化一体化及炼油生产过程中，无法供应大量的石脑油，所以必须通过加氢的方式，来获取更多的石脑油，并且氢气也是炼厂生产成品油过程中的重要加氢原料。

## 四、相关建议

炼化企业的生产经营特点决定“发展”与“减排”之间既是对立的，又是相辅相成的。“短期目标”是指炼化企业在近期应当直面挑战，立足当下，重点从产业结构调整、节能降耗等角度进行转型升级，通过优化利用炼厂副产轻烃、国外廉价轻烃资源等，优化乙烯原料结构；通过采用炼油向化工转型技术、原油直接制化学品技术等，推动炼厂向化工转型；发展生物质生产炼化产品的技术，如生物乙醇、生物航煤、生物柴油、生物质乳酸、丁二酸、醋酸等。长远来看，炼化企业应快速提升生物质能源、新能源新业务、氢能产业链的规模化发展，加快深度脱碳进程，实现绿色低碳转型，炼化企业将构建起油、电、氢、生物质共存的能源产品供应格局。

炼化企业需要进行选择性投资，需要提高现有炼油业务的盈利能力，提高市场终端营销能力，升级关键的炼油资产，生产高品质产品，生产生物燃料，投资创新技术，增加化工产品产量，加强其产品组合优化，专注于最高效和盈利最好的资产。大型的综合性油公司，发展氢能技术，创造稳定的氢能攻击源是长远的破局之法。

小型炼油厂布局分散，先进产能略有不足，且可持续发展、技术创新投入有限，未来中小型炼油厂、城市型炼油厂加速向园区整合，分批分步进行减量整合至园区，有条件的将会逐步加快向下游延伸，实现新旧产能的转化。同时，炼油厂在园区化和基地化建设过程中，借助园区可获得油、煤、气等多种资源优势，逐步向原料多元化和产品多元化发展，从而实现炼油厂的“油—煤—气化”的结合。

# 专题三 “双碳”目标下成品油行业发展与思考

于楠[1]，孙仁金[1]，孙悦[1]，贺美[1]
[1. 中国石油大学（北京）经济管理学院]

## 一、成品油行业发展现状

2021年，国内新冠疫情防控取得阶段性成效，成品油行业发展势头趋好，基本恢复至新冠疫情前水平。炼油能力持续增长，成品油产量稳步增加，受本土多点散发小范围新冠疫情影响，成品油需求弱势复苏，成品油出口量持续缩水，成品油价格大涨。

### （一）炼油能力持续增长，原油加工量稳步增加

2011年以来，中国炼油技术不断改进，炼油设备也不断调整优化，清洁化和提质增效成为技术改进的主要特征，炼油能力和原油加工量一路保持增长走势。“十三五”期间，中国炼油能力从7.92亿吨/年增至8.86亿吨/年，增长11.9%；加工量从5.24亿吨增至6.48亿吨，增长23.7%。2021年，中国炼油能力突破9.25亿吨/年，同比净增1200万吨/年，原油加工量突破7.08亿吨大关，同比增长9.3%。

从产能占比看，炼油行业形成中国石化（31%）、中国石油（24%）、独立炼厂（28%）、其他炼油企业（17%）“四分天下”的格局。“十四五”期间，炼油能力的继续增长将推动中国成为世界第一大炼油国，此外，炼油能力过剩背景下成品油行业将持续转型升级、结构调整。

### （二）原油产量保持相对稳定，对外依存度首次回落

2021年，随着中国炼油能力的增强，原油产量取得突破，但总体上保持稳定增长，原油产量1.99亿吨，比2019年增长4.2%，两年平均增长2.1%。2015年之后，受低油价高成本等经济效益差的影响，中国原油产量逐年下降，到2019年才扭转三连跌的局面，开始实现正增长。

2011 年以来，中国原油进口量不断增加，对外依存度持续攀升。2021 年，由于国内市场与世界原油供给和价格的变化，中国进口原油 5.1 亿吨，同比下降 5.9%，对外依存度首次回落 1.8 个百分点至 71.7%。

## （三）成品油产量稳步增长，供应能力有所保障

中国成品油产量一直保持稳步增长态势，除 2020 年受新冠疫情影响，产量下降 0.44 亿吨之外，其他年份均实现正增长，但受国家环保政策影响，增速逐渐放缓。2021 年，成品油产量为 35738.2 万吨，同比增长 7.9%，如表 1 所示。具体而言，2021 年四个季度的成品油产量分别为 8462.7 万吨、8857.0 万吨、8892.5 万吨、9526.0 万吨，同比分别增长 11.17%、9.95%、0.22%、10.9%。总体而言，中国成品油市场需求回暖、油价快速上涨和国内一些炼化项目竣工投产，成品油产量同比大幅增长，国内成品油供应能力有所保障。

**表 1　2017—2021 年中国成品油产量**

单位：万吨

| 种类 | 2017 年 | 2018 年 | 2019 年 | 2020 年 | 2021 年 |
|---|---|---|---|---|---|
| 汽油 | 13276.2 | 13887.7 | 14120.7 | 13171.7 | 15457.3 |
| 煤油 | 4230.9 | 4770.3 | 5272.6 | 4049.4 | 3943.9 |
| 柴油 | 18318 | 17376 | 16638.3 | 15904.9 | 16337 |
| 成品油 | 35825.1 | 36034 | 36031.6 | 33126 | 35738.2 |

## （四）成品油消费仍处于增长态势，已恢复至新冠疫情前水平

2017—2021 年，中国成品油消费量整体呈现下降趋势，但 2020 年由于新冠疫情影响成品油消费骤降，如表 2 所示。2020 年暴发的新冠疫情严重影响成品油消费，导致成品油消费增速下降较大，降至 -6.5%，首次出现负值。2021 年，中国成品油表观消费量 3.2 亿吨，同比增长 10.3%，基本与 2019 年同期持平，两年平均增长 1.9%。但基于新能源汽车的替代，增速有所下降。

**表 2　2017—2021 年中国成品油消费量**

单位：万吨

| 种类 | 2017 年 | 2018 年 | 2019 年 | 2020 年 | 2021 年 |
|---|---|---|---|---|---|
| 汽油 | 12222.4 | 12614.2 | 12516.9 | 11619.6 | 14037.5 |
| 煤油 | 3287.7 | 3712.9 | 3878.0 | 3317.5 | 3243.7 |
| 柴油 | 16667.3 | 15549.4 | 14618.4 | 14651.9 | 14692.8 |
| 成品油 | 32177.4 | 31876.5 | 31013.3 | 28988.8 | 31974.0 |

2021 年，中国汽油表观消费量 1.4 亿吨，同比增长 20.7%，两年平均增长 6.9%，主要由于乘用车销售市场向好以及居民出行意愿持续释放；柴油表观消费量

1.5 亿吨，同比增长 4.5%，与 2019 年同期相比均基本持平，主要因 2020 年新冠疫情受控以来国内经济较快恢复，加之出口、投资较好拉动柴油需求；煤油表观消费量 0.3 亿吨，同比下降 2.2%，两年平均下降 8.4%，煤油受新冠疫情冲击最大，需求尚未恢复至正常水平。当前，国内中短途航线需求逐步恢复常态，但国际航空出行仍然受限。

2011—2021 年，中国消费柴汽比总体呈现先下降后平稳波动的变化趋势，2021 年柴汽比下降 0.18 至 1.05。2011—2017 年，国内消费柴汽比大幅下降，降至 1.20。2017 年以后，国内消费柴汽比处于比较稳定的状态，2018 年小幅上升后开始平稳波动，波动幅度较小，但比值仍然大于 1。

## （五）成品油出口配额大幅下降，是现阶段化解过剩的重要手段

中国成品油市场长期处于供需过剩的不平衡状态，出口成为缓解库存压力的重要手段。2021 年得益于良好的防疫成果，成品油需求逐渐恢复至新冠疫情前水平。随着国内大小炼厂的陆续建成投产、成品油出口受限、绿色生产生活方式得到普遍推行，成品油供需差量略有放宽，如图 1 所示。2021 年，中国成品油供需差量达到 3764.2 万吨，同比下降 9.2%，其中，汽油、煤油、柴油供需差量分别为 1419.8 万吨、700.2 万吨、1644.2 万吨，同比分别下降 8.5%、4.3%、11.3%。成品油净出口 3764.2 万吨，同比下降 9.0%。其中，汽油、柴油、煤油净出口分别为 1419.8 万吨、1644.2 万吨、700.2 万吨，同比分别下降 8.5%、11.3%、4.3%。

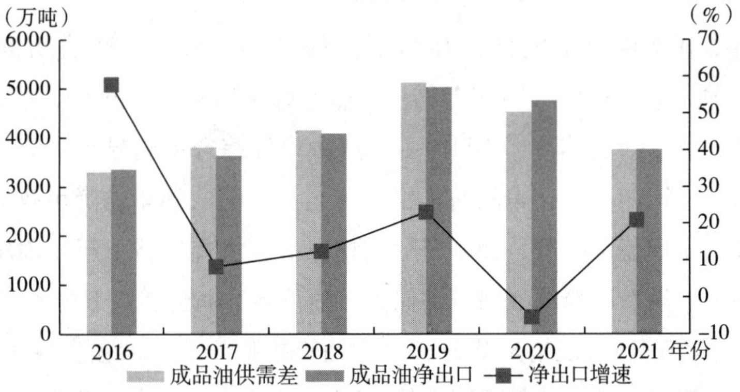


**图 1　2016—2021 年成品油供需差、成品油净出口情况**

基于对能源安全的考虑，国家对企业成品油出口配额进行了明确规定，市场供需过剩的情况有所改善，净出口量呈现下降趋势，成品油市场逐渐由出口转向内销成为新趋势。2016—2021 年，成品油供需差和净出口均表现为先上升、后小幅下降的变化趋势，但后者变化幅度小于前者，体现了中国成品油出口是缓解国内供需过

剩压力的重要措施。成品油净出口增速呈下降趋势，波动幅度较大。

成品油出口方面，与2020年国内成品油出口配额相比，2021年缩减2141.6万吨，同比下降36.3%。2021年第一批总量为2949.6万吨，同比增长5.4%；第二批仅750.0万吨，同比下跌73.2%，各单位获得配额数量亦有明显缩减；第三批总量61.0万吨，多数以内部调整结构的方式下发至中国石油、中国石化、中化集团和浙江石化。中国石油、中国石化出口配额在加工贸易和一般贸易置换调整下，整体额度为0，无变化，如表3所示。

**表3　2021年中国成品油出口配额统计**　　单位：万吨

| 企业 | 第一批 | | 第二批 | | 第三批 | |
|---|---|---|---|---|---|---|
| | 一般贸易 | 加工贸易 | 一般贸易 | 加工贸易 | 一般贸易 | 加工贸易 |
| 中国石化 | 967.0 | 240.0 | 171.0 | 95.0 | 51.0 | -51.0 |
| 中国石油 | 901.0 | 80.0 | 282.0 | — | 43.0 | -43.0 |
| 中国海油 | 283.8 | — | 71.0 | — | — | — |
| 中化集团 | 246.8 | 13.0 | 60.0 | — | 25.9 | -2.9 |
| 中国航油 | 3.0 | — | 4.0 | — | — | — |
| 浙江石油 | 200.0 | — | 52.0 | — | 38.0 | — |
| 中国兵器 | 15.0 | — | 15.0 | — | — | — |
| 合计 | 2616.6 | 333.0 | 655.0 | 95.0 | 157.9 | -96.9 |

## （六）国际油价整体上涨，成品油价格大幅上涨

2021年，国际油价呈震荡冲高后下挫的走势，布伦特原油期货全年均价为70.95美元/桶，较2020年的43.21美元/桶上涨64.18%，如图2所示。前三季度，世界经济与需求逐渐复苏，但OPEC+减产协议等综合措施导致供应端受控，国际油价大幅攀升。第四季度，美国通胀率持续走高，美联储紧缩货币政策，新冠病毒再度变异并向全球蔓延扩散，加剧新冠疫情形势，世界经济下行压力增大，美国联合多个石油主要消费国释放战略石油储备，油价转为弱势震荡下挫。

2021年，全球新冠疫情形势好转、石油需求提振、上游投资减少、OPEC+减产、美联储宽松货币政策等多重因素推动下，国际油价整体呈上涨态势，价格创近三年历史新高。国内成品油价格随国际油价变化多次调整，以上调为主。2021年，国内成品油零售限价共经历25次调价窗口，其中15次上涨，6次下调，4次不作调整。标准汽油、柴油价格年内每吨分别累计上调1485元、1430元，折合升价，92号汽油每升累计上涨1.17元，95号汽油每升累计上涨1.23元，0号柴油每升累计上涨1.22元。

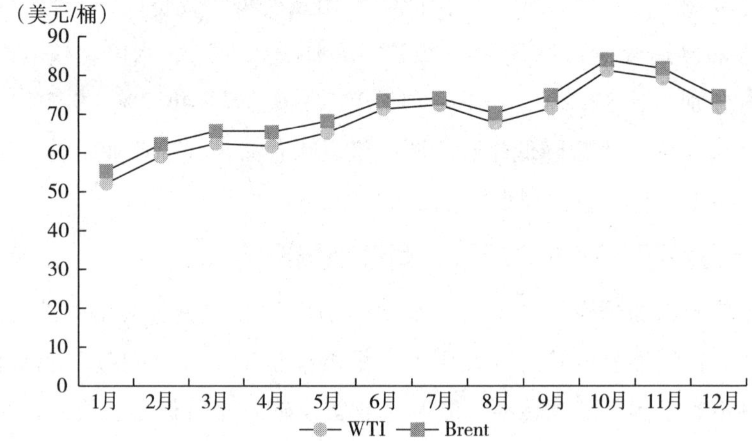


**图 2　2021 年国际原油价格走势**

## 二、“双碳”目标下成品油行业发展问题

作为中国油气行业最主要的参与主体，成品油行业由高碳向低碳甚至无碳业务的转型发展面临巨大挑战。成品油行业的发展受“双碳”目标的影响较大，根据实地调研访谈，总结出成品油行业面临的主要问题如下。

### （一）实现“双碳”目标时间短，减排任务重大而艰巨

截至 2021 年底，已有 130 多个国家提出碳中和时间节点。如表 4 所示，大多数国家提出 2050 年实现碳中和，并且依据国情作出不同承诺，如加拿大宣示相关政策，法国、德国规定相关法律等。中国提出 2060 年实现碳中和，碳达峰到碳中和仅相差 30 年，比发达国家缩短了 30～40 年，时间极其紧迫。

**表 4　部分国家碳中和进展情况**

| 进展情况 | 主要国家和地区 | 目标日期 |
|---|---|---|
| 自主减排承诺 | 乌拉圭 | 2030 年 |
| 执政党联盟协议 | 爱尔兰 | 2050 年 |
| 提交联合国 | 哥斯达黎加、斐济、马绍尔群岛、斯洛伐克 | 2050 年 |
| 法律规定或草案 | 瑞典 | 2045 年 |
| | 丹麦、法国、德国、匈牙利、新西兰、西班牙、英国 | 2050 年 |
| 政策宣示 | 奥地利、冰岛 | 2040 年 |
| | 美国、韩国、瑞士、葡萄牙、南非、挪威、日本、智利、加拿大 | 2050 年 |
| | 中国 | 2060 年 |

在实现“双碳”目标推动下，中国能源利用强度每年或将以约3.8%的速度下降，2035年左右碳达峰，到2050年，煤炭、石油、天然气、水电、核电以及其他可再生能源将分别占比12.2%、8.4%、13.9%、10.2%、46.2%、9.2%，非化石能源占比升至65.6%。大幅降低化石能源用量意味着必须加速产业结构、能源结构和发展模式的转型，任务重大而艰巨。

### （二）出口配额分批下放规则，有悖市场经济

成品油出口配额的严格控制有效缓解了中国成品油“大进大出”式经营模式，对环境、市场产销均衡等带来的巨大压力，积极推动了中国“双碳”目标的实现。炼油产业过剩不利于国家能源转型，能源行业实现碳减排目标难。成品油企业依据商务部分批下放的当年成品油的出口配额提前调整出口量，但不同批次成品油出口配额差距较大，企业的成品油库存量与下放的出口配额往往存在差距，加之审批流程较长，以及一段时期的出口配额需按品种细化到每个炼厂，一定程度上降低了成品油出口的灵活性，使得国内外市场上成品油供需自我调节能力变弱，有悖市场经济原则。

### （三）企业经营不确定性加大，高碳企业面临资产搁浅

“双碳”目标要求大部分行业在30~40年时间内大幅降低碳排放，甚至实现净零排放，这一过程将会给成品油企业带来一定风险。在“双碳”目标推动下，金融机构倾向于向绿色低碳方向发展，不利于石油流通项目融资，导致新增产能受限、断贷与资本撤出等问题；现有绿色发电技术受限，或将增加终端电价上涨压力，并导致整体能源使用成本的上升；油气等高碳产业和企业将面临成本上升、盈利下降等风险，可能产生不良资产、搁浅资产。

### （四）新能源汽车高速发展，冲击成品油零售市场

政策对新能源汽车的产销拉动以及充换电站的大量建成，促进了新能源汽车的发展，对传统燃油车行业造成了巨大冲击。在“双碳”背景下，传统的燃油汽车势必被新能源汽车取代。随着传统燃油汽车的逐步退出，未来成品油零售市场势必会进入逐步饱和的阶段，市场竞争也会越发激烈，在部分社会经营单位的疯狂扩张、不正当竞争下造成劣币驱逐良币的市场环境，这势必影响“双碳”目标的完成。

### （五）氢能产业缺乏总体统筹，基础设施建设滞后

中国氢能应用领域和发展前景，缺乏国家层面总体统筹和顶层设计以及规范和引导。虽然中国在副产氢纯化、气态储氢等技术上取得重大进展，政策红利释放，

产业投资加大，但基础设施建设滞后，供氢规模和燃料电池汽车总量仍然很小。中国氢能产业仍未实现规模化运行，市场推广力度较差，存在以下问题：无序发展现象严重，技术装备差距显著，基础设施不足制约产业发展，经济效益不支撑大规模推广。

## 三、“双碳”目标下成品油行业发展思考

“双碳”目标下，成品油行业将加快布局并积极稳健发展新能源业务，统筹推进“油气氢电”业务发展。基于上述成品油行业面临的困难与挑战，从国家和企业层面为“双碳”目标下成品油行业未来的发展提出以下相关建议。

### （一）国家层面

1. 加大力度完善监管体系，构建公共监督平台

政府进一步完善成品油行业监管体系，公开透明行业资源、价格等信息，加大对公开虚假信息等违规企业的惩罚力度；授权专业机构依据法规对成品油炼化存储企业进行管理，构建“政府主导、第三方监督、企业自律、公众参与”监督体系；基于“互联网＋”构建成品油行业监督平台，完善成品油质量环保信息公开体系并实时更新信息，便于政府、公众、第三方机构进行查阅和监督。

2. 商务部集中下放出口配额，降低企业调节压力

基于中国能源安全和“双碳”压力，中国对成品油出口采取配额制。分批下放出口配额有助于国家时刻依据市场变化对国内供求进行调节，以缓解产销和市场失衡。随着中国出口贸易方式转变，出口配额分批下放不利于市场供求和企业库存的自发调节。若成品油整年的出口配额一次性发放，出口企业既能自如调整出口时间，以求利润最大化，还能统筹国内汽柴油销售，有利于市场经济的发展。

3. 加快产业结构调整，鼓励企业积极创新发展

在“双碳”压力促使下，成品油行业相关政策持续收紧加剧了行业竞争压力，以炼油为主的企业盈利空间逐渐下降，加快产业结构调整以及节能降碳技术的研发应用，淘汰高耗能低效产能以提高能源效率，推进产业提质升级成为成品油企业的重要任务。国家鼓励企业积极创新发展有利于调动企业发展的积极能动性，提高能效，降低企业经营的不确定性，为企业推进绿色低碳技术的研发应用及提升科技创新能力提供政策及资金方面的重要支持。

4. 明确财政、税收等政策，支持氢能产业发展

在氢能产业发展上，国家需明确财政、税收等多方面政策的支持标准和时限，更加细化、实化、具体化相关指标和任务，以推动产业可持续发展。针对项目核准、规划、用地、安全、环保等行政许可建立绿色审批通道，加快下发加氢站建设运营管理办法，规范加氢站报建审批及证照办理流程，督导相关地市政府尽快明确建站补贴及运营补贴标准，加速推进加氢站的安全运行及良性发展。尽快出台车辆补贴政策，要有可预测性、可预期性，鼓励氢燃料电池车尽快实现规模化运营发展。

## （二）企业层面

1. 加快产业结构调整，积极探索业务转型

成品油企业应转向油气化工协同发展，采取购入水电等绿色清洁电力等措施实现对化石能源的“有序”替代，同时契合市政府的政策要求加大新能源产业的投入发展，大力推进传统业务低碳转型升级，加速向集加油、加气、加氢、充电、新能源、非油等为一体的综合能源服务站转型，推出具有企业特色、符合清洁能源定位的产品，并且发展线上线下结合服务营销的销售方式，以实现成功转型。

2. 加大新项目的布局和规划，加速推进“燃料型炼厂”向“化工型炼厂”转型

随着成品油需求减弱，成品油行业在原油炼制环节不断布局和规划新项目，进一步延伸产业链，减少轻质油品生产，多产炼油特色产品与化工原料，开发生产高端化工新材料，减少成品油的产品占比，提升产品附加值，充分挖掘现有装置的潜力和链条延伸力，优化产品结构多样化和特色化，使“燃料型炼厂”向“化工型炼厂”转型。

3. 构建价格风险管理体系，应对国际价格频繁波动

新形势下，成品油供需失衡、政策放宽、市场竞争增加、新冠疫情叠加“双碳”目标的提出，以及各类突发事件的发生使得成品油价格波动频繁而剧烈。企业在经营的现有模式下，应系统化构建价格风险管理体系，创新销售模式，拓宽销售渠道，通过合同加强供应商与客户的履约能力，利用大数据构建数学模型以精准分析历史数据和现实影响，预测价格波动，从而科学有效地管理价格风险。

4. 立足石化企业自身优势，顺应国家政策发展氢能

成品油企业大力发展氢能产业，应坚持从实际出发，立足自身优势，联合大学

等研究机构、氢产业链上其他企业共同开展研究，加快氢能产业关键核心技术突破。企业秉持绿色低碳和创新驱动的发展战略，发挥国内富氢油田和油品销售网络优势，积极推动能源供给转型，同时契合各省（市）发布的相关政策，加快推进氢能源的研发利用以及相关产业的发展，与当地企业深入合作，通过增设加氢功能、油氢合建、新建收购和合资合作等方式，积极规划站点布局。

# 专题四　成品油行业信息披露优化研究

赵振[1]

[1. 中国石油大学（北京）经济管理学院]

成品油涉及国家能源安全，与国家经济命脉紧密相关，因而受到国家政府部门的高度重视和管控。进入汽油、柴油的炼制、运输、仓储、批发、零售环节都需要各级主管部门的审批和监督。近年来，随着经济发展、固定资产投资的增长、城市公路系统的逐渐完善，以及汽车保有量的不断增加，使得中国汽油、柴油消费规模不断扩大。因此，成品油市场坚持公平竞争，信息依法公开显得至关重要。成品油市场要坚持以公开为常态、不公开为例外，全面推进规划编制、市场准入、事中事后监管各环节依法公开，才能稳定市场预期，促进成品油行业健康持续发展。

## 一、成品油信息公开现状分析

### （一）法律法规与标准建设加快

现阶段，政府坚持以公开为常态、不公开为例外，全面推进规划编制、市场准入、事中事后监管各环节依法公开，稳定市场预期。国家不断加强成品油监管法规和标准体系建设，提高依法行政和标准化水平。各省级商务、经信、能源主管部门要会同相关部门，按照国家相关法律法规、标准规范的要求，抓紧推动出台本地区石油成品油流通管理办法，明确成品油零售市场准入条件和程序、企业经营规范、监督管理措施等内容。推动修订完善现行相关标准规范。鼓励行业组织和有条件的企业制定发布团体和企业标准规范。

### （二）信息化建设不断加快

国家大力完善成品油管理信息系统，与全国系统整合对接。加强与应急和市场监管部门对接，归集共享取得危险化学品经营许可证和营业执照的石油成品油流通企业信息。鼓励有条件的企业自主建设企业管理信息系统，采用物联网手段，加强对成品油装卸、运输、存储及销售情况的动态管理。实现统一油品配送、统一管理标准、统一服务质量、统一营销策略，提升品牌化、连锁化水平。结合企业年度检查，对运营管理规范、设备设施齐全、经营状况良好的企业进行信息公示，支持优质企业做强做大，促进规模化、规范化发展。改善成品油管理体制，着力营造良好的市场环境、法治环境和政策环境，促进成品油行业规范有序高质量发展。

## 二、成品油行业信息公开的主要问题

在成品油信息公开方面，政府对职责范围内涉及企业竞争及群众切身利益、需要社会广泛知晓的数据信息，按照依法、准确、及时、便民的原则，通过政府官网或具有公信力的门户网站、官方微信公众号、主流媒体等多个渠道及时主动向社会公开。积极推进政府信息依法申请公开的工作，努力满足成品油行业参与者的生产、生活和科研等需要。在信息公开方面已取得了较好成效，但仍存在一些不足。

### （一）成品油行业法规和标准亟须完善，市场监管需加强

适应市场化法规和标准亟须完善，市场监测与信息透明机制有待加强。在《原油市场管理办法》和《成品油市场管理办法》废止后，尚无新的管理办法出台，市场监测力度不够，缺少政府授权的第三方监测机构，行业协会在市场监测作用发挥有限。在信息公开层面，政府未能形成专门定期对成品油油气库存、产能变化、相关价格趋势和市场需求分析等的数据库，行业存在一定的信息孤岛，不利于引导成品油市场的良性竞争。

### （二）信息公开机制不够完善，产业链信息公开不充分

成品油行业信息公开缺乏缜密的制度设计，导致中国成品油行业信息公开存在一定的随意性和不连续性。信息公开与否、如何公开、公开的措施是否到位等完全依靠行政机关的内部自觉和自我约束来实施，缺少外部的监督和审查机制的制约。同时在信息公开的过程中，很多过程性的资料没有要求就不公开，基于市场经济信息对称所需要的产业链重要信息难以获取，而这些公开不充分的信息往往对市场竞争和市场秩序有着重要的影响力。

### （三）缺乏主动性和积极性，信息公开不够及时

国有石油公司主导的油气上游业务数据公开共享没有积极性，下游虽然已经推动市场化开放，但是与成品油市场相关的公开信息质量与口径难以统一，行业参与者难以获取，同一数据甚至出现多个不同的权威结果。重要信息发布的时效性不够。

政府对信息公开工作的认识和重视程度与市场化进程不匹配，导致行业信息有效引导行业发展作用较小。

### （四）信息公开缺乏有效平台，公众查阅困难

为加强储能标准化建设工作，发挥标准的规范和引领作用，解决储能标准不规范、分散、缺乏权威性和及时性等问题，2020 年 1 月，国家能源局联合应急管理部、国家市场监督管理总局组织中国电力企业联合会等相关单位建设了储能标准化信息平台，并同步建立储能标准化微信公众号。2020 年 9 月，标准化信息平台建设完成并正式投入运行。但是成品油行业涉及甚广，还有诸多信息没有搭建有效的平台，比如成品油行业的产品类型及规格、销售量和价格等相关信息，有众多咨询公司和独立数据供应商提供各种非权威和部分数据，不能让行业参与者和决策者形成全局性决策信息支撑。

## 三、优化成品油行业信息公开机制的政策建议

国家组织建设全国成品油行业信息公开网站，包括炼油产能、成品油库存和成品油市场监管政策等成品油信息获取入口，作为国家信息化建设的基础设施，实现包括成品油行业相关的产能、库容、库存、产品类型及规格、销售量和价格等相关非密数据的实时更新，使得国家、省（区、市）、行业协会、企业及公众均可获取相关数据。委托行业协会配合地方相关部门负责对数据进行误差校验，消费者还能通过此系统对成品油行业中非诚信和违法违规企业信息进行官方认定的获取。

### （一）完善法律法规和制度机制，细化相关必要信息的公开范围

进一步完善成品油行业管理的法律法规及信息公开的制度办法，结合工作实际及时修订完善。强化工作协同和信息交流，努力提高主动公开的及时性和规范性。在完善法律法规及标准体系基础上，政府部门需要完善油气库存、产能变化、相关价格趋势和市场需求分析等数据库，授权有关单位代表政府定期发布相关信息，加快建设信息透明机制，使市场利益相关方充分掌握市场信息，消除行业信息孤岛，为行业准确监测提供数据支撑。通过利用“互联网 + 大数据”，建立适合从业批发销售企业的数据化平台，平台实时向用户宣贯最新销售政策，推广互联网促销活动，改变以往客户单一的局面，终端用户可直接从平台采购，无论用户规模大小，均可享受同级别优惠措施，试点建立区域运营中心，打破区域界限。成品油生产和批发行业应建立数据共享协同机制，借助大数据分析客户需求，精准预测客户需求，大

力推进科学营销，实现产业链价值最大化。

当公开的相关信息发生变化时，还应当及时更新。若行政机关发现行业重要影响，或者可能影响社会稳定、扰乱社会管理秩序的虚假信息或者不完整信息时，应当在其职责范围内发布准确的政府信息予以澄清，并对公开虚假信息或不完整信息的部门企事业单位给予惩罚。

### （二）政府建立信息公开透明机制，引导行业良性有序竞争

在完善法律法规及标准体系基础上，政府部门完善油气库存、产能变化、相关价格趋势和市场需求分析等数据库，授权有关单位代表政府，公开定期发布相关信息，加快建设信息透明机制，使市场利益相关方充分掌握市场信息，消除行业信息孤岛，为行业准确监测提供数据支撑。

主管部门主导，行业协会协助主管部门，发挥行业服务作用，紧密联系相关企业，制定明确行业自律规则，推进起草完善成品油行业质量体系、各品种油品标准等国家标准。加强行业自律，规范行业管理，形成企业自检自律常态，引导行业良性竞争。

### （三）进一步加强平台建设，强化政策信息解读回应

积极顺应“互联网 + 成品油行业服务”发展趋势，融合多种媒体，整合公开平台资源，充分运用互联网、大数据等技术，加快建成成品油行业信息服务平台，加强以能源局门户网站为核心的集约化平台信息公开建设，提升政府数据公信力，努力为社会公众提供成品油行业数据查询一站式访问服务。构建基于“互联网 +”的成品油行业监督平台，汇集行业信息，受理社会举报，同时通过数据碰撞发现成品油行业运行中的问题和潜在的波动风险。智能与数字化技术为成品油行业带来了效率，但行业数字化对监管也造成了一定的难度，需要整合监管平台，合理利用数字化技术，转化为政府管理优势。

### （四）加强应急预案信息公开，建立完整的社会监督机制

严格落实政府信息公开条例关于主动公开突发公共事件应急预案的要求，有针对性地加强宣传培训，增强社会公众特别是应急预案执行人员的风险防范意识和能力，切实发挥应急预案的实际效用。建立完整的社会监督机制将是加速成品油行业信息公开，提升政府公信力的强大支持，有利于引导行业良性竞争。强化成品油供应应急资源保障能力，充分利用和有机整合成品油供应行业现有资源，提高成品油供应应急基础设施利用率，发挥信息与智力资源优势。进一步汇集调动社会资源，增强成品油供应应急支撑保障能力，实现应急资源共享和优势互补。在风险辨识与

评估、监测预警、响应决策、协同处置、装备升级等各个环节引入新技术、新方法、新设备，创新成品油应急救援处置手段，提高成品油供应应急科技水平。

## 四、结论与展望

成品油与国家经济命脉紧密相关，受到国家政府和部门的高度重视和管控。要全力优化成品油行业信息公开路径，进一步完善和做好成品油经营企业基础信息的收集工作，建立成品油经营企业电子档案，切实做好成品油市场监测数据的采集、分析和上报工作，及时掌握市场供需动态，分析市场形势，为各级政府和成品油经营企业提供信息服务。全国成品油市场管理信息系统总网已正式启用，各地要在硬件设施和软件配备及人员安排方面创造必要的条件，使成品油市场管理信息系统真正起到提供决策、服务企业、强化监管的作用。

# 专题五　“双碳”背景下成品油消费结构变化及行业发展趋势研究

李明辉[1]，方红[1]

［1. 中国石油大学（北京）经济管理学院］

在“双碳”背景下，中国能源消费结构正在加速重塑，实际上，中国成品油表观消费在2017年便已达峰，整个中国石油行业面临严重挑战。同时，国家政策推动能源转型，绿色低碳的清洁能源作为替代能源，促使成品油的消费结构向有竞争力的高端化方向发展。

## 一、“双碳”目标背景概述

### （一）“双碳”目标政策解读

习近平总书记于2020年9月首次提出“中国将提高国家自主贡献力度，采取更加有力的政策和措施，二氧化碳排放力争2030年前达到峰值，努力争取2060年前实现碳中和”。2030年前碳达峰就是国家承诺单位GDP能耗大幅下降，单位GDP二氧化碳排放比2025年下降65%以上，化石能源消费比重达到25%左右，二氧化碳排放量达到峰值并实现稳中有降。2060碳中和就是中国采取在生产和生活中不断节能减排、全国范围大面积植树造林等各种方式，在2060年时把排放的二氧化碳全部“中和”掉。

至此，“3060”双碳计划进入各行各业视野，并一度成为2021年热搜词汇。而随着各行业一系列落地政策的颁布，双碳计划“遍地开花”，在北京举行的2022年冬季奥运会开闭幕式中，点火仪式“小火”概念贯穿始终，及时向世界传达了中国注重环保的现行价值观。

其实“双碳”的本质是降碳，全球共同将降碳定为目标，一系列协定等相继出台，都是世界各国基于降碳目标的共识。预计到2030年，全球陆续能实现“碳达峰”的国家可以达到58个；预计到2060年，实现“碳中和”的国家将达到28个。

### （二）成品油行业“双碳”政策解读

在“双碳”背景下，中国成品油行业面临诸多挑战。一是需求逐步减缓。预计石油需求在2030年前后达峰并逐步进入下降通道。二是炼油产能趋于过剩。预计到2025年，国内一次加工原油的能力会控制在10亿吨以内，严控产能，向大型化基地化转变，逐步淘汰中小型炼厂。三是碳减排压力增大。国家能耗“双控”特别是“两高”项目管控等政策对中下游炼化项目影响较大，部分耗能过大的新上化工项目审批可能会被暂缓，部分炼厂未达能效基准水平或将面临关停整顿风险。四是电能替代竞争日益激烈，随着电动汽车的普及，多个大城市的电动汽车渗透率超过20%，预计“十四五”末中国新能源汽车将占新车销量的35%以上，电气化加快推进将进一步蚕食油气市场份额。

## 二、中国成品油行业发展现状及消费结构分析

成品油是由原油开采出来后加工而成，所以原油产量的稳步增长保证了成品油的生产加工。数据显示，2021年中国原油产量达19898.0万吨，同比增长2.4%；2021年成品油产量达35465.6万吨，同比增长7.9%。2022年，中国原油产量达20467.0万吨，同比增长2.9%；成品油产量达36610.4万吨，同比增长3.2%，如表1所示。

**表1　2021年和2022年中国原油、成品油产量**

| 年份 | 名称 | 当年累计产量/万吨 | 同比增长/% |
|---|---|---|---|
| 2021 | 原油 | 19898.0 | 2.4 |
| | 成品油 | 35465.6 | 7.9 |
| 2022 | 原油 | 20467.0 | 2.9 |
| | 成品油 | 36610.4 | 3.2 |

从细分市场看，成品油中柴油产量最大，2021年产量为16222.0万吨，同比增长2.7%，占比45.7%；2022年产量为19125.7万吨，同比增长17.9%，占比52.2%；但汽油产量及其占成品油产量的比重下降最快，2021年为15316.8万吨，同比增长17.3%，占比43.2%；2022年趋向稳定，2022年产量为14535.6万吨，同比下降5.1%，占比39.7%。煤油产量及占成品油产量的比重继续下降，2021年为3926.9万吨，同比下降2.6%，占比下降至11.1%；2022年产量为2949.1万吨，同比下降24.9%，占比8.1%，如表2所示。

**表 2　2021 年和 2022 年中国成品油产量**

| 年份 | 名称 | 当年累计产量/万吨 | 同比增长/% |
|---|---|---|---|
| 2021 | 成品油 | 35465.6 | 7.9 |
| | 汽油 | 15316.8 | 17.3 |
| | 煤油 | 3926.9 | -2.6 |
| | 柴油 | 16222.0 | 2.7 |
| 2022 | 成品油 | 36610.4 | 3.2 |
| | 汽油 | 14535.6 | -5.1 |
| | 煤油 | 2949.1 | -24.9 |
| | 柴油 | 19125.7 | 17.9 |

因汽车产业的快速发展对汽油的需求量急剧增加，以及工业、农业对柴油的需求进一步加大，而中国石油产量未能及时满足，所以对原油的进口依赖程度较高；但新冠疫情后，因为出行、展业等受到新冠疫情的影响，表观消费量急剧下降，而中国成品油产量却以稳定的速度在增加，成品油变成以出口为主。数据显示，2021 年，中国成品油产量 35465.6 万吨，同比增长 7.0%；表观消费量 31701.4 万吨，同比增长 9.3%。2022 年，中国成品油产量 36610.4 万吨，同比增长 3.2%；表观消费量 33317.7 万吨，同比增长 5.1%。

2021 年，中国成品油出口量 4033.4 万吨，同比下降 11.8%；成品油进口量 269.2 万吨，同比下降 38.4%；进口依存度为 -11.9%，同比增长 2.4%。2022 年，中国成品油出口量 3452.9 万吨，同比下降 14.4%；成品油进口量 160.2 万吨，同比下降 40.5%；进口依存度为 -9.9%，同比增长 2.0%，如表 3 所示。

**表 3　2021 年和 2022 年中国成品油表观消费量、进出口量和进口依存度**

| 年份 | 产量/万吨 | 进口量/万吨 | 出口量/万吨 | 表观消费量/万吨 | 产量/表观消费量/% | 进口/表观消费量/% | 进口依存度/% |
|---|---|---|---|---|---|---|---|
| 2021 | 35465.6 | 269.2 | 4033.4 | 31701.4 | 111.9 | 0.8 | -11.9 |
| 上年同期 | 33134.3 | 437.1 | 4574.3 | 28997.0 | 114.3 | 1.5 | -14.3 |
| 同比增长/% | 7.0 | -38.4 | -11.8 | 9.3 | -2.4 | -0.7 | 2.4 |
| 2022 | 36610.4 | 160.2 | 3452.9 | 33317.7 | 109.9 | 0.5 | -9.9 |
| 上年同期 | 35465.6 | 269.2 | 4033.4 | 31701.4 | 111.9 | 0.8 | -11.9 |
| 同比增长/% | 3.2 | -40.5 | -14.4 | 5.1 | -2.0 | -0.4 | 2.0 |

## 三、“双碳”目标对中国成品油消费结构的影响

### （一）化工企业产业结构的调整

国内各大化工企业积极调整产业发展战略，积极转向油气化工协同发展，同时根据“双碳”目标及其他相关政策的要求加大新能源产业发展的投入，推进传统业务低碳转型升级，推出具有符合清洁能源定位的产品。“三桶油”作为行业的翘楚，调整如下。

中国石油更关注实现资源低成本、可持续、多元化，以市场导向、国际化经营能力及绿色低碳为战略目标。

中国石化正在构建将基本能源保障制定为基础，将洁净油品和现代化展开成两翼，飞往新能源、新材料、新经济政策导向的“一基两翼三新”的发展格局，实现新旧动能转换。

中国海油将实现从传统模式到数字化、多样化的扩展，从传统能源领域到新能源产业的转变，从海上作业到陆地发展的转移。

### （二）政策下清洁能源消费的替代

在“双碳”目标及一系列政策下，政府合理调控成品油的消费规模，大力推进先进的风能（空气流动所产生的动能）、生物能（生物液体燃料）、太阳能（太阳光的辐射能量）、氢能（可持续航空燃料）等替代作为传统能源的成品油，而新能源的使用，尤其是新能源汽车对燃油车的替代，将对成品油消费形成一定替代。

### （三）降碳减排推进炼化转型升级

在“双碳”目标以及其他政策的要求下，中国石化行业将进一步推进“油转化”，即炼油行业相应减少油类产品的产出，向化工行业倾斜。中国成品油行业整体也在逐步落实压油增化的产业结构转型。未来中国石油、中国石化、中国海油等大型炼厂以加快炼化转型升级为主要发展方向，而地方炼厂以产能整合作为主要调整策略。

## 四、“双碳”目标下成品油行业发展趋势及消费结构调整方向

### （一）中国成品油发展趋势分析

1. 政策利好促进行业快速发展

“双碳”政策发布后，各行业一系列落地政策逐渐颁布，政府部门鼓励石油化工行业加大末端产品的深度加工、回收和利用，减少二氧化碳直接排放。国家政策的环保要求和资金支持为石油化工行业向高端化、降碳的快速发展提供了有利契机。

2. 能源消费结构的整体调整趋势

中国经济高质量发展，能源供需随之变化，而能源正处于用污染较轻的油气代替污染厉害的煤炭，用可再生、容易获取的非化石能源代替只供一次性使用的化石能源的发展阶段。“双碳”目标全面推出后，能源结构将在未来进一步调整。

3. 产能过剩态势依旧严峻

中国是全球最大油品消费国，但从2018年开始，成品油产量与成品油表观消费量对比一直处于供大于求的局面，中国炼油总能力已开始进入严重过剩状态。

4. 替代能源发展的冲击

为了缓解能源和环境的压力，中国制定了环保政策限制和新能源行业补贴，新能源汽车得以快速发展，汽车产业也快速转型、升级。尽管新能源汽车的保有量占比还很低，但对燃油车替代产生的影响在不断增加。

### （二）“双碳”目标下中国成品油消费结构调整方向

1. 成品油产品结构调整方向分析

为准时实现“双碳”目标，各石化企业需要开发节能、环保等绿色的生产技术。各石化企业应逐渐淘汰落后的生产设备和工艺技术提高原油加工深度，努力调整和优化产品结构从而提升综合利润，同时优化共同的基础建设工程和设备降低生产、建设成本，降本增效从而提高企业盈利能力。同时，需要控制炼油能力增长的速度，逐渐取缔产能小且计划性不强的小型炼厂，实现规模化生产；再将国内石化产业基地向消费较大的发达区域集中，实现基地化布局。

2. 成品油消费结构调整方向分析

中国经济增长由高速发展模式转向高质量发展模式，市场需求的变化要求产品

质量要提高，这就明显抑制了柴油消费的增长。2015 年，中国柴油需求量由逐步增加转为大幅下降；而汽油需求量处于逐渐增长状态，预计在 2030 年达到峰值；替代能源的迅速发展，也导致成品油的整体需求增速放缓速度，预计在 2025 年进入平台期。

## 五、结语

在全球一体化经济发展的国际形势下，中国成品油市场前景广阔，但因为“双碳”政策的要求，以及替代能源的崛起，成品油市场必然受到巨大的冲击。想让成品油市场进一步发展，只有更深入地研究市场行情，及时转变营销思想，做好市场细分和定位，才能做到科学地部署和计划，提高成品油市场的竞争能力。

# 专题六　成品油销售企业新能源转型研究

万波[1]，孙彬[1]，吴子华[1]，郭召[1]
（1. 中国石油山东销售分公司）

## 一、背景与意义

近年来，在全球气候变暖加剧和能源转型压力等多重因素之下，发展绿色可代替能源逐渐成为世界主流共识。党的十九大报告提出：“加快生态文明体制改革，建设美丽中国”，将“推进绿色发展”作为重大战略举措，要求“推进能源生产和消费革命，构建清洁低碳、安全高效的能源体系”。2020 年，中国宣布了“双碳”目标，提出“力争于 2030 年前二氧化碳排放达到峰值，努力争取 2060 年前实现碳中和”。

为响应国家“双碳”战略，助力实现“双碳”目标，作为中国最大的油气生产供应商，中国石油锚定“建设世界一流国际能源公司”的战略目标，以高质量发展为主题，大力实施创新、资源、市场、国际化、绿色低碳战略，着力发展主营业务，突出结构调整、改革创新、提质增效、依法治企，牢牢把握低碳转型发展机遇，加快打造绿色发展新势力，为实现中国“双碳”目标积极贡献力量。

伴随新能源、清洁能源动力交通工具的普及，特别是在 2022 年新能源汽车渗透率达 20% 的严峻形势下，油品销售面临业务变革和多元化的压力，如何在已有的业务基础上多元化经营是成品油销售企业面临的核心问题。针对新能源汽车等新业务的冲击，有效发掘现有加油站网点优势、为客户提供更加多元的服务，把业务无缝拓展到光伏、存储、充电、加氢等新领域，是未来成功的核心所在。

作为资深的成品油销售企业，山东销售应借助成品油销售领域多年经验，结合自身网络、人才优势，研究新能源转型方案，在加油站中接入光伏、储能、充（换）电等多能互补项目，帮助加油站实现安全高效运营，支撑加油站运营实现绿色、降本、增效、拓宽业务领域的发展诉求，具有挖掘商业价值的经济效益、完善服务功能的社会效益以及提高责任担当的政治效益。

## 二、政策性文件研究

收集自2021年以来的国家及省级文件，不难发现，政策制定部门为双碳工作指明了道路，对新能源发展给予了大力支持。挑选主要文件略作展示。

《中共中央　国务院关于完整准确全面贯彻新发展理念做好碳达峰碳中和工作的意见》中指出主要目标：到2030年，经济社会发展全面绿色转型取得显著成效，重点耗能行业能源利用效率达到国际先进水平。单位国内生产总值能耗大幅下降；单位国内生产总值二氧化碳排放比2005年下降65%以上；非化石能源消费比重达到25%左右，风电、太阳能发电总装机容量达到12亿千瓦以上，二氧化碳排放量达到峰值并实现稳中有降。

《国务院关于印发2030年前碳达峰行动方案的通知》在能源绿色低碳转型行动方面提到：保持石油消费处于合理区间，逐步调整汽油消费规模，大力推进先进生物液体燃料、可持续航空燃料等替代传统燃油。在加快建设新型电力系统方面：积极发展“新能源+储能”、源网荷储一体化和多能互补，支持分布式新能源合理配置储能系统。实施重点行业节能降碳工程，提升能源资源利用效率。优化新型基础设施用能结构，采用直流供电、分布式储能、“光伏+储能”等模式，探索多样化能源供应，提高非化石能源消费比重。

《关于推进中央企业高质量发展做好碳达峰碳中和工作的指导意见》指出：到2025年，中央企业产业结构和能源结构调整优化取得明显进展，重点行业能源利用效率大幅提升，新型电力系统加快构建，绿色低碳技术研发和推广应用取得积极进展；中央企业万元产值综合能耗比2020年下降15%，万元产值二氧化碳排放比2020年下降18%，可再生能源发电装机比重达到50%以上，为实现碳达峰奠定坚实基础。鼓励中央企业抢占绿色低碳发展先机，鼓励油气企业利用自有建设用地发展可再生能源以及建设分布式能源设施，鼓励传统加油站、加气站建设油气电氢一体化综合交通能源服务站。

《山东省能源发展“十四五”规划》中指出2025年能源发展主要目标：煤炭消费比重下降到60%以内，非化石能源消费比重提高到13%左右。可再生能源电量占比提高到19%左右。以风电、光伏发电为重点，以生物质、地热能、海洋能等为补充，因地制宜推动可再生能源多元化、协同化发展。到2025年，可再生能源发电装机规模达到8000万千瓦以上，力争达到9000万千瓦左右。坚持集散并举，大力发展分布式光伏。推进工业厂房、商业楼宇、公共建筑、居民住宅等屋顶光伏建设，优先发展“自发自用”分布式光伏，因地制宜建设风能、太阳能、天然气等多能协调互补的“源网荷储一体化”智慧能源系统。

通过对国家、省级和行业现有政策梳理，无论从宏观政策还是行业能源转型需求，都在大力推进新能源，甚至明确指出油气电氢一体化综合交通能源服务站是未来加油站转型的方向。同时，随着快充技术、换电技术、智能充电技术的升级迭代，未来充电将像加油一样便捷。传统能源企业拥有庞大数量站点的区位优势，提前布局能源转型，可以实现战略卡位。

## 三、调研需要关注的方向

加油站转型，需要充分踏勘和调研。鉴于加油站经营危险化学品的特殊属性，在加油站上补充建设光储充项目需要严格、谨慎。笔者以山东省资源禀赋和加油站特点为研究对象，查阅相关的政策文件、行业技术规范，对加油站现状进行调研，梳理出如下特点。

### （一）光资源条件分析

从光照资源分布条件来看，山东省太阳能资源从东向西逐渐增加。大部分属于光照条件很丰富的Ⅱ、Ⅲ类资源区域，具备非常优异的天然条件。截至 2021 年 5 月统计显示，山东省的光伏累计装机容量连续位列全国第一，是经得起考验的光伏应用区域。实地调研时，筛选加油站要求光照无明显遮挡，特别是光伏主要出力时段 9：00—15：00 无遮挡。

### （二）加油站建筑情况

主要针对加油站的主要三类建筑——罩棚、站房、辅房做初步评估。铺设光伏需要原有建筑的载荷满足 $0.15kN/m^2$ 的要求，且加油站的罩棚不能有明显的锈蚀、漏水等问题。一些运行年限较久的站点，由于锈蚀或设计图纸缺失，如上光伏需要重新进行结构鉴定、荷载评估工作。一般框架结构站房和混凝土罩棚较为坚固，承载力优于钢结构，所以新能源项目筛选时，应优先选择建筑年限较短、框架结构站房和混凝土罩棚的站点。

### （三）加油站用电情况

由于加油站执行一般工商业电价政策，存在峰平谷电价。针对分布式光伏项目，加油站的自用电量是用来评估光伏发电自用电的指标，也是经济性评估的重要因素——自用电量越大，光伏项目的综合收益越高。另外，基于光伏项目并网备案的要求，按照国网的内部文件，一般光伏装机容量不宜超过接入变压器的容量的80%。现场踏勘时确认加油站配电房是否具备足够的空间放置配电柜，同时地下管网的分布对于配电改造的影响也需要提前考量。

### （四）安全性评估

由于加油站属于易燃易爆场所，国家及行业标准对加油机设备、油罐及生产建筑等有严格的安全距离要求。光伏及储能、充电桩属于电气类设备，设备除本体需要具有防爆、防火等性能外，同样对现场的布置条件有严格的安全距离要求。现阶段，新能源技术发展速度远超出行业及国标的制订步伐，特别是对于加油站与光储充融合的项目，还没有针对性的工程建设规范，但是在最新版的《汽车加油加气加氢站技术标准》（GB 50156—2021）、《建筑设计防火规范》（GB 50016—2018）、《电动汽车充电站设计规范》（GB 50966—2014）等标准中查阅各安全间距、工程设计的要求，确保项目的推进有据可依。

### （五）加油站外部接入条件评估

一般加油站的变压器容量相对较小，部分站点直接采用公用变压器的形式，故在接入光伏、储能及充电桩的时候大部分站点的变压器的容量不足以满足系统运行的条件，对这一部分站点进行变压器扩容的同时需要对外线进行统一改造。其中变压器需要增加的容量不多，并不涉及外线改造的站点属于相对优质的站点资源。

### （六）充电桩需求评估

有充电桩需要的加油站点主要分成两类，一类是国道沿线及高速服务区内站点，另一类是城区内站点。两类站点在选址时就已结合当地的交通状况、车流量、市政规划等因素建设，具有先天的地理位置优势，也是新能源车补电的理想站点。在现场踏勘时，应一并收集周边的充电站的数量、充电价格、运营模式等信息，作为规划充电站的参考依据。

## 四、转型中容易出现的痛点

根据市场外部环境走势以及加油站的内在属性、光储充项目的技术要求，结合几个有代表性的站点调研结果，整理分析加油站布局新能源的一些关键痛点。

### （一）加油站转型痛点一：原有建筑不匹配

光伏使用年限一般为25年，对罩棚类建筑的使用年限要求较严苛。部分罩棚类建筑由于长期缺少维护，已经出现了严重的锈蚀现象，严重影响建筑可靠性和载荷能力。部分站点还在空地设有洗车机，使得配置储能、充电桩的面积不足。此外，相当一部分站房的建设高度是低于罩棚的，导致光照被遮挡，站房屋顶可用面积降低。鉴于此，建议成品油企业在维护现有加油站时，考虑罩棚的结构加固维护，使其满足光伏的荷载要求。同时，规划新增加油站点时，站房宜避免被罩棚遮挡，并且站房的荷载承重也需要考虑光伏组件铺设的承重。条件允许情况下，在一些存量站点考虑移除使用率不高的洗车机。

## （二）加油站转型痛点二：原有变压器容量不足

由于加油站的主要用电负载集中在加油泵、照明、空调等功率不大的用电负荷，且大多数站点的变压器在 30～80kVA，每天的用电量在 100～300kWh。以建设充电功率为 120kW 的光储充电站，对于变压器的空余容量要求需要大于 160kW，大部分场站无法满足条件，需要进行变压器扩容和配电改造。针对变压器容量不够的特性，适配一定容量储能，在充电桩工作时，利用储能放电，从而降低光储充项目带来的改造成本。

## （三）加油站转型痛点三：企业转型与需求爆发的矛盾

由于三电技术的更新迭代和政策的支持，新能源汽车临近全面爆发的转折点。当前新能源车的市场渗透率已经超过 20%，城市内充电桩的数量不足与大量新增的新能源车充电需求矛盾越来越突出，对于已经占据地理优势的加油站点，铺设充电桩成为大势所趋。新能源车大规模推行后，对电网的冲击不可忽视。现阶段的配电所规划的负荷对大规模的充电需求考虑不足，所以配电网的空闲容量属于稀缺的资源，先行占据优质区域的配网容量，直接关系到项目规划与经济效益。作为能源巨头，急需在转型时期，抓住机遇，快速布局。

## （四）加油站转型痛点四：缺乏更加全面的顶层规划

现有加油站规划偏向保守，技术迭代较缓慢，难以适应汽车市场的快速变化。但是随着物联网技术、大数据等行业技术快速发展对生活方方面面的深入影响，传统能源巨头向新能源转型需要自上而下的顶层规划。如传统加油站需有人值守，但加油站转型为充电站可以转化为无人值守的站点，这将大大降低未来的人力成本支出。进一步讲，通过开发光储充电的云平台、手机 App，收集融合各站点的光伏、储能、充电桩运营数据信息，可以分析各站充电频次、车流量分布，为规划其他站点提供数据支撑。

这些痛点，只要在探索清洁能源实施过程中加以关注，在加油站典型试点示范项目建设中给出措施，围绕关键环节和技术开展攻关，均能攻克。只有找到问题根源，才能在实践中有针对性处理，实现新能源领域业务创新。

## 五、试点项目建设必要性

### （一）抢抓关键时机

燃油车与新能源车销量此消彼长，电动车充电需求矛盾突出，致使某些站点加油量急剧下滑、加油站面临闲置的可能。现在正处于充电需求爆发的转折点前夕，在有条件的站点推出加油光储充电联合示范站点，可以占据先发优势，培养客户的充电黏性。另外，容量有限的配电网资源也日益紧张，提前占据这部分资源，将具有排他性的优势。在配网资源不足的地区，借助储能，不用进行配电改造即可升级为加油充电联合站。在配网有空余的区域，提前占领配网资源，在配网没有空余的站点，利用储能建设联合站，具备提前布局优势。

### （二）小规模尝试示范站

针对现有情况，应进行试点推动，以小规模尝试示范站为主，厘清项目建设备案流程、工程建设标准、消防要求、项目验收标准、并网手续等相关事项，不断积累经验，形成标准流程。同时，示范站点也承担着方案配置，工程建设，运营磨合，数据收集，油电联合站建设标准规范制定等职责，在具备成熟可靠的示范站的经验后，可以迅速大规模铺开。

### （三）探索碳中和技术路线需要

石油和煤炭一样，属于传统能源，在生产端、消费端为主要的碳排放来源。随着国家双碳政策的执行力度加强，碳排放权将变得日益稀缺，而在2030年降低企业碳排放的同时，提前布置新能源产业，一方面，企业自身利用绿电，降低电费支出；另一方面，绿电使企业的碳排放降低，企业具有富余的碳排放指标。企业将富余绿电参与绿电市场交易，富余的碳指标参与碳市场交易，获得直接的经济效益。

### （四）进行深度的安全性研究

加油站作为非常成熟的建设项目，其安全要求已经非常完善。站内主要划分工作区与辅助服务区，光储充电的项目都建设在站内辅助区，保证与油罐区，加油枪设备安全间距，这样其安全性已经进行了物理分隔。此外光储充项目运行中有发生火灾的风险。这一部分，主要是担心由于电气类故障（主要是短路故障）导致的火灾。一方面，光储充电系统借鉴传统的电力项目，安装必要的继电保护设备，主要是对短路故障进行保护；另一方面，光储充系统为柔性电力设备，光伏逆变器，储能变流器，充电桩都属于电力电子设备，其主要的设备为 IGBT 管，设备本体就能闭锁脉冲，在毫秒级内切断故障，即从设备本体上能实现保护功能。光储充系统都采用阻燃、耐火、防爆设备或材料，同时内置消防主机、温感、烟感探头、消防灭火系统，消防联动控制。层层把关，将安全保护工作做到极致。

## 六、探索转型建设思路

虽然各站的条件各异，但是在针对性地进行方案分类，各类光伏电站都具有对应的解决方案。

### （一）加油站选择范围

对于存量站，首选单日平均用电量较大的全资库站进行光伏项目投资，相应场地、屋顶、罩棚的证照齐全，不存在安全隐患，无法律纠纷。租赁、合资的库站需在确保稳定持续经营的前提下尝试。安装位置首选站房、附房等建筑屋顶和空地，罩棚需谨慎考虑，若安装光伏必须论证其承载能力。对于新建站，在具备条件的新建、改扩建加油站同步布局光伏 + 发电，站房屋面采用 BIPV 一体化支架，罩棚采用光伏板替代彩钢板，有条件的项目，推进油光储充一体化建设。

### （二）建设思路

1. 思路一：纯光伏 + 加油站

这一类的加油站适用于非市区，国道旁的站点。这类站点以主要供应卡车柴油为主，该类站点具有光照条件好、场地较小、充电需求低、用电量大、有独立变压器的特点；针对这一类站点，建议在站房上敷设光伏；光伏发电以自发自用为主，余电上网，通过建设纯光伏系统，切实降低用电成本。

2. 思路二：储充 + 加油站

这一类的加油站适用于市区站点。这类站点分布在人口较为密集区域，高层建筑遮挡比较多，同时有迫切的充电需求。但是由于变压器的容量及场地限制，这一类的变压器不大可能做得很大，充电桩一般为 1 ~ 2 台，为满足充电的负荷，需要在充电的时段利用储能电量，而不是利用电网的容量。对这类电站需要设计集成化的标准产品方案，光储充系统采用即插即用的形式，大幅减少现场的建设施工周期。

3. 思路三：光储充 + 加油站

该类站点适用于有建设光伏条件且充电需求大的站点。利用光伏电量在充电桩末运行时给储能充电，而在晚上充电高峰时段，储能放电给充电桩使用。这样形成一个能量生态圈。对于用电量大、场地面积大、汽油销量高的站，建设光伏 + 储能 + 充（换）电桩一体化项目，推动加油站向油电综合能源站转型。

4. 思路四：换电 + 加油站

充电和换电是新能源汽车补电的两条主流技术路线。换电存在两种形式，一类是车企自建换电站，以蔚来、吉利为代表。该类型换电站仅对自身品牌的车辆提供服务。另一类是第三方运营方针对某类车型的换电站，以奥动新能源为代表。此类型换电站集中在机构客户端，如出租车、重卡、物流车等的换电业务。

## 七、结语

中国石油作为能源行业的巨头，承担着保障国家能源供应安全与稳定的重任。随着中央对于国家能源安全的新判断、对于国际竞争形势的新认识、对于双碳工作的总体部署，中国石油也将继续在国家能源结构革命中发挥重大引领作用。

山东销售公司严格落实集团“清洁替代、战略接替、绿色转型”三步走战略，发力推进新能源，锚定了新能源业务走在销售公司和省内行业前列的奋斗目标。经过两批项目群测算论证：首批 32 座纯光伏加油站项目，在我方零投入、第三方出资建设模式下，每年发出 140. 54 万千瓦·时的清洁电力，年减碳 1390 吨，年收益 35. 67 万元；测算建设 60 座新型光储加油站项目，每年将产生 608 万千瓦·时的清洁电力，减排二氧化碳 6062. 16 吨，相当于植树造林 301. 8 万平方米。显而易见的是，推进新能源转型，对经济效益、社会效益以及政治效益都有正向加持作用。这是迈向新型复合能源企业的重要一步，也符合党中央、国资委对于央企高质量发展做好“双碳”工作的要求。

作为新能源行业的推动者，成品油销售企业有义务整合多方力量，统筹优势资源，搭建具备光伏发电、储能系统、充电桩、能量管理系统等的设备生产、系统集成、项目建设、运维全链条整合能力，调动设计、采购、施工等全过程业务链条，抓住历史赋予的机遇时刻，努力推进新能源领域的开拓和转型，为“双碳”目标贡献力量。

# 专题七　2022 年中国船供油市场回顾及 2023 年展望

田明[1]

（1. 中国船舶燃料有限责任公司）

2021 年 11 月，北外滩国际航运论坛召开之际，习近平总书记致贺信指出："航运业是国际贸易发展的重要保障，也是世界各国人民友好往来的重要纽带。中国愿同世界各国一道，共克时艰，顺应绿色、低碳、智能航运业发展新趋势，深化国际航运事务合作，全力恢复和保障全球产业链供应链畅通，促进国际航运业健康发展，为推动构建人类命运共同体做出贡献。"在建设海洋强国的进程中，发展现代航运服务体系，提升航运综合配套服务能力非常关键。在港口服务配套功能中，船舶燃油供应是重中之重，不仅是为了满足船东客户的需求，也是港口服务水平和形象的重要体现。令人欣喜的是，中国沿海各港口越来越重视船供油行业，特别是保税船供油业务的规划发展，持续推动保税油市场进一步放开，不断引入新的实力雄厚的经营主体，共同推动中国船供油市场呈现稳定发展良好势头，助力中国海事综合服务能力和水平持续提升。

## 一、2022 年全球船供油市场情况

### （一）全球经济增长陷入停滞

进入 2022 年，世界经济增长动力明显不足，伴随着巨大的通胀压力、高企的债务水平和动荡的金融市场。贸易保护主义盛行，国际制裁升级，投资增长不足。国际货币基金组织 2022 年 10 月预测，本年度全球经济增速为 3.2%，比 7 月的预测下降了 0.2%。与 2021 年全球 GDP 6% 的增速相比，降幅尤为明显。加之乌克兰危机不断升级，通胀压力更加严重，多重因素冲击下经济复苏过程受阻。特别是全球通胀压力更加严峻，以美国为例，其通胀率在 2022 年 6 月达到 9% 的高点，三个季度通胀率分别为 8.5%、8.2% 和 8.2%。全球各经济体在"稳增长"和"抗通胀"两大相对立的政策目标中游走，实现艰难的平衡。总体而言，2022 年是"冷战"后各

国加息幅度最为显著的一年。以美国为例，2021 年 12 月 15 日，美联储决定联邦基金利率再次加息 50 个基点。这已经是本年内美联储连续第七次加息，美国联邦基金基准利率也从年初的零利率快速上升至 4.25% 左右。

### （二）全球海运贸易较为低迷

回顾 2022 年全球航运市场，一年来整体呈现高开低走局面，量价齐跌。全球航运需求震荡下行不仅导致自身供给侧产能收缩，也造成中国海运市场价格连续下跌，航运业经历了充满挑战的一年。特别是 2022 年下半年开始，全球贸易增速开始大幅放缓。根据克拉克森测算，2022 年全球海运贸易量为 120 亿吨，仍低于疫情前水平。细分货种中主要干散货物贸易都有明显下降，小宗散货贸易减少 5700 万吨，铁矿石贸易减少 2900 万吨，粮食贸易减少 1800 万吨；另外，由于欧美消费者货物需求向服务需求转移，集装箱化货物减少 3400 万吨；能源商品贸易成为亮点，原油和成品油贸易分别增长 9500 万吨和 2300 万吨，LNG 贸易增长 1800 万吨。全球大宗商品货物贸易远低于正常水平，特别是海运贸易格局正在重塑。在经历了两年多的运费上涨和运力紧缺后，迅速降温的航运市场将迎来一个“极具挑战性的 2023 年”。加上乌克兰危机发生以来，西方针对俄罗斯各类商品的制裁，使得大宗商品海运“就近原则”被政治因素打破，供应链韧性愈加脆弱。由此可见，全球海运贸易量增长几乎陷入停滞，对船供油行业造成不利影响。

### （三）全球船用燃油需求受到抑制

近十年以来，受炼厂设备升级改造以及环境保护政策的大范围实施，导致全球燃料油需求一直呈现连续下滑趋势，截至 2022 年已降至 4 亿吨。其中，船用燃料油需求大体在 3 亿吨左右，占整个燃料油需求总量的 75%。根据 SHIP BUNKER 对于全球主要港口的统计数据，2020 年全球船用燃油需求受新冠疫情影响，供油总量同比下降 6.3%，2021 年随着经济和贸易逐渐复苏，供油总量同比增长 3.5%，2022 年前三季度全球船用燃油需求受经济下行影响，供油总量同比下降 2%。根据新加坡 MPA 统计数据，2022 年全球最大的船加油港口新加坡港船用燃油供应量累计 4800 万吨，同比下降 4.5%。2022 年鹿特丹供油量 956 万吨，略低于 2021 年的 959 万吨。2022 年巴拿马港加油量 816 万吨，略低于 2021 年的 818 万吨。由此可见，2022 年全球船供油市场需求依然低迷，核心船加油港口增长陷入停滞。

### （四）船用燃油质量问题依然频发

2022 年 3 月，新加坡港口供应的高硫燃油出现了较为严重的质量问题，当地供应商向 200 艘船舶供应了一批受污染的高硫燃料油（HSFO），其中 80 艘船舶报告燃油泵和发动机出现问题，这是该国20年来首起因高浓度有机氯化合物导致船舶燃料污染的事件。新加坡海事及港务管理局对部分船舶进行燃料样品检验后，发现较高含量的有机氯化合物（Chlorinated Organic Compounds）。上半年发现的燃油质量问题也是新加坡船用燃料销售量下降的重要原因，根据6月劳氏船级社燃油分析和咨询服务机构（FOBAS）测试的一些来自新加坡的VLSFO样品，某些燃油样品水分超过了ISO 8217：2017规范中规定的0.50% v/v，达到了0.65% ~1.90% v/v，导致燃油泵、喷油器和汽缸部件的损坏，以及导致涡轮增压器喘振和结垢。7月初，Intertek Lintec发布通告，在测试的新加坡VLSFO燃料样品中发现一些燃油样品闪点在51 ~57℃，低于ISO 8217最低要求60℃。闪点低于60℃的燃料将使船舶不适合航行，并且在大多数情况下会危及船舶的入级和保险。此外，在鹿特丹、安特卫普以及墨西哥湾等港口，也陆续出现了燃油质量方面的问题，显示全球船用燃油质量的稳定性、相溶性问题依然没有得到有效解决，燃油质量问题需引起船供油商的高度重视。

### （五）高硫燃料油在核心枢纽港需求稳定增长

自2020年IMO限硫令正式生效以来，高低硫油的平均价差大体稳定在150 ~200美元/吨。但2022年以来，高低硫燃料油的价差不断突破历史最高纪录，一度拉大到500美元/吨以上，主要原因是低硫燃料油供应持续紧张，现货贴水水涨船高。根据PLATTS数据，2022年第二季度全球二十大燃油加注港口的VLSFO低硫燃料油平均价格比HSFO高硫燃料油高出370美元/吨，高低硫价差在全球船加油中心港口新加坡一度达到580美元/吨，在中东富查伊拉港价差一度增加到549美元/吨。极端价差之下，安装脱硫塔船舶的经济性和竞争优势异常凸显。根据克拉克森测算，一艘未安装洗涤塔的好望角型船在即期市场上每天可获取22000美元收益。而同样的一艘船在配备洗涤塔后，收益将直接翻倍到44400美元/天。2022年，欧洲不断推出对俄罗斯的能源制裁政策，导致俄罗斯生产的高低硫燃料油大量流入亚洲市场，也促进新加坡市场高硫燃料油加注量环比大幅增加，高硫燃油供应占比已经增加到30%，而低硫燃料油供应占比降至60%，显示高硫燃料油需求较为旺盛。2022年12月底，新加坡市场高低硫燃料油价差已经回落至200美元/吨正常水平。

### （六）燃油测量要求更加严格

新加坡已经在供油驳船上强制使用质量流量计，要求提升港口供油服务的透明度。随着国际海事组织日趋加强船舶燃油消耗监管，欧洲安特卫普－布鲁日和鹿特丹港务局计划强制在加油船上使用燃油测量系统，以测量交付给远洋船舶的确切燃油量。通过这项强制措施，安特卫普－布鲁日和鹿特丹两个港务局将首先确定合适的燃油测量系统。同时还将确定在加油船上使用燃油测量系统加油的义务生效的日期，并纳入燃料供应商的许可证中。两港共计170艘加油船中有40艘配备了燃油计量系统。两个港口认为在加油船上强制使用官方燃油测量系统是解决数量问题的重要方法。中国部分供油驳船也在加装质量流量计，中国船燃、中国石化燃料油公司等日趋加大质量流量计驳船的投入数量，并作为提升现场供油服务水平，保障燃油计质量安全的重要手段。

### （七）清洁替代船舶燃料发展呈现加速势头

为应对IMO关于船舶燃油能耗以及碳排放政策要求，主要国家、航运业协会和各大航运公司都根据自己的情况制定了相应的脱碳方案。克拉克森2021年数据统计，使用替代燃料和节能技术的新船订单已经占到了总数的35%；2022年替代燃料订单占同期订单总量比上升到64%，“环保型”船舶运费和租金“溢价”明显。12月末，安装脱硫塔环保型好望角散货船和VLCC油轮收益对比一般船型溢价高达63%和35%。随着脱碳进程加速，航运公司越发关注新型船舶替代燃料的研发和应用，市场发展空间巨大。咨询公司Blue Insight指出，低碳船舶燃料市场潜在估值高达1.4万亿美元，至少40家企业和组织在参与海运低碳和零碳燃料的技术研发。清洁船舶燃料是市场所需，环保所需，船用LNG、甲醇、生物柴油、LPG等替代燃料是未来典型的“清洁燃料”，虽然处于研发和验证阶段，但已经在技术研发领域取得突破，未来会有更大的发展空间。其中，马士基订造19艘能使用绿色甲醇运营的双燃料船舶，当这些船舶全部投入运营并替换掉旧船时，将需要75万吨绿色甲醇，每年减少230万吨二氧化碳排放。作为排放大户之一的航运业，全球航运业应进行更多的探索和尝试，应尽早研发和开发出更加节能环保的船舶动力技术和船舶清洁燃料、制定和完善相关法规、研发各种清洁燃料动力技术和环保船型等，降低海运温室气体排放，为全人类的环保事业做出贡献。

## 二、2022年中国船供油市场发展特点

### （一）中国船供油市场需求整体低迷

随着中国进出口贸易的繁荣，中国在全球海运贸易中的地位日益重要，也带动港口保税船供油需求快速增长。2020年，中国保税油供应总量增速为37%，2021年为23%，首次突破2000万吨大关，再次创下历史最高纪录。根据隆众数据，

2022 年中国保税船供油量 2020 万吨，较 2021 年的 2066 万吨减少 46 万吨，减幅为 2.23%，中国保税船供油市场快速增长的势头戛然而止。一方面受 3 月上海等华东区域港口新冠疫情蔓延的影响，另一方面也有外贸货物港口吞吐量下降的不利因素。根据交通运输部数据，2022 年全国港口货物吞吐量 156.8 亿吨，同比增长 0.9%。其中，外贸货物吞吐量 46 亿吨，同比下降 1.9%，显示进出口贸易形势较为严峻，对中国船供油市场造成不利影响。

2022 年中国内贸船供油市场整体消费量下滑，消费结构方面重油与轻油此消彼长。根据隆众资讯数据，中国内贸船用油消费量 910 万吨，较 2021 年下降 2.15%。其中船用重油消费量 600 万吨，较 2021 年下降 7%；船用轻油消费量 310 万吨，同比上涨 2%。随着环保要求升级，轻油在内贸船燃市场的消费比重逐年上升，尤其是性价比更高的船用轻质燃料油消费需求不断增长，成为长远发展趋势。从价格方面来看，2022 年第一季度中国内贸船供油价格大幅攀升，第二、第三季度持续在高位区间震荡，年末价格急跌。最终船用 180CST 供船年均价 6097 元/吨，较 2021 年上涨 36%。国六 0 号柴油供船均价 8340 元/吨，较 2021 年上涨 30%。轻重油供船年均价均实现大幅增长，重油涨势大于轻油。

综合来看，2022 年中国船供油市场总供应量 2930 万吨，环比 2021 年的 2993 万吨减少 63 万吨，减幅为 2.1%。较新加坡港船供油量下降 4.5%，中国船供油市场发展态势平稳。

### （二）中国炼厂低硫船燃资源质量优势明显

低硫元年之后，中国为保障低硫船燃供应，履行大国担当，促进港航业稳定发展，适时出台了低硫船燃一般贸易出口免抵退和出口配额管理政策，大大激发了中国炼厂生产低硫船燃的积极性，彻底改变了保税油资源长期依靠进口的局面，大大保障了中国的能源安全。同时，由于都是在主营炼厂加工生产，国产资源质量可靠、货源稳定，船东普遍担心的相溶性、兼容性等问题得到有效解决，质量争议远少于欧美市场，产品得到全球船东客户的认可，已经打出国际品牌声誉。根据隆众数据，2022 年中国保税低硫船用燃料油产量 1548.6 万吨，较 2021 年的 1142 万吨增加 406.6 万吨，增幅为 35.6%。特别是 7 月，中国炼厂生产的低硫船燃月度产量突破 160 万吨，刷新历史纪录。下半年以来，低硫船燃产量已经百分百满足国内保税油市场的需求，除了部分高硫燃料油、船用柴油需要进口，中国已经基本实现了保税低硫船燃的完全自主供应，成为全球最为重要的低硫船燃供应国家。

### （三）中国保税低硫船燃价格竞争力日益增强

保税油市场是一个国际流动、充分竞争的市场，船东选择加油港，要在整个航线上进行综合测算，包括油价、运费、船期、绕航或停航加油成本等，其中油价是最重要的因素。燃油是航运公司最大的变动成本，普遍占到运营成本的 20% ~ 60%，在历史上油价最高的时候，甚至可以占到 70% 以上。长久以来，中国保税船燃供应价格相比新加坡等周边港口处于偏高的水平，船东一般以补油为主，很少大规模专程加油。但随着国内炼厂规模化、集约化、产业化生产低硫船燃，供油成本迅速下降，保障能力大幅提升，竞争优势逐步显现。根据 PLATTS 数据，2021 年宁波舟山港保税低硫船燃供应价格近半数时间低于新加坡，基本与新加坡市场持平，保税低硫船燃供应价格仅高出新加坡 1 美元/吨，价格竞争力和影响力快速提升，吸引了越来越多的国际航线船舶停靠中国港口加油。2022 年 1—12 月，中国舟山港保税低硫船燃平均供应价格 806 美元/吨，高于新加坡 8 美元/吨，但第二季度部分月份一度低于新加坡 20 ~ 30 美元/吨，显示舟山港和新加坡港竞争依然激烈。随着国内炼厂低硫船燃产量的快速增长，规模化、集约化、低成本优势不断增强，已经成为亚洲船供油市场的价格洼地，价格竞争优势日趋明显，相信会有越来越多的国际航行船舶选择在中国港口加注保税油。

## （四）中国港口 LNG 等清洁替代船舶燃料供应取得突破

一是政策方面。2022 年 4 月，交通运输部及相关部门发布贯彻落实《中共中央国务院关于完整准确全面贯彻新发展理念做好碳达峰碳中和工作的意见》的实施意见，提出积极发展新能源和清洁能源运输工具，探索甲醇、氢、氨等新型动力船舶的应用，推动液化天然气动力船舶的应用。2022 年 9 月，工业和信息化部、发展改革委、财政部、生态环境部、交通运输部五部委联合发布《关于加快内河船舶绿色智能发展的实施意见》，提到将推动甲醇、氢等动力技术的应用。

二是商业应用方面。根据克拉克森统计，全球 LNG 双燃料动力船舶的应用船型已覆盖油船、集装箱船、散货船、邮轮和客渡船等主要船型，国内应用水域已覆盖沿海、长江、珠江和京杭运河等主要水域。在营 LNG 动力船（非 LNG 运输船）共 348 艘、208394 万载重吨，占在营船舶的 26%；在建 LNG 动力船（非 LNG 运输船）共 274 艘、2334 万载重吨，占在建船舶的 72%。中国上海洋山港、深圳港已经分别成为全球第三、第四个常态化开展船用 LNG 船对船加注业务的港口，拥有三艘全球最为先进的 LNG 加注驳船，船用 LNG 加注业务正在中国快速成长。

2022 年 3 月 14 日，马耳他籍“达飞希米”号集装箱轮驶入洋山港二期码头。船舶靠稳系缆后，“海港未来”号 LNG（液化天然气）运输加注船通过吊装软管供应 LNG 7000 立方米，助力全球最大 LNG 动力集装箱轮与全球最大 LNG 运输加注船在洋山港成功牵手，这是国际航行船舶保税 LNG 加注业务的“中国首单”，也意味着上海港成为全球第三个拥有“船到船同步加注保税 LNG”服务能力的港口，预计2022 年全年加注量将高达数十万吨。

2022 年 11 月 15 日，由中国船舶集团广船国际所属文冲修造公司为中国海油能源发展股份有限公司改造的中国首艘、全球最大 LNG 运输加注船“海洋石油 301”轮（3 万立方米）在广州南沙完工交付。改造后的“海洋石油 301”轮将成为载运 LNG（液化天然气）兼有 LNG 加注功能的 LNG 运输加注船，可以为靠泊在国内沿海港口的大型 LNG 燃料动力船舶提供船对船的燃料加注服务，服务于中国沿海 LNG 接收站之间的 LNG 二程转运，兼顾国际间的 LNG 短程运输。

2022 年 11 月 22 日，中国石油圆满完成深圳盐田港 LNG“船对船”同步加注作业，为达飞集团 LNG 动力集装箱船顺利提供 LNG 同步加注作业服务。这是中国石油首次实现海上船舶 LNG 同步加注作业，拉开了粤港澳大湾区 LNG 海上加注业务的序幕，成为全球第四个提供 LNG 船对船加注业务的港口。C 型罐式 LNG 加注船“新奥普陀号”（8000 立方米）与全球最大双燃料集装箱船“达飞·索邦”号在深圳盐田港海域成功“牵手”，首单供应 7000 立方米 LNG。深圳也成为国内第一个同时拥有两艘 LNG 加注驳船的港口。

## 三、2023 年中国船供油市场发展趋势

### （一）中国保税油市场有望加速发展

2022 年全球经济复苏前景不明，贸易格局不断变化，公共卫生事件持续发酵，低硫船燃价格创出新高，航行船舶减速运营等问题均对全球船用燃油的消费造成不利影响，中国保税、内贸船供油市场发展均呈现疲态，特别是内贸船供油市场的下滑势头依然不减。面对诸多不利因素，中国船供油市场依然拥有较强的韧性，长远发展值得期待。一是 2023 年预计中国经济继续稳定增长，国家会出台进一步带动消费的经济刺激计划，推动宏观经济企稳向好，也会带动进出口贸易稳定增长。二是包括中国石油、中国石化在内的国内主营炼厂仍有大规模的低硫船燃产能扩张规划，资源的供应保障能力持续提升，港口出现断供的情况逐渐减少。三是舟山、青岛、上海等国内中心保税油供应港口低硫船燃供应价格市场竞争力不断增强，船东出于燃油成本和质量安全考量，会优先考虑在中国港口加注燃油。四是低硫船燃出口配额稳定增长，2023 年 1 月初，商务部下发 2023 年第一批低硫燃料油出口配额，共计 800 万吨，较 2021 年同期增加 150 万吨，增幅为 23%。其中，中国石油配额 302 万吨，同比增加 99 万吨，增幅高达 49%，随着中国石油、中国石化低硫燃料油出

口配额的增加，中国保税船供油市场将获得更加充足的低硫燃料油资源，有利于中国保税船供油市场止跌企稳，快速增长并复苏。2023 年中国保税船供油市场发展非常值得期待，预计全年供油总量达到 2200 万吨，同比增加 180 万吨，增幅为 8.9%。

## （二）中国保税油市场物流模式不断得到优化

自国家出台低硫船燃出口退税政策以来，中国保税油市场发生了巨大的变化，原先的保税油市场“大船进口、小船供应”的物流模式发生了根本性的改变，资源渠道已经从海外进口转变为“国内炼厂出口 + 海外燃油进口 + 期货交割 + 燃油混兑”四位一体的多元化供应模式，国产资源供应占比已经完全取代了海外进口，以往由于从海外进口燃油船期延误导致的港口断供问题已经完全得到解决。2022 年以来，国内炼厂不断加大低硫船燃生产，相应的储供油配套设施包括库容、管线、码头等物流设施不断优化调整，中国石油、中国石化等主营炼厂结合资源产地和需求港口的实际情况，不断优化现有物流模式，合理配置油库、驳船等供应设施能力，减少燃油损耗和物流成本，低硫船用的供油作业效率不断提升。2023 年中石油揭阳石化预计顺利投产，珠三角船供油市场预计可增加 260 万吨保税低硫燃料油资源，将带动华南保税油市场进入发展快车道。

## （三）中国保税船供油市场竞争日趋白热化

中国开展国际航行船舶保税油供应业务的供油公司已经增加到 30 家，形成了（5 +25）的供应格局，也就是 5 张全国性牌照，加 25 家地方牌照。2022 年 8 月 23 日，上海首次放开了 2 张保税油地方牌照，广州又新增加了一张地方牌照，中国已经有舟山、洋浦、深圳、广州、上海 5 个港口放开了保税油地方牌照，市场供应主体不断增加。各家保税油供应公司结合各自的优势，势必会加大市场的开拓力度，导致保税油市场竞争会越发激烈。但整体来看，中国保税低硫船燃资源主要集中在中国石油、中国石化等主营炼厂，两大集团的产量占到国内市场总量的 90% 以上。特别是 2022 年 7 月，中国石油保税低硫船燃产量已经增加到 60 万吨以上，仅比中国石化的产量低 10 万吨，产量差距不断缩小。初步测算，中国石油 2022 年低硫船燃产量预计会增加到 600 万吨，较 2021 年的 400 万吨大幅增加 200 万吨，增幅为 50%，预计 2023 年产量增加到 800 万吨。中国石化、中国海油也有低硫船燃的增产计划，预计产量会稳步增长。随着中国低硫船燃资源供应能力的提升，市场竞争也会更加激烈。

## （四）绿色甲醇等清洁船舶燃料供应有望成为亮点

在国家一系列利好政策的支持下，中国清洁船舶燃料特别是绿色甲醇燃料发展不断受到市场的关注，已经在供应链建设、规范标准以及需求规模方面取得重大突破，未来发展前景非常值得期待。而且中国是全球最大的甲醇生产国、需求国和进口国，旺盛的市场供需交易已经促进中国成为全球甲醇储运技术和规范标准体系最完善的国家，能够安全可靠通过公路、铁路、管道和船舶进行甲醇燃料的供应，甲醇供应基础设施非常完备，沿海的各大枢纽港口可以迅速启动绿色甲醇的规模化供应。根据全球甲醇行业协会同国际可再生能源署（IRENA）2021 年发布的《可再生甲醇：创新展望》报告预测，2050 年全球甲醇市场将达到 5 亿吨，绿色（完全可再生能源）和蓝色（可再生能源结合化石能源碳捕集）甲醇将成为主流的甲醇供应，船舶燃料的需求能够得到满足。马士基、地中海、达飞、中远海运集团等国际主要航运公司均提出了数量可观的甲醇动力船舶建造计划，绿色甲醇作为船舶燃料的发展态势愈加引起航运业、船供油公司的关注，甲醇燃料已经成为航运业脱碳的重要选择。2022 年底，马士基宣布与韩国现代重工签署协议，再造 6 艘甲醇燃料集装箱船（预计 2025 年交付），甲醇双燃料动力船舶订造数量已经增加到 19 艘，预计未来需求将达到数百万吨。同时，与阿里巴巴紧密关联的致远航运将订购 5 艘甲醇燃料大船，嘉吉海运将订造世界第一艘甲醇燃料散货船，全球最大豪华住宅式邮轮“Njord”号的船东 ORD 宣布，该船将成为世界上第一艘使用电制甲醇和生物甲醇的住宅船。面对日益快速发展的甲醇船舶燃料市场，中国船供油公司应积极把握难得机遇，尽快制定甲醇加注的相关政策和规范，促进中国航运业能够尽早实现甲醇船舶的商业化运行。

中国船供油市场是全球一体化的市场，也是充分竞争的市场，国内规模化生产低硫船燃和区域保税油经营牌照的持续放开，共同促进中国保税船供油市场迎来黄金发展窗口期，也将推动中国成为全球船供油市场发展的重要驱动力。

# 专题八　2022 年中国石油焦现状与 2023 年展望

曾伟[1]

（1. 中国石油流通协会石油焦委员会）

2022 年国际政治经济社会变化不确定性增强，国际能源价格震荡波动。受下游电解铝、锂电负极材料支撑，2022 年石油焦表现良好，尤以上半年最佳，产品供不应求，第三季度末第四季度初，受大环境因素影响，价格开始逐步走低，展望 2023 年，中国石油焦市场将会逐步从下行进入平稳过渡周期。

## 一、2022 年中国石油焦发展现状

受原油价格、环保政策、相关产品进出口配额变化等多种因素影响，2022 年中国延迟焦化装置平均开工率较 2021 年大幅提升，且月产量变化较大。需求方面，整体呈现供需平衡，受国家行业政策，库存变化、原油价格、下游需求端等多种因素影响，波动较大。价格方面，受供需影响，新冠疫情防控政策变化，全年波动频繁。进出口贸易方面，2022 年中国石油焦进出口贸易逆差情况不变，进口量变化与需求量变化仍有一定的相似性，港口库存在第三、第四季度开始高位运行。

全国延迟焦化装置平均率明显提升，全年产量较为稳定。2021 年中国延迟焦化装置年平均率约为 60%。受原油、成品油价格、环保政策、相关产品进出口配额变化等多种因素影响，2022 年中国延迟焦化装置年均开工率比 2021 年明显提升，约为 66%；年内最低点出现在 2022 年 4 月，最高点出现在 2022 年底，开工率超过 70%。

### （一）石油焦市场政策分析

“双碳”政策对新能源行业支撑，带动锂电行业，锂电负极材料成为行业宠儿，产能扩张十分迅速，对原料石油焦的需求也在不断增长。

煅烧焦、预焙阳极主要用于电解铝的生产，欧美能源价格暴涨，欧洲电解铝因高电价减产，中国电解铝保持高开工率，煅烧焦、预焙阳极产量持续增加。石墨电极作为耐高温石墨质导电材料，多用作冶炼生产，其下游主要涉及钢铁行业、金属

硅行业、黄磷行业、电石行业等，此类行业对石油焦需求仍有一定支撑。

## （二）石油焦市场价格变化分析

2022 年中国石油焦价格整体呈现震荡波动的局面，具体表现为“涨—稳—跌”的一个走势变化。2022 年 1 月，国内低品质碳素级石油焦市场均价为 1300 元/吨，国内高品质碳素级石油焦市场均价为 6000 元/吨，进口高硫燃料级石油焦外盘价格约为 170 美元，也是从 1 月开始，国产石油焦价格以及进口石油焦价格开始持续攀升，一直到“五一”前后完成产品价格登顶，随后石油焦价格进入高位波动周期，直到“十一”前后，石油焦市场价格开始逐步下跌，如图 1 所示。石油焦价格发生如此变化的原因主要有以下三点：第一，2022 年俄乌局势持续紧张，全球市场发生巨大变化，地缘政治局势给全球能源市场带来的剧烈冲击，深刻改变了国际经济局势；第二，原油价格飞涨，炼厂炼油成本的增加，部分炼厂石油焦产量、指标均有较大的波动，使得国内石油焦整体品质下降且供应持续紧张，石油焦进口持续增加；第三，下游需求逐年上涨，国内石油焦已难以满足，石油焦行业对国外进口资源依赖程度加深。基于以上三点原因，使国内炼厂开工率持续提高，进口焦采购量逐月增加，最终导致国内港口现货持续高库存运行，石油焦价格也因供需原因应声调整。2022 年国产高品质碳素级石油焦价格变化尤其抢眼，价格从 1 月初开始一直上涨至 4 月下旬的 9000 元/吨，持续三个多月后从 8 月 1 日开始应声回调，虽然中间有一次小的波动，但整体下跌趋势已成定局，最终收尾价格与年初价格持平。

**图 1　2022 年国内高品质石油焦价格变化**

## （三）石油焦产业供应链分析

2021 年石油焦价格的攀升促使一部分其他领域的专业人士以及国资企业发现石

油焦这一产品的特殊性，并开始陆续进入石油焦行业，这对于老的市场环境来说增加了新的血液，更加有利于扩大市场竞争范围。行业的优胜劣汰本属于一个正常更替现象，但新的从业企业由于缺乏对石油焦市场的了解、行业周期的判断、不熟悉产品特性，加之2022年上半年石油焦价格持续上涨以及新冠疫情防控的不确定性，部分行业内企业开始出现盲目采购、建库存、多次流转抬高市场价格，最终在国内炼厂高开工率的情况下依然大量进口高价石油焦，导致国内港口长期高库存运行，在一定程度上出现了供需失衡的局面。

### （四）石油焦市场呈现的问题

中国是炼化产能大国，石油焦作为原油生产的附属产品，一直以来是以国内为主导、国外进口为辅，但随着落后产能的淘汰以及新上加氢装置，国内石油焦产量供应有所减少，在一定程度上将会增加国外石油焦的进口。2022年石油焦供需矛盾的转换，成为石油焦行情变化的主要因素。

从市场供应来看，2022年国产石油焦总量约2660万吨，较2021年下降120万吨左右，2022年进口石油焦总量约1480万吨，较2021年增加了230万吨左右，全年供应总量的增加主要是进口数量出现大幅增加所致，国内产量下降主要是原材料供应等问题所致，如图2所示；从市场需求来看，2022年国内需求较2021年有所增加，纵观需求端主要变化的因素，一是锂电负极材料市场的投产，二是燃料行业新的增长需求，三是铝用碳素的持续稳定。

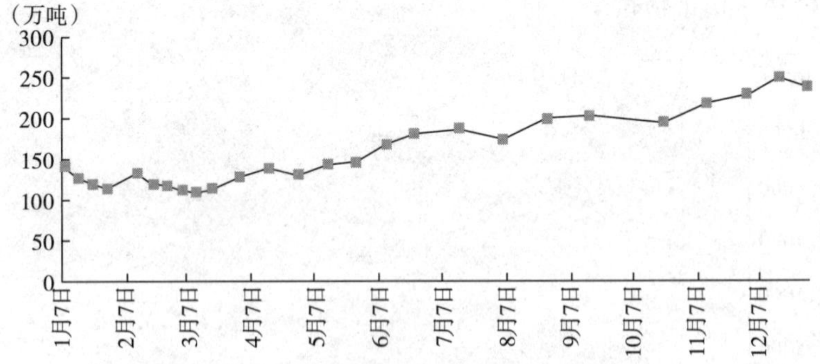


图2　2022年中国国内港口库存变化

## 二、2023年中国石油焦行业发展前景展望

2022年是石油焦行业创造历史、见证历史的一年。不仅石油焦价格创历史新高，石油焦进口量也有史以来首次逼近1500万吨关口。当然，石油焦行业的突出表

现，主要还是有终端需求强劲的支撑，2022 年电解铝产量突破 4000 万吨，锂电负极材料高速增长近 50%，刺激全行业的热情高涨。

### （一）2023 年国内石油焦产能与产量有望增加

随着中国延迟焦化装置新产能的投产，预计 2023 年中国延迟焦化装置总加工能力将会显著提高，新增延迟焦化装置产能将在 2023 年集中释放，因此 2023 年中国石油焦产量会保持增长的势头，但新增产量多以高硫石油焦为主，低硫石油焦将会长期处以供应偏紧状态。

### （二）2023 年石油焦进口量将会有所变化

2022 年进口石油焦国别排序出现明显变化，委内瑞拉成为一匹黑马位居进口国排行榜第二位，俄罗斯也首次超过沙特阿拉伯与加拿大进入前三，如图 3 所示。进口石油焦作为国内需求缺口的补充，2022 年进口量已经出现明显过剩，加之 2023 年国产石油焦仍有增量，预计 2023 年中国石油焦进口量或有一定减少。

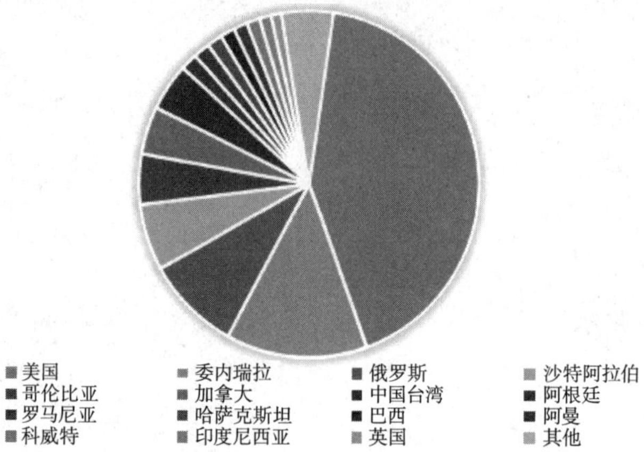


**图 3　2022 年中国按国别分进口石油焦总量**

### （三）2023 年中国石油焦市场需求量将会继续增加

2023 年中国石油焦需求依旧可期，电解铝行业新产能陆续释放，人造石墨锂电负极产量仍有 40% 以上的增幅预期，预计 2023 年中国石油焦消费量将会继续增长。

### （四）2023 年石油焦市场价格将会在波动中逐步趋于稳定

石油焦因其产品独特性，市场价格不仅受国内外宏观环境影响，还受原油、成品油、石油焦库存、煤炭、下游产品价格及需求、国际海运费等诸多因素影响。2022 年末，国家卫健委将新型冠状病毒肺炎更名为新型冠状病毒感染，并由“乙类甲管”调整为“乙类乙管”，新冠疫情防控政策的调整对石油焦供需乃至市场价格产生新的影响。从目前来看，国际供给较为活跃，国际海运费下调、人民币汇率相对稳健，一定程度上进口或有调整但不会有太大变化，国内下游需求依旧处于强有力支撑状态，预计 2023 年石油焦价格将会逐步趋于平稳。

# 附　录

## 一、2022 年中国石油流通行业大事记

**1 月**

1 月 4 日，2022 年第一批中国成品油出口配额近日下发，共计 1300 万吨，同比下跌 55.93%。其中，一般贸易 1079 万吨，同比下跌 58.77%；加工贸易 221 万吨，同比下跌 33.63%。

1 月 11 日，商务部于近日核发 2022 年度第一批原油非国营贸易进口允许量，总额度 10903 万吨，较 2021 年同期削减 11%。

1 月 24 日，国务院印发《“十四五”节能减排综合工作方案》，计划到 2025 年，通过实施节能降碳行动，炼油行业产能和数据中心达到能效标杆水平的比例超过 30%；全面实施汽车国六排放标准和非道路移动柴油机械国四排放标准，基本淘汰国三及以下排放标准汽车；加强油船和原油、成品油码头油气回收治理；研究制定下一阶段轻型车、重型车排放标准和油品质量标准等，对石油流通行业节能减排做出重要部署，对助力石油流通行业实现“双碳”目标任务具有重要意义。

1 月 28 日，中国海油携手广东省华润燃气、华电、国家电投、佛燃能源、广州燃气、广州协鑫等 12 家大型城燃和电厂用户，通过上海石油天然气交易中心签署 5 年期中长期 LNG 资源购销协议。此次签约总量共计 1000 万吨，200 万吨/年，是国内资源供应商与下游客户签署的首个创新长期 LNG 资源购销合同。

1 月 29 日，中国首个百万吨级碳捕集、利用与封存项目全面建成，该项目由齐鲁石化、胜利油田建设，每年可减排二氧化碳 100 万吨，预计未来 15 年可实现增油 296.5 万吨。该项目是国内最大的碳捕集、利用与封存全产业链示范基地和标杆工程，对中国推进 CCUS 规模化发展具有重大示范效应。

1 月 30 日，国家发展改革委、国家能源局发布《关于完善能源绿色低碳转型体制机制和政策措施的意见》，从气田清洁高效开采、炼化行业转型升级、加强二氧化碳捕集利用与封存技术推广示范、推动油气与可再生能源协同发展等方面，对油气绿色低碳转型提出政策建议，为石油石化行业绿色低碳转型与发展、油气安全保

供指引了方向。

**2 月**

2 月 3 日，中国石油与俄罗斯天然气工业股份公司签署《中国石油天然气集团有限公司与俄罗斯天然气工业股份公司远东天然气购销协议》，俄气将经由中俄远东线，向中国石油供应高达 100 亿立方米的管道天然气。2 月 4 日，中国石油与俄罗斯石油股份公司签署《〈保障中国西部炼厂供油的原油购销合同〉补充协议 3》，俄罗斯将继续经哈萨克斯坦向中国供应 1 亿吨原油，为期 10 年，中俄能源贸易进一步深化成为中国确保能源稳定供应的组成部分。

2 月 3 日，国家发展改革委、工业和信息化部、生态环境部、国家能源局四部门联合发布《高耗能行业重点领域节能降碳改造升级实施指南（2022 年版）》，围绕炼油、乙烯、对二甲苯等 17 个重点行业，提出了节能降碳改造升级的工作方向和到 2025 年的具体目标，对炼油行业节能降碳的方法与措施具有重要指导意义。

2 月 5 日，国际油价连续突破每桶 90 美元和 92 美元关口，创下 2014 年 10 月以来的新高，中东、中亚及俄乌之间相继出现的地缘政治紧张局势推动了油价的持续上涨。

2 月 7 日，据中国石化新闻办消息，中国石化所属燕山石化顺利通过首个“绿氢”标准《低碳氢、清洁氢及可再生氢标准及评价》认证，成为国内首家获得清洁氢认证的企业，以助力“绿色冬奥”为契机，全力推进氢能产业示范基地建设。

2 月 7 日，经海南省政府同意，省金融局印发《关于设立海南国际碳排放权交易中心有限公司的批复》，同意设立海南国际碳排放权交易中心，并开始筹建，海碳中心拟注册在三亚。海南建设国际碳市场，是完成“双碳”目标的重要途径，同时也是建立市场化生态补偿机制和金融对外开放先行先试的重要一环，将助力促进碳排放总量和能耗增量的双降，利用市场化手段推动能源结构调整，服务国家绿色低碳发展战略。

2 月 8 日，中国石油吉林石化转型升级项目正式启动，包括新建 120 万吨/年乙烯等 21 套炼油化工装置，改造 9 套装置，停运 7 套装置。该项目是中国石油第一个全部使用绿电的化工项目，采用先进环保节能技术实现绿色生产。项目实施有利于推进中国石油炼化业务高质量发展、延伸地方石化产业链。

2 月 21 日，布伦特原油价格达到 98 美元/桶，隔日升至 99.5 美元/桶，创下自 2014 年以来的新高，2 月 24 日，布伦特原油价格更是一度冲至 104 美元/桶，7 年来首次超过 100 美元/桶。美国 WTI 原油价格则于 2 月 22 日上涨 3%，至 93.65 美元/桶，2 月 24 日也冲破 100 元/桶，同样创下自 2014 年以来新高。

2月25日，在黄岛海关的监管下，“达海油15”轮载1.5万吨低硫燃料油在山东港口青岛港实华公司卸货入库完毕，生成低硫燃料油期货标准仓单，标志着中国北方首个低硫燃料油期货指定交割库正式启用。该业务的正式落地，填补了北方低硫燃料油期货市场的空白，进一步丰富了山东港口能源类期货品种，将有力带动国际航行船舶在青岛地区全产业链服务能力升级。

2月，通过使用大量光伏、绿电、氢能等可再生能源，加之地方捐赠林业碳汇、企业赞助核证碳减排量等方式，北京冬奥会圆满兑现实现“碳中和”的承诺，成为迄今为止第一个“碳中和”的冬奥会；延庆和张家口赛区内，推广使用氢能源车辆、大批氢能大巴穿梭于赛场，实现冬奥历史上首支氢燃料主火炬、手持火炬也使用氢燃料；太子城火炬台实现了电解水制氢的绿氢点燃，节省99.9%的能量，充分体现了环保理念。

**3月**

3月15日，欧盟理事会就碳边界调整机制（CBAM）相关规则达成协议。根据这一机制，欧盟将对从碳排放限制相对宽松的国家和地区进口的水泥、铝、化肥、钢铁等产品征税。这一机制将提供加速欧盟相关行业脱碳的工具，将激励其他国家推动可持续发展，减少碳排放；该机制也是对加速欧洲能源独立战略的响应。

3月17日，国家能源局印发《2022年能源工作指导意见》，提出2022年能源工作的主要目标是增强供应保障能力、稳步推进结构转型、着力提高质量效率。在石油石化行业方面，要求提升勘探开发能力、加强储运能力，加快油气田等系统数字化升级，持续优化营商能力，坚持加强化石能源清洁高效利用，稳步推进能源绿色低碳发展。

3月18日，海南省地方金融监督管理局组织召开海碳中心筹建推进会，海南国际碳排放权交易中心预计2022年下半年开业运营。海碳中心将构建市场化生态补偿机制，通过碳金融推进经济社会低碳转型。海碳中心也是海南自贸港重点推动的“6+3”交易场所之一。此次召开的筹建推进会明确将通过蓝碳产品的市场化交易，推动海南的蓝碳方法学成为国际公认标准，并纳入国际海洋治理体系。这意味着，蓝碳产品或将是海南国际碳排放权交易中心的主打产品之一，且采取的是市场化交易方式。

3月22日，国家发展改革委、能源局发布《“十四五”现代能源体系规划》，作为“十四五”期间指导中国能源发展和改革的总体蓝图和行动纲领，此规划坚持完整、准确、全面贯彻新发展理念，统筹稳增长和调结构，处理好发展和减排、整体和局部、长远目标和短期目标、政府和市场的关系，要求增强能源供应链稳定性和安全性、加快推动能源绿色低碳转型、优化能源发展布局、提升能源产业链现代化水平等。该规划的发布有利于中国加快构建现代能源体系，推动能源高质量发展，保障国家能源安全，力争如期实现“双碳”目标，推动经济社会持续健康发展。

3 月 30 日，国家开发银行在全国银行间债券市场面向全球投资人成功发行 120 亿元“清洁能源装备制造”专题“债券通”绿色金融债券。此次发行的专题债券所募资金将主要用于支持新能源与清洁能源装备制造、可再生能源设施建设与运营等绿色产业项目，助力清洁能源装备制造行业开展新材料、新技术、新装备攻关。经测算，该专题债券募投的项目建成后，预计可实现年减排二氧化碳 347. 88 万吨、节约标准煤 131. 3 万吨。

3 月 31 日，美国总统拜登宣布，为应对俄乌局势导致的油价飙升，未来 6 个月将每天释放 100 万桶战略石油储备。这意味着美国将释放 1. 8 亿桶石油储备，是自 1974 年美国建立战略石油储备制度以来，最大规模的一次储备释放。同时也是自 2021 年 11 月以来美国第三次释放战略石油储备，2021 年 11 月和 2022 年 3 月初，美国政府分别释放了 5000 万桶和 3000 万桶战略石油储备。美国此次大规模释放石油储备，主要目的是抑制美国国内飙升的油价。

**4 月**

4 月 2 日，国家能源局、科学技术部联合印发了《“十四五”能源领域科技创新规划》。其中，重点任务包括绿色高效化石能源开发利用技术和能源系统数字化智能化技术的突破。该规划提出，健全能源科技创新协同机制、完善能源科技创新平台体系、推动能源科技成果示范应用等八项保障措施，对加快推动能源科技进步具有重要意义。

4 月 7 日，国家发展改革委、工业和信息化部等于近日联合发布《关于“十四五”推动石化化工行业高质量发展的指导意见》，提出到 2025 年，石化化工行业基本形成自主创新能力强、结构布局合理、绿色安全低碳的高质量发展格局，高端产品保障能力大幅提高，核心竞争能力明显增强，高水平自立自强迈出坚实步伐，对石化化工行业实现高质量、绿色低碳发展具有重要指导意义。

4 月 10 日，中共中央、国务院发布《关于加快建设全国统一大市场的意见》，指出建设全国统一的能源市场。在石油石化领域，该意见提出，要健全油气期货产品体系，规范油气交易中心建设，优化交易场所、交割库等重点基础设施布局；推动油气管网设施互联互通并向各类市场主体公平开放；稳妥推进天然气市场化改革，加快建立统一的天然气能量计量计价体系；稳步推进自然垄断行业改革，加强对油气管网等网络型自然垄断环节的监管。该意见在有效保障能源安全供应的前提下，结合“双碳”目标任务，从全局和战略高度明确了全国统一能源大市场建设的总体要求和重点任务，凸显了打通能源市场“梗阻”的决心。

**5月**

5月23日，国务院常务会议决定，阶段性减征部分乘用车购置税600亿元，31日正式对外发布执行。此前减少征收车辆购置税都是对1.6升及以下排量乘用车适用，而此次适用范围扩增到了不超过30万元的2.0升及以下排量乘用车，部分豪华品牌车型也有机会参与到此次免减活动中来，共同提振消费复苏。本轮阶段性减征部分乘用车购置税通过促进燃油车消费也将对成品油消费起到促进作用。

5月26日，国家发展改革委印发《关于完善进口液化天然气接收站气化服务定价机制的指导意见》，要求明确气化服务价格定义及内涵、健全气化服务定价方式、完善价格制定方法、合理设定价格校核周期、细化其他服务价格管理、强化信息公开、抓好组织实施等。该意见的提出对推动进口液化天然气接收站公平开放，促进天然气行业高质量发展，保障能源安全稳定供应具有重要意义。

5月30日，财政部印发《财政支持做好碳达峰碳中和工作的意见》，旨在支持重点行业领域绿色低碳转型，推动减污降碳协同增效，促进城乡建设领域实现“双碳”，明确财政支持的六大重点方向和领域，包括支持构建清洁低碳安全高效的能源体系、支持重点行业领域绿色低碳转型、支持绿色低碳科技创新和基础能力建设、支持绿色低碳生活和资源节约利用、支持碳汇能力巩固提升、支持完善绿色低碳市场体系，是实现“双碳”目标的重要保障方案。

**6月**

6月7日，商务部于近日正式下发第二批成品油出口配额，共计450万吨，其中，一般贸易350万吨，加工贸易100万吨，本次配额仅中国石化、中国石油、中国海油、中化集团四家主营油企获得。

6月14日，财政部、国家发展改革委发布《关于做好国际油价触及调控上限后实施阶段性价格补贴有关工作的通知》，提出补贴对象为中华人民共和国境内生产、委托加工和进口汽、柴油的成品油生产经营企业，当国际市场原油价格高于国家规定的成品油价格调控上限（每桶130美元）时，对炼油企业实行阶段性价格补贴，政策持续时间暂按两个月掌握，后续如国际市场原油价格继续高于国家规定的成品油价格调控上限，将提前明确相关调控政策。此项措施在一定程度上有助于保障市场供应稳定。

6月27日，广东省发展改革委、中国海油、壳牌集团和埃克森美孚在中国北京、中国广州、英国伦敦、美国休斯敦四地以“线上+线下”形式共同签署大亚湾区二氧化碳捕集、利用及封存（CCUS）集群研究项目谅解备忘录。这是中国首个海上规模化（300万~1000万吨）CCUS集群研究项目，将为应对气候变化贡献积极力量。

6月28日，中国首套生物航煤工业装置在中国石化镇海炼化首次产出生物航煤。与传统石油基航空煤油相比，生物航煤全生命周期二氧化碳排放最高可减排50%以上。该装置年设计加工能力10万吨，基本能消化一座千万人口城市一年回收的地沟油，每年可减排二氧化碳约8万吨，相当于近5万辆经济型轿车停开1年。中国首套生物航煤工业装置在中国石化镇海炼化首次产出生物航煤的成功意味着中国生物航煤可实现规模化生产，向大规模生产及商业化应用迈出坚实一步。

6月29日，商务部于近日下发了2022年第二批原油非国营贸易进口允许量，配额量5269万吨，同比增加49.5%。至此年内已累计下发16172万吨，较2021年的15783万吨，上涨2.5%。

6月29日，工业和信息化部、国家发展改革委、财政部、生态环境部、国务院国资委、市场监管总局联合印发《工业能效提升行动计划》，明确了工业用能节能增效七大重点任务，并提出将支持符合条件的企业上市融资。在石油石化领域，该计划提出要加强高效、低碳技术的产业化应用，加大节能新技术储备力度，坚决遏制高耗能、高排放、低水平项目盲目发展，严控新增炼油产能。

**7月**

7月6日，商务部于近日正式下发成品油出口配额，总量为500万吨，次配额全部为一般贸易出口方式。

7月11日，国家发展改革委产业司、工信部节能司联合召开“重点领域节能降碳工作调度会”。要求各地抓紧完成能效清单目录和改造方案，推进钢铁、炼油、石化化工等重点领域节能降碳，将阶段性目标设为到2025年，通过实施节能降碳行动，将炼油行业和数据中心达到标杆水平的产能比例超过30%，提升行业整体能效水平，碳排放强度明显下降，绿色低碳发展能力显著增强。

7月24日，国家能源局在北京组织召开2022年大力提升油气勘探开发力度工作推进会。会议要求，牢牢守住油气战略安全底线，以国内油气增产保供的确定性，来应对外部环境的不确定性。

**8月**

8月29日，中国石化宣布，中国最大的碳捕集利用与封存全产业链示范基地、国内首个百万吨级CCUS项目——“齐鲁石化—胜利油田百万吨级CCUS项目”正式注气运行，标志着中国CCUS产业开始进入技术示范中后段——成熟的商业化运营。该项目每年可减排二氧化碳100万吨，相当于植树近900万棵，对搭建“人工碳循环”模式具有重要意义，将为中国大规模开展CCUS项目建设提供更丰富的工程实践经验和技术数据，有效助力中国实现“双碳”目标。

8月30日，《国家管网集团2021年度社会责任报告》正式发布，这是国家管网集团自成立以来发布的首份社会责任报告。报告显示，2021年国家管网集团资产总额8544.95亿元，营业收入1015.72亿元，纳税总额163.53亿元；年节能总量5.50万吨标煤，外排废水达标率100%，固废处置合规率100%，全年新建项目环保合规率100%等。

**9月**

9月15日，商务部于近日下发第四批成品油出口配额，总量为150万吨。

9月19日，中国石化镇海炼化正式获得中国民航局适航器审定司颁发的生物航煤适航证书《技术标准规定项目批准书项目单》，证书表明此次油脂加氢路线生产的生物航煤（HEFA－SPK）和3号喷气燃料（含HEFA－SPK）全部通过适航批准。首车生物航煤计划于本月运往空中客车（中国）天津工厂，意味着中国首套生物航煤工业装置产出的规模化生物航煤即将飞向蓝天。

9月30日，2022年第五批成品油、低硫船燃出口配额正式下发，成品油加低硫船燃配额总量为1500万吨。成品油配额数量总计1325万吨，此次配额下发后，2022年成品油累计出口配额发放量为3725万吨，与2021年发放量3761万吨相当。

9月30日，商务部于近日正式下发2022年第三批原油非国营贸易进口允许量，配额量为289万吨，前三批累计较2021年上涨1.45%。

**10月**

10月9日，国家能源局印发《能源碳达峰碳中和标准化提升行动计划》，提出到2025年，初步建立起较为完善、可有力支撑和引领能源绿色低碳转型的能源标准体系，能源标准从数量规模型向质量效益型转变，标准组织体系进一步完善，有助于能源标准与技术创新和产业发展良好互动，有效推动能源绿色低碳转型、节能降碳、技术创新、产业链碳减排。

10月16日，习近平总书记在党的二十大开幕式上发言：“积极稳妥推进碳达峰碳中和。实现碳达峰碳中和是一场广泛而深刻的经济社会系统性变革。立足中国能源资源禀赋，坚持先立后破，有计划分步骤实施碳达峰行动。完善能源消耗总量和强度调控，重点控制化石能源消费，逐步转向碳排放总量和强度‘双控’制度。推动能源清洁低碳高效利用，推进工业、建筑、交通等领域清洁低碳转型。深入推进能源革命，加强煤炭清洁高效利用，加大油气资源勘探开发和增储上产力度，加快规划建设新型能源体系，统筹水电开发和生态保护，积极安全有序发展核电，加强能源产供储销体系建设，确保能源安全。完善碳排放统计核算制度，健全碳排放权市场交易制度。提升生态系统碳汇能力。积极参与应对气候变化全球治理。”

10 月 27 日，为落实《“十四五”节能减排综合工作方案》有关要求，完善能源消耗总量和强度调控，国家发展改革委、国家统计局联合公布了《关于进一步做好原料用能不纳入能源消费总量控制有关工作的通知》，该通知作为完善能源消费强度和总量双控制度的重要举措，从五个方面对新增可再生能源消费不纳入能源消费总量控制有关工作提出要求，对推动能源清洁低碳转型、保障高质量发展合理用能需求具有重要意义。将新增可再生能源和原料用能消费不纳入能源消费总量控制，将推动新增可再生能源消费量作为促进经济社会高质量发展的重要支撑和保障，有利于针对性地采取节能降碳措施，有利于促进可再生能源发展、助力如期实现“双碳”目标。

3 月及 10 月以后，全国多地大范围新冠疫情暴发，汽柴油需求急速下滑，汽油需求下滑尤为明显，炼厂汽柴油库存上涨，开工率也在成本和库存的双重压力下持续下滑。到 2022 年底国内成品油需求受到重创，同比下降 9.4%；其中与出行有关的汽油和航空煤油需求量呈现两位数下降，分别下降 11.6% 和 28.6%。此外，柴油需求量同比下降 4.7%。

**11 月**

11 月 1 日，国际海事组织（IMO）《防止船舶污染国际公约》附件Ⅵ正式生效，要求从 2023 年 1 月 1 日起，所有船舶都必须计算现有船舶能效指数（EEXI）和碳强度指标（CII），并于 2024 年确定相关 CII 评级，旨在减少航运业的温室气体排放。

11 月 3 日，商务部发布公告，根据《中华人民共和国货物进出口管理条例》和中国加入世贸组织的有关承诺，商务部制定了《2023 年原油非国营贸易进口允许量总量、申请条件和申请程序》，明确 2023 年原油非国营贸易进口允许量为 24300 万吨。

11 月 4 日，中国石化与壳牌、中国宝武、巴斯夫在上海签署合作谅解备忘录，四方将开展合作研究，在华东地区共同启动中国首个开放式千万吨级二氧化碳捕集、利用与封存（CCUS）项目，为华东地区现有产业脱碳，打造低碳产品供应链。该项目将引领中国 CCUS 产业发展，助力“双碳”目标实现。

11 月 4 日，中国石油以“助力碳中和、让地球更绿色”为主题的碳中和消费服务活动在北京地区试点上线，标志着中国石油成为行业内首家为车主用户提供化石能源个人消费领域碳中和服务的成品油零售企业。中国石油充分发挥市场激励机制，运用数据科技手段，引导消费者积极参与消费“碳中和”的举措，不仅为交通领域的不低于80%燃油碳排问题提供参考方案，同时为加油站在消费碳中和领域寻求新的发展机会带来了思考，助力中国“双碳”目标的如期实现。

11月7日，依照《危险化学品安全管理条例》（国务院令第591号）有关规定，应急管理部会同工业和信息化部、公安部、生态环境部、交通运输部、农业农村部、卫生健康委、市场监管总局、铁路局、民航局决定调整《危险化学品目录（2015版）》，将“1674 柴油［闭杯闪点≤60℃］”调整为“1674 柴油”，所有柴油将被列入《危险化学品目录》，应急管理部将配套补充完善《危险化学品分类信息表》。本公告自2023年1月1日起施行。

11月10日，生态环境部等十五部门印发《深入打好重污染天气消除、臭氧污染防治和柴油货车污染治理攻坚战行动方案》，要求坚决遏制高耗能、高排放、低水平项目盲目发展。该方案提出，统筹大气污染防治与“双碳”目标要求，开展大气减污降碳协同增效行动，将标志性战役任务措施与降碳措施一体谋划、一体推进，优化调整产业、能源、运输结构，从源头减少大气污染物和碳排放；推动能源清洁低碳转型。该方案为解决人民群众关心的突出大气环境问题，持续改善空气质量具有重要指导作用。

11月15日，中国石化胜利油田最大的光伏电站建设工程在孤东油区启动，该项目装机规模106兆瓦，是胜利油田首个集中式光伏项目。项目建成后，年发电量1.45亿千瓦·时，年节标煤1.79万吨，减少碳排放12万吨。该项目的启动，标志着胜利油田集中式光伏发电产业取得重大突破，将对油田新能源产业规模化发展发挥重要的引领示范作用，有助于推动油田绿色低碳转型和高质量发展。

11月15日，财联社电，国际能源署表示石油储备处于18年来的最低水平，石油市场面临压力。

11月16日，由中油工程成员企业寰球工程公司PC总承包，寰球吉林化建施工的广东石化石油焦制氢联合装置顺利产出合格氢气。标志着全国首套100%石油焦制氢联合装置投产运行取得圆满成功。广东石化石油焦制氢联合装置年产氢气达16亿标准立方米，年产燃料气达31亿标准立方米，每小时消耗石油焦231.09吨。石油焦制氢是广东石化四大关键项目之一。此次装置顺利投产将使广东石化炼化一体化项目形成一个完整的产业链，满足柴油、汽油、航煤等重要产品的生产。

11月21日，中国石化与卡塔尔能源公司签署了为期27年的液化天然气（LNG）长期购销协议，卡塔尔能源公司将每年向中国石化供应400万吨LNG。该协议是双方就卡塔尔北方气田扩能项目开展一体化合作的重要部分，具有里程碑式的意义。本协议的签订不仅有助于满足中国市场对天然气的需求，也将进一步优化中国能源消费结构，提升能源供应的安全性、稳定性和可靠性。

11 月 23 日，中国石化首个兆瓦级可再生电力电解水制氢示范项目在中原油田顺利中交，至此，该项目由施工阶段进入开车准备阶段。项目投产后，将日产高纯度绿氢 1.12 吨，预计年消耗可再生电力电量 2520 万千瓦·时，相当于减排二氧化碳 14000 余吨，有效助力中国氢能产业发展。

11 月 23 日，中油绿电新能源有限公司成立，法定代表人为张濛，注册资本 6000 万元，经营范围含新能源汽车电附件销售，充电桩销售，输配电及控制设备制造，电池制造，新能源汽车整车销售，光伏设备及元器件制造、销售等。股东信息显示，该公司由中国石油天然气股份有限公司、上海启源芯动力科技有限公司、上海玖行能源科技有限公司共同持股。

11 月 25 日，国家发展改革委修订形成《固定资产投资项目节能审查办法（征求意见稿)》，提到在工业领域，加快修订石化、化工、钢铁、有色金属、建材、机械等行业强制性能耗限额标准；加快煤炭清洁高效利用、新能源和可再生能源利用、石油天然气储运、管道运输、输配电关键设备相关节能技术标准研制，这意味着落后产能淘汰速度将进一步加快。

**12 月**

12 月 2 日，欧盟、七国集团和澳大利亚宣布对俄罗斯出口原油设置每桶 60 美元的价格上限，协议于 12 月 5 日正式生效，如果原油价格超过每桶 60 美元的门槛，将禁止欧盟企业为俄原油运输提供保险、金融等服务。

12 月 7 日，中国海洋石油集团有限公司宣布，恩平 15 – 1 油田群首期项目正式投入生产。油田群建有亚洲最大海上石油生产平台恩平 15 – 1 平台、珠江口盆地首个新建无人平台恩平 10 – 2 平台、中国首套海上二氧化碳封存装置等，其建成投产对于保障国家能源安全、推进海洋科技自立自强、实现“双碳”目标具有重要意义。

12 月 15 日，国务院办公厅发布关于印发《“十四五”现代物流发展规划》的通知。此规划从供需、内外联通、安全保供和智慧绿色等多方面对石油流通行业物流提出高要求，为建设现代产业体系、形成强大国内市场、推动高水平对外开放提供有力支撑。

2022 年，全球油市在 OPEC + 协同减产及全球央行大放水的双重支撑下开启了漫长的单边上行趋势，彻底走出了新冠疫情暴发初期的价格泥潭，并在第四季度初全面升入高油价区域，而随着欧洲地区能源危机发酵以及美国能源价格的不断飙高，围绕石油定价的争夺也拉开帷幕，美国牵头协同全球主要消费国开始释放战略石油储备以平抑油价，并且筹谋将伊朗拉回谈判桌以解禁伊朗原油前景为手段施压油价，新冠奥密克戎毒株开始席卷全球，油价一度深度下挫。

# 二、2022 年国内外石油流通相关统计资料

**附表 1　2011—2021 年全球主要国家、组织或共同体炼油能力**

单位：千桶/日

| 国家、组织或共同体 | 2011 年 | 2012 年 | 2013 年 | 2014 年 | 2015 年 | 2016 年 | 2017 年 | 2018 年 | 2019 年 | 2020 年 | 2021 年 |
|---|---|---|---|---|---|---|---|---|---|---|---|
| 美国 | 17367 | 17823 | 17925 | 17967 | 18317 | 18617 | 18567 | 18762 | 18974 | 18143 | 17941 |
| 中国 | 13015 | 13643 | 14503 | 15253 | 15024 | 14855 | 15231 | 15655 | 16199 | 16691 | 16990 |
| 俄罗斯 | 5721 | 5816 | 6729 | 6417 | 6523 | 6594 | 6596 | 6596 | 6721 | 6736 | 6861 |
| 巴西 | 2014 | 2004 | 2097 | 2238 | 2281 | 2289 | 2285 | 2285 | 2290 | 2290 | 2303 |
| 德国 | 2077 | 2097 | 2061 | 2077 | 2049 | 2051 | 2069 | 2085 | 2085 | 2085 | 2121 |
| 意大利 | 2276 | 2098 | 1861 | 1900 | 1900 | 1900 | 1900 | 1900 | 1900 | 1900 | 1900 |
| 沙特阿拉伯 | 2107 | 2107 | 2507 | 2899 | 2899 | 2901 | 2826 | 2835 | 2835 | 2905 | 2905 |
| 印度 | 3795 | 4279 | 4319 | 4319 | 4307 | 4620 | 4699 | 4972 | 5008 | 5018 | 5018 |
| 日本 | 4274 | 4254 | 4123 | 3749 | 3721 | 3600 | 3343 | 3343 | 3343 | 3285 | 3285 |
| 韩国 | 2864 | 2878 | 2878 | 3123 | 3128 | 3259 | 3298 | 3346 | 3393 | 3572 | 3572 |
| 经济合作组织（OECD） | 44983 | 44806 | 44311 | 43919 | 44120 | 44202 | 44002 | 44553 | 45138 | 44804 | 43730 |
| 非经济合作组织（NON－OECD） | 49279 | 49964 | 51754 | 53295 | 53530 | 53927 | 54618 | 55496 | 56202 | 57143 | 58182 |
| 欧洲联盟 | 15219 | 14664 | 14270 | 14156 | 14204 | 13983 | 13979 | 14017 | 14053 | 12663 | 12310 |
| 全球总计 | 94262 | 94769 | 96065 | 97214 | 97650 | 98129 | 98621 | 100049 | 101340 | 101947 | 177118 |

数据来源：2022 年《BP 能源统计年鉴》。

附表 2　2022 年中国石油石化主要产品产量

| 产品名称 | 1—2 月 | 3 月 | 4 月 | 5 月 | 6 月 | 7 月 | 8 月 | 9 月 | 10 月 | 11 月 | 12 月 | 合计 | 同比增长/% |
|---|---|---|---|---|---|---|---|---|---|---|---|---|---|
| 原油/万吨 | 3347 | 1771 | 1700 | 1750. 5 | 1719 | 1713 | 1694 | 1631 | 1722. 2 | 1679. 8 | 1687. 0 | 20464. 5 | 2. 9 |
| 天然气/亿立方米 | 372 | 197 | 177 | 176. 5 | 173 | 171 | 170 | 164 | 183. 7 | 189. 8 | 204. 0 | 2178. 0 | 6. 4 |
| 成品油/万吨 | 6153. 4 | 3188. 7 | 2707. 1 | 2829 | 2816. 7 | 2826. 9 | 2893. 9 | 3161 | 3362. 8 | 3298. 6 | 3354. 4 | 36592. 5 | 3. 2 |
| 汽油/万吨 | 2621. 4 | 1372. 3 | 1105. 5 | 1160. 6 | 1166. 2 | 1185. 2 | 1203. 7 | 1199. 7 | 1236. 2 | 1119. 7 | 1151. 4 | 14521. 9 | -5. 1 |
| 煤油/万吨 | 556. 3 | 262. 7 | 175 | 152. 1 | 211. 7 | 255. 3 | 286. 5 | 246. 6 | 243. 5 | 291. 8 | 267. 6 | 2949. 1 | -24. 9 |
| 柴油/万吨 | 2975. 7 | 1553. 7 | 1426. 6 | 1516. 3 | 1438. 8 | 1386. 4 | 1403. 7 | 1714. 7 | 1883. 1 | 1887. 1 | 1935. 4 | 19121. 5 | 17. 9 |
| 燃料油/万吨 | 817. 4 | 368. 7 | 368. 1 | 409. 3 | 465. 1 | 469. 9 | 477. 1 | 457. 5 | 395. 1 | 457. 1 | 416. 8 | 5102. 1 | 15. 6 |
| 石脑油/万吨 | 897. 9 | 440. 1 | 403. 5 | 548. 2 | 435. 3 | 417. 2 | 431. 6 | 498 | 507 | 711. 1 | 533. 9 | 5823. 8 | 9. 0 |
| 液化石油气/万吨 | 782 | 429. 7 | 383. 1 | 462. 3 | 410. 6 | 438. 2 | 386. 7 | 398. 9 | 412. 1 | 387. 0 | 369. 0 | 4859. 6 | -2. 1 |
| 石油焦/万吨 | 496. 7 | 251. 7 | 230 | 243. 5 | 248. 9 | 258. 6 | 247. 7 | 241. 6 | 261. 9 | 247. 7 | 280. 4 | 3008. 7 | 0. 2 |
| 石油沥青/万吨 | 640. 9 | 342. 8 | 324. 4 | 329. 1 | 305. 8 | 314. 6 | 339. 9 | 331. 4 | 322. 1 | 300. 2 | 301. 2 | 3852. 4 | -29. 6 |

数据来源：中国石油和化学工业联合会。

附表 3　2022 年国内主要汽柴油月平均价格

| 月份 | 89 号无铅汽油/（元/吨） | 92 号无铅汽油/（元/吨） | 95 号无铅汽油/（元/吨） | 98 号无铅汽油/（元/吨） | 0 号柴油/（元/吨） | -10 号柴油/（元/吨） | 燃料油/（元/吨） | 液化石油气/（元/吨） |
|---|---|---|---|---|---|---|---|---|
| 1 月 | 9801 | 9329 | 9751 | 10540 | 8074 | 8332 | 5270 | 5210 |
| 2 月 | 9669 | 9928 | 10376 | 11184 | 8639 | 8911 | 5610 | 5590 |
| 3 月 | 10345 | 10681 | 11163 | 11996 | 9354 | 9647 | 6250 | 6380 |
| 4 月 | 10556 | 10898 | 11390 | 12249 | 9559 | 9858 | 6360 | 6340 |
| 5 月 | 10631 | 10969 | 11466 | 12341 | 9629 | 9923 | 6370 | 6320 |
| 6 月 | 11364 | 11714 | 12244 | 13128 | 10342 | 10655 | 6570 | 6160 |

续表

| 月份 | 89 号无铅汽油/(元/吨) | 92 号无铅汽油/(元/吨) | 95 号无铅汽油/(元/吨) | 98 号无铅汽油/(元/吨) | 0 号柴油/(元/吨) | -10 号柴油/(元/吨) | 燃料油/(元/吨) | 液化石油气/(元/吨) |
|---|---|---|---|---|---|---|---|---|
| 7 月 | 11129 | 11387 | 11918 | 12827 | 10047 | 10350 | 6590 | 5810 |
| 8 月 | 10584 | 10848 | 11340 | 12225 | 9522 | 9810 | 6520 | 5560 |
| 9 月 | 10409 | 10670 | 11153 | 12033 | 9352 | 9675 | 6640 | 5720 |
| 10 月 | 10214 | 10472 | 10945 | 11819 | 9164 | 9443 | 6580 | 5470 |
| 11 月 | 10444 | 10736 | 11222 | 12105 | 9384 | 6730 | 6730 | 5290 |
| 12 月 | 9699 | 9951 | 10400 | 11267 | 8669 | 6280 | 6280 | 5060 |
| 2022 年均价 | 10404 | 10632 | 11114 | 11976 | 9311 | 9135 | 6314 | 5743 |
| 比上年增长/% | 0. 22 | 0. 21 | 0. 21 | 0. 21 | 0. 23 | 0. 17 | 0. 33 | 0. 26 |

数据来源：中国石油和化学工业联合会。

**附表 4　2022 年国际原油现货市场月平均价格(普氏现货报价)**

| 月份 | 西得克萨斯中质油(WTI)/(美元/桶) | 布伦特/(美元/桶) | 迪拜/(美元/桶) | 辛塔/(美元/桶) | 大庆/(美元/桶) | 胜利/(美元/桶) |
|---|---|---|---|---|---|---|
| 1 月 | 83. 13 | 87. 22 | 83. 46 | 77. 85 | 81. 72 | 85. 72 |
| 2 月 | 91. 76 | 98. 19 | 92. 34 | 87. 90 | 90. 92 | 94. 83 |
| 3 月 | 108. 58 | 118. 81 | 110. 89 | 93. 46 | 108. 73 | 113. 63 |
| 4 月 | 101. 78 | 104. 39 | 102. 79 | 88. 16 | 101. 76 | 107. 33 |
| 5 月 | 109. 60 | 113. 25 | 108. 13 | 94. 27 | 107. 95 | 112. 72 |
| 6 月 | 114. 59 | 123. 70 | 113. 24 | 96. 28 | 113. 33 | 119. 59 |
| 7 月 | 100. 34 | 112. 24 | 103. 12 | 87. 54 | 102. 40 | 109. 19 |
| 8 月 | 91. 57 | 100 | 96. 60 | 73. 93 | 94. 04 | 100. 58 |

续表

| 月份 | 西得克萨斯中质油（WTI）/（美元/桶） | 布伦特/（美元/桶） | 迪拜/（美元/桶） | 辛塔/（美元/桶） | 大庆/（美元/桶） | 胜利/（美元/桶） |
|---|---|---|---|---|---|---|
| 9月 | 83.87 | 89.87 | 90.91 | 68.88 | 84.62 | 91.05 |
| 10月 | 87.51 | 93.64 | 91.17 | 73.09 | 88.19 | 93.13 |
| 11月 | 84.78 | 91.68 | 86.22 | 66.47 | 88.17 | 92.14 |
| 12月 | 76.50 | 81.12 | 77.20 | 50.31 | 77.32 | 81.48 |
| 2022年均价 | 94.50 | 101.18 | 96.34 | 79.85 | 94.93 | 100.12 |
| 比上年增长/% | 39.10 | 43.21 | 39.14 | 23.85 | 45.25 | 41.70 |

数据来源：中国石油和化学工业联合会。

**附表5　2022年国际市场主要油品平均现价价格（普氏现货报价）**

| 月份 | 95号无铅汽油/（美元/桶） | 柴油/（美元/桶） | 航空煤油/（美元/桶） | 石脑油/（美元/桶） | 燃料油（180）/（美元/吨） | 燃料油（380）/（美元/吨） |
|---|---|---|---|---|---|---|
| 1月 | 96.32 | 97.14 | 93.82 | 84.39 | 669.83 | 468.85 |
| 2月 | 110.70 | 110.72 | 106.10 | 95.45 | 741.03 | 516.10 |
| 3月 | 131.65 | 142.77 | 134.28 | 110.54 | 895.54 | 629.43 |
| 4月 | 126.69 | 148.52 | 134.15 | 96.52 | 852.95 | 656.99 |
| 5月 | 147 | 153.47 | 142.97 | 94.65 | 942.42 | 628.53 |
| 6月 | 155.20 | 177.88 | 165.30 | 84.31 | 1105.77 | 588.37 |
| 7月 | 121.72 | 145.43 | 134.89 | 81.61 | 997.08 | 469.25 |
| 8月 | 110.89 | 139.69 | 132.17 | 71.96 | 775.95 | 475.12 |
| 9月 | 97.81 | 129.12 | 120.83 | 67.03 | 691.30 | 381.47 |
| 10月 | 94.98 | 137.38 | 123.43 | 71.35 | 725.95 | 364.49 |

续表

| 月份 | 95 号无铅汽油/<br>（美元/桶） | 柴油/<br>（美元/桶） | 航空煤油/<br>（美元/桶） | 石脑油/<br>（美元/桶） | 燃料油(180)/<br>（美元/吨） | 燃料油(380)/<br>（美元/吨） |
|---|---|---|---|---|---|---|
| 11 月 | 94.48 | 127.83 | 121.16 | 73.72 | 680.48 | 391.17 |
| 12 月 | 89.40 | 114.09 | 110.60 | 65.68 | 620.31 | 358.06 |
| 2022 年均价 | 115.07 | 135.34 | 126.64 | 83.10 | 808.22 | 493.98 |
| 比上年增长/% | 43.27 | 68.44 | 68.93 | 17.70 | 96.37 | 23.76 |

数据来源：中国石油和化学工业联合会。

**附表 6　2013—2022 年中国新能源汽车产销量**

单位：万辆

| 项目 | 2013 年 | 2014 年 | 2015 年 | 2016 年 | 2017 年 | 2018 年 | 2019 年 | 2020 年 | 2021 年 | 2022 年 |
|---|---|---|---|---|---|---|---|---|---|---|
| 产量 | 1.75 | 7.85 | 34.05 | 51.70 | 79.40 | 127.00 | 124.20 | 136.60 | 354.50 | 705.80 |
| 销量 | 1.76 | 7.48 | 33.11 | 50.70 | 77.70 | 125.60 | 120.60 | 136.70 | 352.10 | 688.70 |

数据来源：中国汽车工业协会。

# 参考文献


[1] 中华人民共和国国家发展和改革委员会．炼化行业节能降碳改造怎么做之一——行业发展情况及趋势[EB/OL]．（2022－05－13）[2022－12－09]．https://www.ndrc.gov.cn/fgsj/tjsj/cyfz/zzyfz/202205/t20220513_1324581.html? code=&state=123.

[2] 孔劲媛，韩冰，杨宜霖．中国地方炼厂发展现状分析与展望[J]．油气与新能源，2022，34(4)：26－32.

[3] 陈壁．未来倒逼创新——中海油炼化产业转型升级，智能一体化的道路探讨[C]// 2017 中国国际石油化工大会．中国石油和化学工业联合会，2017.

[4] 昌道励．巴斯夫中国新一体化基地全球高级副总裁林汉平：巴斯夫看好广东绿色石化产业潜力[N]．南方日报，2022－09－09(A03).

[5] 王卓明．着力做好技术、外资引进工作[N]．人民日报，2022－09－20(005).

[6] 张晓华，佘志鸿，邢定峰，等．中国炼化企业现状及可持续发展评价指标初探[J]．油气与新能源，2022(003)：034.

[7] 孙明华，王继勇，董雷，等．炼化变局——一场牵动全产业链的大升级[J]．国企管理，2022(16)：24－40.

[8] 陈凯田．山东独立炼厂行业现状及发展趋势[J]．经济研究导刊，2022(22)：83－85.

[9] 解码油田与炼厂数字化转型之道——《智能油田》《智能炼化建设》重磅出版[J]．中国石油石化，2022，No.501(22)：7.

[10] 卞江岐，章玲．镇海炼化前 10 个月化工产品出口量创新高[N]．中国石化报，2022－11－10(001).

[11] 彭强．“三桶油”前三季度净利润近 2900 亿 炼化板块成业绩增长“软肋”[N]．21 世纪经济报道，2022－10－31(003).

[12] 张智玮，贺宗江．炼化企业数字化转型工作的思考[J]．石油化工管理干部学院学报，2022，24(4)：45－49.

[13] 付嘉欣．独立炼厂：大而美[J]．中国石油石化，2022(6)：42－43.

[14] 王一冰．上半年原油成品油保持增产炼油产能过剩凸显[J]．中国石化，2022(9)：17－18.

[15] 王轶君，余功铭，钟文新，等．《区域全面经济伙伴关系协定》成员国炼油与成品油市场现状及展望[J]．国际石油经济，2022，30(7)：76－86＋102.

[16] 鲜楠莹，王红秋，周笑洋．中国成品油供需现状及其发展趋势[J]．石化技术与应用，2022，40(3)：149－152.

[17] 杨永明．我国原油产量连续3年回升[N]．中国电力报，2022－08－09(002).

[18] 石洪宇，杨玥，王德余，等．亚太地区成品油市场现状及未来趋势研判[J]．国际石油经济，2022，30(8)：58－63.

[19] 王海标，李敏．产量三年连增 成本三年连降[N]．中国石化报，2022－06－13(006).

[20] 孙广辉，孙学义，吕冬．石油化学工业炼油化工一体化技术发展研究[J]．中国石油和化工标准与质量，2022，42(5)：168－170.

[21] 孙守华．大型炼化一体化项目炼油加工方案的优化研究[J]．石油与天然气化工，2022，51(02)：15－19.

[22] 财经聚焦24小时．分析|2022年中国炼油利润同比回落[EB/OL]．(2022－11－07)[2022－12－09]．https://www.sohu.com/a/603525409_121123886.

[23] 东方财富网．2022年中国炼油能力达9.2亿吨/年 位居世界第一[EB/OL]．(2022－12－01)[2022－12－09]．https://finance.eastmoney.com/a/202212012576442337.html.

[24] 李思漫，栾宏宇，王姝，等．对2022年中国成品油出口的思考与建议[J]．国际石油经济，2022，30(10)：84－89.

[25] 中国润滑油信息网．2022年第一批成品油出口配额正式下发同比下降56%[EB/OL]．(2022－01－06)[2022－12－09]．https://www.sinolub.com/news/2022/Industry_0106/146703.html.

[26] 徐行．国内成品油价格的影响因素及风险规避[J]．辽宁工程技术大学学报(社会科学版)，2016，18(03)：236－238.

[27] 隆众资讯．船用油:2022年1—10月中国保税船供油市场回顾[EB/OL]．(2022－11－18)[2022－12－09]．https://www.oilchem.net/22－1118－18－0bb8589ed4bf60c3.html.

[28] 隆众资讯1988．船用油:华北船燃虎虎生威2022内贸重油稳坐C位[EB/

OL]．(2022－11－15)[2022－12－09]．https://baijiahao.baidu.com/s? id=1749548269824078443&wfr=spider&for=pc.

[29] 隆众资讯．船用油:2022年内贸供船市场洗牌下半年华东消费量逆势上行[EB/OL]．(2022－11－18)[2022－12－09]．https://baijiahao.baidu.com/s? id=1749815854319809283&wfr=spider&for=pc.

[30] 明辉说油．2022年中国低硫船燃自给率大幅提升[EB/OL]．(2022－11－29)[2022－12－09]．https://www.sohu.com/a/611280471_796483? scm=1019.20001.0.0.0&spm=smpc.csrpage.news－list.1.1669703806462kJleJJu.

[31] 郝露露．三峡枢纽江南成品油翻坝项目管道工程(秭归段)开工[EB/OL]．(2022－07－04)[2022－12－10]．http://www.hbzg.gov.cn/content－10－91204－1.html.

[32] 杨建勇，顾文军．北方管道郑州公司抗疫保供同发力 保障供油53万立方[EB/OL]．(2022－11－11)[2022－12－10]．https://www.pipechina.com.cn/xwdt/mtjj/4777.html.

[33] 徐佳宏．这条西部能源大动脉20年来累计向川渝地区输送成品油1.2亿吨[EB/OL]．(2022－10－13)[2022－12－10]．https://www.pipechina.com.cn/xwdt/mtjj/4547.html.

[34] 游道柱，张慧．成品油轮行业研究框架[EB/OL]．(2022－11－22)[2022－12－10]．https://view.inews.qq.com/k/20221122A01K9L00? web_channel=wap&openApp=false&f=newdc.

[35] 郑湘琪．国家管网集团:数字赋能,构建“全国一张网”[EB/OL]．(2022－09－05)[2022－12－10]．https://www.pipechina.com.cn/xwdt/mtjj/4373.html.

[36] 徐小舒．“绿色管道”筑起“绿色家园”[EB/OL]．(2022－06－24)[2022－12－10]．https://www.pipechina.com.cn/xwdt/mtjj/3985.html.

[37] 中国石油天然气集团有限公司．中国石油首座综合能源服务站在京投运[EB/OL]．(2021－10－09)[2022－12－13]．http://www.sasac.gov.cn/n2588025/n2588124/c21086881/content.html.

[38] 李祾譞．发达国家非油业务推陈出新[J]．中国石化，2017(3)：30－32.

[39] 周志霞．未来非油要占总利润三成[EB/OL]．(2019－07－08)[2022－12－13]．http://www.chinacpc.com.cn/info/2019－07－08/topic_3184.html.

[40] 倪好，冯晓丽，孙仁金．防疫常态化下加油站非油业务经营策略探析[J]．中国石油企业，2022(5)：78－82.

[41] 冯臣．“人·车·生活”生态圈如何创造价值——中石化易捷便利店商业模式创新之路[J]．财务管理研究，2022（3）：1－6.

[42] 齐铁健．“智慧油站生态”引领未来[EB/OL]．(2017－05－26）[2022－12－13]．http://www.chinacpc.com.cn/news/detail/infoid/2803.

[43] 华为企业业务网站．智慧加油站解决方案[EB/OL]．(2022－12－11)[2022－12－13]．https://e.huawei.com/cn/solutions/industries/oil－gas/smart－gas－station.

[44] 联恒星科技．数字化转型六大趋势,国内油气行业该如何发力？[EB/OL]．(2021－05－21)[2022－05－26]．https://zhuanlan.zhihu.com/p/374067880.

[45] 张建平，何润民，邹晓琴，等．新格局下中国天然气市场营销业务的数字化转型[J]．天然气工业，2021，41(9)：169－177.

[46] 何春丽．新能源汽车市场需求与政策导向研究[D]．西南财经大学，2020.

[47] 佘淑凤，邱庆举，丁晟．天基物联网在油气行业数字化转型中的应用[J]．数字通信世界，2022(7)：11－13＋16.

[48] 徐威，阎继宏，邢通．油气行业数字化转型路径探索[J]．天然气与石油，2022，40(3)：124－129.

[49] 王同良，徐鹏，郝宏娜．数字化技术助力油气企业低碳发展的实践与思考[J]．石油科技论坛，2022，41(1)：87－91.

[50] 蔡凤翔，姚刚，刘英．数字化在油气生产中的应用探讨[J]．信息系统工程，2022(1)：8－11.

[51] 贾静，陈林，付新，等．数字化转型背景下油气开发生产组织新模式探索[J]．西南石油大学学报(社会科学版)，2022，24(3)：1－9.

[52] 张良．新时期中国新能源汽车出口现状与发展展望[J]．价格月刊，2022(7)：89－94.

[53] 赵征．双碳目标下我国新能源汽车发展现状及挑战研究[J]．商业经济，2022(8)：46－47＋52.

[54] 江如，赵晴，郭鸿鑫．新能源汽车充电设施行业现状与发展趋势分析[J]．时代汽车，2022(10)：128－129＋132.

[55] 张真齐．出行大潮中“一桩难求”新能源车充电难如何破题[N]．中国青年报，2021－10－21(012).

[56] 常江雪．中国新能源汽车充电基础设施发展现状[J]．时代汽车，2021(16)：97－98.

[57] 赵美慧．新能源汽车充电设施行业的现状和发展趋势分析[J]．时代汽车，2020(23)：98－99.

[58] 徐施烨．中国新能源汽车的发展现状分析及未来发展建议[J]．现代经济信息，2020(10)：157－158.

[59] 刘光辉，王星．2021 年氢燃料电池汽车市场分析与 2022 年发展探讨[J]．专用汽车，2022(3)：4－7.

[60] 索比储能网．2022 年上半年中国新能源汽车出口量:20.2 万辆[EB/OL]．(2022－07－26)[2022－08－26]．https://cn.solarbe.com/news/20220725/49620.html.

[61] 王赟，文鹏飞，李宗杰，等．多分量油气地震勘探技术急需解决的几个问题[J]．石油地球物理勘探，2020,55(6)：1395－1406＋1168.

[62] 谢末．工作流程管理平台在现代炼化企业的应用[J]．中国石油哈尔滨石化分公司信息中心[J]．信息系统工程，2022(8)：60－63.

[63] 赵祺．炼化一体化企业竞争力提升方案比较[J]．当代石油石化，2021，29(2)：20－27.

[64] 张昭．大数据视角下石油石化企业的信息化系统建设[J]．中外企业文化，2022(5)：42－44.

[65] 徐英俊，杨磊，刘华林．石油石化企业数字化转型若干问题思考[J]．油气与新能源，2021，33(2)：57－61.

[66] 邢悦．企业数字化转型中的组织变革和管理创新——以国际石油公司数字化实践为例[J]．中国石油企业，2022(5)：54－58＋127.

[67] 黄胜文，高增．石油销售企业数字化转型探索[J]．北京石油管理干部学院学报，2022，29(2)：72－76.

[68] 姚爽．大数据技术背景下石油数字化平台设计[J]．电子技术与软件工程，2022(10)：259－262.

[69] 唐仪中．逐梦“云”端——中国石油川庆钻探数字化转型侧记[J]．国企管理，2022(8)：72－74.

[70] 张帆．中国石油集团第一支数字化钻井队亮相[J]．钻采工艺，2021，44(6)：143.

[71] 宋元明．企业数字化的方案设计与实施步骤——基于中国石油、中国石化和中国海油的多案例分析[J]．管理会计研究，2021(4)：13－21＋87.

[72] 中国石油首条数字化设计长输管道投产运行[J]．水泵技术，2015(5)：52.

[73] 邱利瑞，徐震，王者云，等．面向智能油气田的数字化管理体系建设与实践[J]．国际石油经济，2022，30(7)：53 - 63.

[74] 刘远．中国石化数字化转型背景下的数据安全风险和建设策略分析[J]．中国信息安全，2022(4)：40 - 44.

[75] 郭跃．三部委发文振作工业经济 力促汽车业高质量发展[EB/OL]．(2022 - 11 - 22) [2022 - 12 - 05]． http://auto. ce. cn/auto/gundong/202211/22/t20221122_38243856. shtml.

[76] 王德安，王跟海．2023 年新能源汽车供需格局展望:预计插混翻番 看好高端纯电[EB/OL]．(2022 - 11 - 215) [2022 - 12 - 05]． http://stock. finance. sina. com. cn/stock/go. php/vReport_Show/kind/lastest/rptid/721836826412/index. phtml.

[77] 中国汽车工业协会．产业运行 | 2022 年 10 月汽车工业产销情况[EB/OL]．(2022 - 11 - 10)[2022 - 12 - 05]． https://mp. weixin. qq. com/s/BHvSTURkz6rAhzPJoT_Ukw.

[78] 张臻烨，胡山鹰，金涌．2060 中国碳中和——化石能源转向化石资源时代[J]．现代化工，2021，41(6)：1 - 5.

[79] 邓海峰，尹瑞龙．碳中和愿景下我国碳排放权交易的功能与制度构造研究[J]．北方法学，2022，16(2)：5 - 15.

[80] 费华伟，高振宇．中国炼油工业“十三五”回顾及“十四五”展望[J]．国际石油经济，2021，29(5)：39 - 46.

[81] 袁晴棠．在“双碳”目标大背景下加快我国石化工业转型升级[J]．当代石油石化，2021，29(11)：1 - 7.

[82] 李如林．变“黑色”污染为“绿色”财富——纪念中国再生胶工业诞生 95 周年[J]．橡塑技术与装备，2013，39(3)：30 - 34.

[83] 刘朝全，姜学峰，等．石油市场逐步复苏 能源转型持续推进——全球油气行业 2021 年回顾及 2022 年展望[J]．国际石油经济，2022，30(1)：2 - 13，18.

[84] 王震，和旭，崔忻．“碳中和”愿景下油气企业的战略选择[J]．油气储运，2021，40(6)：601 - 608.

[85] 陈嘉茹，燕菲，等．油气体制改革深入推进“双碳”目标推动行业低碳发展——2020 年中国油气政策综述[J]．国际石油经济，2021，29(2)：62 - 67.

[86] 张抗，苗淼，张立勤．“双碳”目标与中国能源转型思考(一)——能源转型与碳达峰、碳中和[J]．中外能源，2022，27(3)：1 - 6.

[87] 温馨．“双碳”目标下的能源转型:多维阐释与中国策略[J]．贵州社会科学，2021，42(10)：145 - 151.

[88] 王海滨. 双碳时代石油石化企业应积极创新应对压力[J]. 中国石化, 2021, 38(6): 42 - 44.

[89] 吴文建, 黎藜, 邹莉娜. 碳中和背景下我国新能源汽车发展竞争力的空间差异评价[J]. 企业经济, 2022, 42(3): 24 - 35.

[90] 王晓娟. 中国新能源汽车的发展现状及未来展望[J]. 时代汽车, 2022, 19(4): 107 - 108.

[91] 刘进亮. 氢能产业分析及发展对策[J]. 一重技术, 2022, 61(1): 68 - 72.

[92] 王丽娜, 时哲, 王玉辉. 氢能产业发展现状及展望[J]. 工业炉, 2022, 44(1): 24 - 28.

[93] 陈赟, 李铭辉. 我国氢能战略运营实践及其发展对策[J]. 科学发展, 2021, 14(12): 86 - 93.

[94] 毛保华, 卢霞, 黄俊生, 等. 碳中和目标下氢能源在我国运输业中的发展路径[J]. 交通运输系统工程与信息, 2021, 21(6): 234 - 243.

[95] 杜伟, 付兆辉, 利振彬, 等. 中国油气行业"十四五"面临的形势与发展方向[J]. 国际石油经济, 2022, 30(1): 39 - 44.

[96] 施雷. 国际石油市场现状、未来与对策[J]. 中国远洋海运, 2021, 27(9): 22 - 27,6.

[97] 胡徐腾. 我国化石能源清洁利用前景展望[J]. 化工进展, 2017, 36(9): 3145 - 3151.

[98] 隋晓影. "双碳"背景下中国石油行业面临重大变革[J]. 中国石化, 2021, 38(9): 40 - 42.

[99] 王宝光. 规避价格波动风险,这样做稳赢[J]. 中国石油石化, 2022, 25(1): 38 - 39.

[100] 赵聪颖. 氢能发展趋势分析及对石化企业的建议[J]. 当代石油石化, 2021, 29(9): 6 - 10.

[101] 涂强, 莫建雷, 范英. 中国可再生能源政策演化、效果评估与未来展望[J]. 中国人口·资源与环境, 2020, 30(3): 29 - 36.

[102] 郑新业. 全面推进能源价格市场化[J]. 价格理论与实践, 2017(12): 17 - 22.

[103] 王风云. 我国可再生能源电价补贴及优化研究[J]. 学习与探索, 2020(3): 95 - 102.

[104] SUN P, NIE P Y. A comparative study of feed - in tariff and renewable portfolio standard policy in renewable energy industry[J]. Renewable Energy, 2015, 74.

[105] ANDY S K. Impacts of a renewable portfolio generation standard on US energy markets[J]. Energy Policy, 2006, 35(2).

[106] LINCOLN L D. Incentivizing renewable energy deployment: renewable portfolio standards and feed-in tariffs[J]. Journal of Law and Legislation, 2011, 1: 41-91.

[107] 张翔，陈政，马子明，等. 适应可再生能源配额制的电力市场交易体系研究[J]. 电网技术，2019，43(8)：2682-2690.

[108] 林伯强，蒋竺均，林静. 有目标的电价补贴有助于能源公平和效率[J]. 金融研究，2009(11)：1-18.

[109] 任东明，张正敏. 我国可再生能源发展面临的问题及新机制的建立[J]. 中国能源，2003(9)：38-41+21.

[110] 蒋轶澄，曹红霞，杨莉，等. 可再生能源配额制的机制设计与影响分析[J]. 电力系统自动化，2020，44(7)：187-199.

[111] 郭敏. 成品油消费税征收环节改革及改革建议[J]. 今日财富(中国知识产权)，2021(10)：103-105.

[112] 王培庆. 成品油储运物流的信息化建设思考[J]. 中国石油和化工标准与质量，2021，41(14)：78-79.

[113] 郭翠芳. "互联网+"背景下我国成品油新零售模式的构建[J]. 中国集体经济，2021(20)：62-63.

[114] 郑斌. 大数据技术在成品油质量管理中的探索与应用[J]. 当代石油石化，2021，29(6)：39-44.

[115] 洪宇. 沿海海上成品油市场现状分析及对策[J]. 中国市场，2021(13)：143-144，151.

[116] 王雁. 中石化石油销售企业成品油营销策略[J]. 商讯，2021(13)：115-116.

[117] 林延立. 广业油气公司成品油业务竞争战略研究[D]. 兰州大学，2021.

[118] 和冬梅，易万里. 成品油智慧物流发展趋势探索和研究[J]. 油气与新能源，2021，33(2)：72-75.

[119] 王松. 浅议成品油质量监督抽查可靠性的影响因素及对策[J]. 质量探索，2021，18(1)：95-98.

[120] 杨晓冉. 风光水火储一体化正当时[N]. 北京：中国能源报，2022(4).

[121] 朱敏. 发达国家新能源产业发展经验及对我国的启示[J]. 财经界，2012(1)：34-37.

[122] 张孝德. "十三五"经济转型升级新思维：新能源革命引领战略[J]. 国家

行政学院学报，2015(2)：21－26.

［123］郑丹．炼化能效提升之路［J］．中国石油石化，2022(17)：46－49.

［124］本刊编辑部，孙明华，王继勇，等．炼化变局——一场牵动全产业链的大升级［J］．国企管理，2022(16)：24－40.

［125］温小青．炼化大省最新政策对能源运输行业的影响［J］．中国远洋海运，2022(7)：66－70＋11.

［126］李月清．全球炼化一体化聚集效应越发显现［J］．中国石油企业，2022(6)：26－27.

［127］吴晟．炼化一体化行业的发展分析［J］．投资与创业，2022，33(11)：60－62.

［128］张晓华，佘志鸿，邢定峰，等．中国炼化企业现状及可持续发展评价指标初探［J］．油气与新能源，2022，34(3)：98－102.

［129］李明丰，吴昊，沈宇，等．“双碳”背景下炼化企业高质量发展路径探讨［J］．石油学报(石油加工)，2022，38(3)：493－499.

［130］慕彦君，宋倩倩，王红秋，等．美国炼化行业低碳发展策略与启示［J］．化工进展，2022，41(6)：2797－2805.

［131］张旭．“双碳”目标下炼化企业转型发展思考与对策分析［J］．现代化工，2022，42(4)：1－6.

［132］田春光．炼化企业绿色低碳发展途径探索［J］．北京石油管理干部学院学报，2022，29(1)：38－41.

［133］赵文忠，孙丽丽，吴德飞，等．炼化企业轻烃加工经济性研究［J］．当代石油石化，2022，30(1)：32－37.

［134］张福琴，边思颖．双碳双控，炼化双升［J］．中国石油石化，2022(2)：42－43.

［135］王宝光．炼化行业如何应对能源转型与短缺［J］．能源，2021(12)：30－33.

［136］何盛宝．炼化行业数字化转型进展［J］．石化技术与应用，2021，39(4)：229－233＋262.

［137］国务院．国务院关于印发2030年前碳达峰行动方案的通知［J］．中国钢铁业，2021(10)：11－20.

［138］隋晓影．“双碳”背景下中国石油行业面临重大变革［J］．中国石化，2021(9)：40－42.

［139］赵金兰，闫浩春，刘韬，等．论水泥企业碳中和的路径［J］．新世纪水泥导报，2021，27(2)：1－6.

［140］澎湃新闻．2030年前碳达峰行动方案发布，这些内容事关石化化工行业

[EB/OL]. (2021-10-27) [2022-12-26]. https://www.thepaper.cn/newsDetail_forward_15100707.

[141] 柏介军，贺平林，仇国贤．“双碳”目标下,炼化行业“油转化”之路怎么走？[J]．中国石油和化工，2022(9)：42-43.

[142] “减油增化做特”:推动石化产业转型升级[N]．中国石化报，2022-08-09(005).

[143] 孙丽丽．新型炼油厂的技术集成与构建[J]．石油学报(石油加工)，2020，36(1)：1-10.

[144] 倪吉．“油转化”趋势下,炼化行业如何发展[J]．中国石油和化工，2021(6)：30-32.

[145] MANSANET B M, CHEVALLIER J, HERVÉ M M, et al. EUA and sCER phase II price drivers: Unveiling the reasons for the existence of the EUA - sCER spread [J]. Energy Policy,2011,39(3), 1056-1069.

[146] BATTEN J A, MADDOX G E,YOUNG M R. Does weather, or energy prices, affect carbon prices? [J]. Energy Economics,2020,105016.

[147] Ma Y, WANG L,ZHANG T. Research on the Dynamic Linkage among the Carbon Emission Trading, Energy and Capital Markets[J]. Journal of Cleaner Production, 2020,122717.

[148] HAMMOUDEH S, NGUYEN D K,SOUSA R M. Energy prices and $CO_2$ emission allowance prices: A quantile regression approach[J]. Energy Policy,2014,70: 201-206.

[149] FENG Z H, ZOU L L,WEI Y M. Carbon price volatility: Evidence from EU ETS[J]. Applied Energy,2011,88(3):590-598.

[150] ZHANG Y J,SUN Y F. The dynamic volatility spillover between European carbon trading market and fossil energy market. Journal of Cleaner Production,2016,112: 2654-2663.

[151] 陈晓红，王陟昀．碳排放权交易价格影响因素实证研究——以欧盟排放交易体系(EUETS)为例[J]．系统工程，2012，30(2)：53-60.

[152] 白强，董洁，田园春．中国碳排放权交易价格的波动特征及其影响因素研究[J]统计与决策，2022，38(5)：161-165.

[153] 刘君阳，杨凤娟，李亚冰．影响中国碳排放权交易价格波动的长效因素研究——基于北京环境交易所碳价格[J]．统计理论与实践，2020(3)：11-16.

[154] 何凌云，林祥燕．能源价格变动对我国碳排放的影响机理及效应研究[J]．软科学，2011，25(11)：94－98.

[155] 魏琦，金卓然．化石能源价格变动对中国碳交易价格的影响研究[J]．价格论与实践，2018(11)：42－45.

[156] 陈晓红，王陟昀．碳排放权交易价格影响因素实证研究——以欧盟排放交易体系(EUETS)为例[J]．系统工程，2012，30(2)：53－60.

[157] 燕志鹏，于泽民，顾新莲．我国碳排放价格与煤炭期货价格的传导机制研究[J]．经济问题，2022(6)：67－74.

[158] 朱丽洁．中国碳交易价格与电力价格相关性研究[J]．中国林业经济，2021(2)：52－55.

[159] 吴松，冯乾隆，谭玲玲．新能源汽车换电模式研究及发展前景展望[J]．汽车工业研究，2022(4)：2－9.

[160] 张良．新时期中国新能源汽车出口现状与发展展望[J]．价格月刊，2022(7)：89－94.

[161] 孙仁金，于楠，董秀成，等．2021 年中国成品油行业运行特点与近期展望[J]．国际石油经济，2022，30(4)：72－78.

[162] 蒋小凤．“十四五”国内成品油消费将进入峰值平台期[J]．中国石油企业，2022(8)：48－49.

[163] 常鑫．中国成品油消费现状及趋势分析[J]．炼油与化工，2022，33(3)：1－4.

[164] 程晓龙，刘垂祥，况新亮，等．“碳中和”背景下的中国成品油消费现状及未来发展分析[J]．化工管理，2022(10)：11－13.

[165] 蒋小凤．成品油出口锐减加速行业洗牌[J]．中国石油企业，2022(8)：44－45.

[166] 李玲．炼化行业进入深度蜕变期[N]．中国能源报，2022－05－23(009). DOI：10.28693/n.cnki.nshca.2022.001073.

[167] 罗佐县．我国原油对外依存度下降并非拐点出现[J]．中国石化，2022(03)：68.

[168] 渠沛然．我国原油对外依存度首次下降[N]．中国能源报，2022－02－21(014). DOI：10.28693/n.cnki.nshca.2022.000335.

[169] 张一鸣．成品油价格下周或迎 2023 年第一次上调[N]．中国经济时报，2022－12－30(001). DOI：10.28427/n.cnki.njjsb.2022.003000.

[170] 陈雨康．“三连降”收尾 国内成品油价格全年仍上涨[N]．上海证券报，2022－12－20(003)．

[171] 陈华玉．加油站非油品经营的改进策略[J]．老字号品牌营销，2022(8)：32－34．

[172] 万波，孙彬，吴子华，等．成品油销售企业新能源转型研究与思考[J]．中国石油企业，2022(11)：85－89．

[173] 石文．我国首批规模化生产生物航煤完成适航审定[J]．石油库与加油站，2022，31(5)：14．

[174] 徐涛．低硫船燃市场发展的回顾及展望[J]．中国石化，2022(8)：33－34．

[175] 田明．船供油市场:全球船用燃油需求受阻 中国保税船供油市场未来可期[J]．中国远洋海运，2022(9)：48－51．

[176] 胡永佳，殷雪梅．浅谈成品油配送效率与物流管理建议[J]．中国石油和化工标准与质量，2022，42(22)：58－60．

[177] 吴焰宏，欧阳锦强，向元京．原油成品油码头油气回收现状、问题与对策[J/OL].交通节能与环保：1－6[2023－01－31]．http://kns.cnki.net/kcms/detail/10.1261.U.20221206.1250.001.html.

[178] 殷超，曹萍．凝实“三基本”建设 推动成品油仓储物流高质量发展[J]．国企，2022(5)：68－69．

[179] 徐海丰．世界炼油行业发展状况与趋势[J]．世界石油工业，2022，29(2)：23－29．

[180] 王战，李永全，姜锋，等．俄乌冲突、全球政治经济转型及其对中国的影响[J]．俄罗斯研究，2022(3)：20－54．

[181] 2022 年国民经济顶住压力再上新台阶 [EB/OL]．(2023－01－17) [2023－01－26]．http://www.stats.gov.cn/xxgk/sjfb/zxfb2020/202301/t20230117_1892123.html.

[182] 能源保供能力稳步提升 能源消费结构持续优化 [EB/OL]．(2023－01－18) [2023－01－26]．国家统计局信息公开 (stats.gov.cn)．

[183] 国家发展改革委:2022 年 12 月全国成品油消费量 3146 万吨 同比增长 11.1% [EB/OL]．(2023－01－31) [2023－01－31].cnstock.com.

[184] 2022 年成品油需求量大降 9.4% 汽油航空煤油降超两位数 [EB/OL]．(2022－12－28) [2023－01－26]．caixin.com.

[185] 就在今晚！或迎新年首涨！[EB/OL]．(2023－01－03) [2023－01－03].qq.com.